철학상담

나의 가치를 찾아가는 대화

철학상담

나의 가치를 찾아가는 대화

김선희 지음

아카넷

목차

제1부

자아정체성에 기초한 철학상담

프롤로그

누가 상담을 받기 위해 철학자를 찾아오는가? 어떤 고민이나 문제를
가진 사람에게 철학자의 도움이 필요한가? 철학상담사를 찾는 사람
들은 우리 주변에서 흔히 볼 수 있는 평범하고 '정상적인' 사람들이
다. 그들은 대부분 누구에게나 일어날 수 있는 고민을 가지고 방문한
다. 하지만 되돌아보면 그들의 문제가 결코 심각하지 않은 것은 아니
었다. 그들은 여러 가지 고민이나 갈등 혹은 곤경이나 딜레마 등의 문
제에 처해 있으며 그로 인해 극심한 고통을 겪기도 한다. 우리의 삶이
그만큼 단순하지 못한 까닭이다. 그들이 털어놓는 문제나 고민은 다
양하다. 같은 종류의 고민을 이야기할 때에도 사람마다 모습이 다른
만큼 다양한 형태를 띤다.

　상담받기 위해 나를 찾아왔던 사람들, 철학상담의 장에서 만났던
사람들, 그들이 꺼내 놓은 문제에 대해 함께 철학적 대화를 하며 고
민을 나누었던 여러 얼굴이 떠오른다. 삶의 모든 것이 갈등 투성이에
요, 가족을 비롯하여 직장이나 밖에서 만나는 모든 사람들(아버지, 엄

마, 가족, 친구, 직장 상사, 동료, 남자친구 등)과 사사건건 부딪치고 사는 것이 갈등의 연속이에요, 사는 것이 너무 힘들어요, 삶이 뒤죽박죽이에요, 내 삶이 조각조각 갈라지고 짝이 맞지 않는 퍼즐과 같이 혼란스러워요, 퇴직 후 갑자기 우울증이 시작되고 삶의 의욕을 잃어버렸어요, 삶의 의미가 퇴색되고 왜 살아야 하는지 우울감과 무력감이 나를 사로잡아요, 죽음의 공포에 사로잡혀 밤마다 악몽을 꾸곤 해요, 삶의 의미를 모르겠어요, 살아갈 의미가 무얼까요? 학교에서 나의 신조를 지키려고 할 때마다 친구들과 항상 다투게 돼요, 하고 싶은 일과 해야 하는 일 사이에서 선택하기가 힘들어요, 어떻게 선택해야 할까요? 무언가 결정해야 하는 상황에서 스스로 결단을 내리기가 힘들어요, 그 결과에 책임져야 한다는 무게감이 두렵기조차 해요, 어른이 되어서도 의사결정에 문제가 있는 것 같아요, 무얼 하며 살아야 할지 모르겠어요, (부모님이 반대하는) 남자친구와 계속 만나야 할지, 헤어져야 할지 고민이에요, 나를 좋아하지 않는데도 그 남자 친구와 헤어지기 어려워요, 진정한 우정을 갈망하지만 친구를 사귀는 것이 어려워요, 남 앞에서 한마디도 제대로 하기 어려울 만큼 자신감이 없어요, 남성 위주의 조직에서 살아남기 위해 여성성을 포기해야 하는지 딜레마에 빠졌어요, 단란한 가정을 위해 평생 노력해왔지만 나이가 들어 분노와 우울한 감정만이 남았어요, 직장에서 상사가 부당한 일을 요구하는데 거절하기가 어려워요, 어떤 선택도 할 수 없는 딜레마에 빠졌어요, 가족과 남만 돌보고 남 위주로 살다 보니 내가 텅 비어버린 것 같아요, 내가 어디 있는지 모르겠어요, 아이를 키우는 것이 너무나 힘이 들어 삶의 기력이 소진되고 있어요, 내 인생에서 이 시기를 건너뛰고 싶어요, 진로문제로 부모와 갈등이 커요, 가출을 생각하고 있어요, 등등의 고민을 털어놓는다. 하지만 항상 문제가 분명하게 제시되는 것은 아니며, 때로는 무엇이 문제인지 규정할 수 없는 경우도 있고 상담이 진행되면서 문제가 드러나거나 더욱 근본적인 문제로 전환되기도 한다.

이상의 문제들, 삶의 의미 상실과 죽음 등의 실존적 문제, 우울감, 무기력과 권태, 진로, 우정, 연애, 부모나 가족 갈등, 자녀 양육과 자녀 교육, 만남과 이별, 배우자나 연인 관계, 결혼과 이혼, 선택과 책임, 가치관의 문제, 여성 정체성, 갈등, 대인관계, 파편화된 삶, 자존감 결여, 열등감과 자기 비하, 남의 시선과 평판에 지나치게 의존하는 것 등은 우리 주위에서 볼 수 있는 '평범한' 사람들의 고민이다. 사실상 주위에서 많은 사람들이 갖는 고민이며 살아가면서 누구나 한 번쯤 부딪힐만한 문제이기도 하다. 어쩌면 여러분도 이 중에서 한두 개 정도의 고민은 해본 적이 있을 것이다.

이러한 문제로 고민하는 사람들 대부분이 어떤 질환을 가진 것은 아니며 또한 정신병리학이나 심리치료의 대상이라고 보기도 어렵다. 그럼에도 그들은 자신의 문제를 해결하거나 문제 상황에 제대로 대응하기 위해 어떤 도움이나 상담을 필요로 한다. 그러면 이들과 함께 철학자는 어떻게 철학상담, 혹은 철학실천을 할 수 있을까? 이들의 고민과 고통에 관해 어떻게 대화할 수 있을까? 철학자가 철학적 대화를 통하여 그들의 문제를 상담한다는 것은 무엇일까? 그것은 어떻게 가능한가?

이 책은 이런 고민을 하는 사람들과 만났을 때, 〈나는 누구이며 어떤 사람인가〉 하는 자기 정체성의 이해에 토대를 두고 내담자 스스로 자신의 문제를 다룰 수 있기를 기대하며 수행했던 철학적 대화와 철학실천의 산물이다. 즉 이 책에서 제시하는 정체성 기반 철학상담 모델은, 자기 정체성에 대한 물음 안에서 자신의 고민과 문제를 비춰보며 철학적 대화를 나누었던 상담 프랙티스에 토대를 두고 있다. 나는 심리학의 사전 지식을 이용하거나 어떤 치료 기법도 사용하지 않았으며 오직 철학적 대화로 상담을 진행하였다. 몇 년에 걸친 철학상담의 경험으로, 나는 다양한 치료법이 의존하는 어떤 법칙이나 인간관을 전제하지 않고도 (개별적인 한 사람을 인격으로 만나 그들의 이야기를 경청하면서) 철학적 사고와 질문으로 이어지는 대화를 통하여 그들 스스로 자신의 문제를 이해하고 통찰을 얻고 해결할 수 있다는 믿음을 가질 수 있었다. 그리하여 나는 철학적 대화로서의 철학상담을 기존 치료의 보완이나 연장이 아니라 새로운 대안으로 제시하고자 한다.

학문으로서의 철학의 길에 들어선 지 어느덧 30여 년 이상이 흘렀다. 돌아보면 그동안 철학은 내 삶의 중심에서 지금의 나를 형성하는 데 지대한 영향을 주었다. 철학의 탐구가 공부와 일인 동시에 삶의 즐거움이었다. 철학의 사유 방법을 통하여 나 자신을 성찰함으로써 나에 대한 이해가 깊어지기도 하였으며, 타인을 이해하고 세상을 바라보는 시각을 만들어가기도 하였다. 어쩌면 그것은 한 개인의 자기 이해와 성숙의 과정이기도 하였다. 이는 철학을 하는 일이 한 개인에게 이미 하나의 학문 이상의 것임을 말해준다. 철학에는 이미 실천의 힘이 들어있으며, 철학을 한다는 것 자체가 일종의 수행이라고 생각한다.

나는 언제부터인가 자기 이해와 성찰을 통한 철학의 실천 가능성을 일반인들과 소통하는 방법을 찾고 싶었다. 철학상담의 학문분야를 접하기 이전부터, 나는 언젠가는 상담을 통하여 철학을 전공하지 않은 일반인들에게도 철학이 주는 삶의 메시지와 활력을 나누고 싶다는 소박한 꿈을 가지고 있었다. 최근 7~8년 정도에 걸쳐 철학상담에 관한 연구와 프랙티스를 거치면서 이런 소망이 구체화되는 것을 경험하였다. 무엇보다 철학이 (예전에 소크라테스가 그랬듯이) 삶의 현장에서 누구에게나 자기 삶의 길을 찾기 위한 설렘과 삶의 활기를 줄 수 있는 강력한 실천의 힘을 갖고 있다는 것을 확인할 수 있었다. 내가 경험한 철학실천의 힘은 단지 문제를 해결하는 것에 그치는 것이 아니라, 내담자 스스로 자신의 삶을 이해하고 주도적으로 살아갈 수 있도록 인도하는 원대한 목표를 지향한다.

나는 이 책에서 철학을 실천하는 방법론과 더불어 우리의 삶 안에서 어떻게 철학을 수행할 수 있는지 구체적인 실천의 장을 보여주고 싶었다. 학문으로서의 방법론과 실천으로서의 프랙티스 두 가지가 분리되지 않고 유기적으로 연결되어 기능하는 철학의 수행을 보여주고 싶었다. 이것이 내가 이 책을 쓰는 이유이다. 상담을 통해 철학의 실천 가능성을 체험하는 것은 놀랍고 감사한 일이다. 학문으로서의 철학의 즐거움도 큰 것이지만 그것이 일상의 삶 안에서 빛을 발하는 것을 보는 것은 더욱 큰 기쁨이다. 이 책이 철학실천의 운동에 참여할 수 있는 하나의 작은 길이 되기를, 또한 철학상담이 현실에 뿌리내리는 데 기여할 수 있는 한 알의 작은 씨앗이 되기를 기대해본다.

이 책이 나오기까지 철학실천의 창시자인 독일의 아헨바흐를 비롯하여, 이스라엘의 철학 실천가인 슈스터, 그리고 캐나다의 피터 라베, 미국의 메리노프, 그리고 한국의 김영진[1] 등 철학실천의 선배들로부터 철학상담의 정신을 배우거나 공유할 수 있었다.[2] 그리고 철학실천의 선구자들, 철학상담 세미나를 함께 했던 동료들, 그리고 철학상담 교실에 참여했던 학생들에게도 감사드린다. 무엇보다 그동안 자신의 삶의 고민을 진실하게 마주하면서 함께 철학적 대화를 나누었던 나의 내담자들에게 경의를 표하며 감사의 말을 전하고 싶다.

2015년 2월

김선희

1) 김영진 교수는 한국에서 임상철학을 시작하고 수행해온 독보적 존재이다. 그는 분석철학의 전통에서 언어철학과 논리학 및 윤리학을 배경으로, 우리 삶에서 고통을 주는 철학적 질병을 분석하고 그것을 임상철학적으로 치료하려고 시도해왔다. 그런 작업을 정리한 대표적인 저서는 다음이다. 김영진, 『철학적 병에 대한 진단과 처방』(철학과현실사, 2004).

2) 한국에도 철학상담의 짧은 역사가 있다. 이에 대한 자세한 소개로는 김성진(2012)의 다음 논문을 참고하라. "Philosophical Practice in Korea: a short history, a new approach", XI-ICPP & HT(2012).

서론

오직 철학적 대화로!

철학은 단지 이론이나 사상이 아니다. 철학의 사유 역시 하나의 활동이며 수행이다. 우리가 철학적 사고를 통하여 어떤 결론에 도달했다면 그렇게 도달한 결론만이 아니라 결론에 도달하는 사유 과정 전반이 철학의 활동이다. 어떤 사고를 전개하는 것이 일종의 행위이듯이, 철학적으로 사유하는 것도 일종의 수행이라는 점을 강조하고 싶다. 그러한 사유 활동은 우리의 생각과 삶을 변화시키며 어떤 방식으로 행위를 하도록 촉구하기도 한다. 그런 점에서 철학적 사유는 자신의 사고와 삶의 방식을 만들어나가는 실천적 활동이며 자기 이해와 더불어 자신의 삶의 철학을 찾아가는 수행이라고 말하기에 충분하다.

철학실천으로서의 철학상담이 무엇인지 올바로 이해하기 위해서는 철학의 이론과 실천을 분리시키는 사고방식에서 벗어나야 한다.

철학실천이란 철학의 이론이 먼저 있고 그것을 현실 문제에 실천적으로 적용하는 그런 것이 아니다. 그런 방식으로 접근하는 것은 철학실천이나 철학상담의 진정한 역할을 오해하는 것이다. 오히려 철학 자체, 즉 철학적으로 생각하고 대화하는 것 자체가 실천적 활동이다. 철학의 선구자였던 소크라테스가 그랬듯이, 본래 철학이란 철학하기를 수행하는 실천이며, 철학하기는 철학실천과 분리되지 않는다. 철학은 이미 실천을 동반하는 사유 활동이라는 것이다.

이 책에서 나는 철학상담(혹은 철학실천)을 "철학적 대화로 이루어지는 상담 활동"으로 규정한다. 철학상담의 모토는 "오직 철학적 방법으로!" 혹은, "오직 철학적 대화로!" 상담하는 것이다. 나는 기존의 어떤 치료법도 도입하지 않고 내담자의 문제에 대해 오직 철학적 대화로 상담해온 경험과 사례를 통하여 철학상담이 무엇인지, 철학자는 어떻게 상담하는지 보이고자 한다. 나아가 필자가 철학상담의 중요한 기반으로 간주하는 자아정체성의 물음에 비추어 내담자의 문제를 조명하는 정체성 기반 철학상담 방법을 제시하고자 한다.

이제 저술을 시작하면서, 이 책의 출발점인 동시에 필자가 철학상담 실천에서 중요하게 생각하는 네 가지 기본 명제를 제시하고자 한다. 그것은 철학상담의 정체성을 보여주는 동시에 철학상담의 특징을 밝혀주는 핵심 요소를 반영하는 것이기도 하다.

첫째, 철학상담은 철학적 대화이다. 구체적으로 철학상담의 주제와 방법은 철학적인 문제를 철학적인 방법으로 다루는 것이다.

둘째, 철학적 대화의 주요 방법은 비판적 사고와 창조적 해석을 구현하는 대화이다.

셋째, 철학상담은 심리학적 법칙이나 어떤 법칙도 전제하지 않는다.

넷째, 철학상담은 어떤 인간관도 전제하지 않는다.

이 네 가지 명제가 의미하는 바는 본문에서 구체적으로 드러날 것이다.

이 책에서 나는 철학상담에 대한 학자들의 다양한 정의나 방법론들을 일일이 소개하거나 나열하는 작업은 하지 않을 것이다. 또 철학상담을 기존의 심리상담과 비교하고 구분하는 방식으로 철학상담의 정체성을 확보하려는 시도도 하지 않을 것이다.[1] 나는 그와는 다른 접근 방식을 취할 것이다. 철학상담은 철학 본연의 활동이라는 것을 보임으로써 철학상담의 정체성 문제를 직접 해명할 것이다. 즉 그동안 철학실천의 장에서 삶의 현장을 대면하고 경험했던 상담사례를 토대로, 오직 철학적 대화를 통하여 상담을 수행하는 것이 구체적으로 어떻게 가능한지 보여주고자 한다.

본 저서에서 내가 추구하는 것은 자아정체성에 기초한 상담을 철학적 대화로 수행하는 것이 무엇인지 보이는 것이다. 즉 내담자의 정체성에 비추어 자신의 문제에 접근하는 철학적 대화를 수행함으로써 어떻게 내담자의 문제와 고민을 이해하고 다룰 수 있는지(혹은 통찰을 얻을 수 있는지) 보이고자 한다. 나는 이런 방법을 "자아정체성 기반 철학상담"으로 규정하고자 한다.

----

1) 그런 작업은 피터 라베(2001)의 책에서 이미 상세히 다루고 있으므로 그 책을 참고하면 될 것이다. Peter B., Raabe *Philosophical Counseling: Theory and Practice*(Westport: Praeger, 2001), 김수배 옮김, 『철학상담의 이론과 실제』(시그마프레스, 2010).

여기서 제시하는 상담 방법은 물론 '내가 이해하는 철학상담'이지만 단지 이론적이고 방법론적 차원에 머무는 것이 아니라, 실제 상담의 현장에서 프랙티스를 통하여 얻은 경험과 통찰에 근거하여 쓴 것이다. 이 저서의 많은 부분이 상담 실천의 사례와 상담의 경험에 바탕을 두고 있으며, 나는 상담사례와 방법론의 상호연관성을 보여주는 방식으로 이 책을 기술하고자 한다. 철학상담이라는 신생 학문이 제대로 뿌리내리기 위해서는 이론적 기술만으로는 불충분하며 성공적인 철학상담의 실천사례들을 축적하는 것이 더욱 중요하다. 더욱이 여타의 다른 상담과 구분되는 철학상담의 고유한 특성도 결국 어떻게 문제에 접근하는지를 보여주는 상담사례를 통하여 비로소 드러나게 될 것이다. 최근에 철학상담에 대한 이론이나 메타적인 분석 기술은 넘쳐나지만 그것만으로는 철학실천으로서 상담과는 거리가 있으며, 또한 거기에 머물러서는 철학상담의 미래는 없다고 본다. 그런 이유로 나는 이 책에서 철학상담의 구체적인 사례를 균형 있게 다루고자 시도하였다.

철학이란 것이 결국 한 철학자의 철학이듯이, 어떤 의미에서 철학실천으로서의 철학상담도 한 철학자의 상담이 될 수밖에 없다. 그런 점에서 나는 이 책에서 제시하는 철학상담이 철학상담 일반에 대한 기술이라고 주장하진 않겠다. 다만 하나의 철학이 사람을 성장시키고 정신을 고양할 수 있듯이, 하나의 철학상담 실천이 내담자의 삶에 빛을 주었다면 이것은 또한 보편적인 힘을 갖는다고 생각한다. 이 책을 시발점으로 또 다른 형태의 철학상담 모델이 나올 수 있다면 철학실천의 장은 그만큼 더 풍부해질 것이다. 그런 기대를 하면서 철학에 대한, 그리고 철학실천에 대한 나의 입장을 기술하겠다.

자아정체성에 기초한 철학상담

01

철학상담이란?

철학상담의 정의

나는 철학상담이 무엇인지에 대하여 우회하지 않고 정면으로 기술하려고 한다. 철학상담은 철학자와 내담자가 함께 수행하는 철학 활동이다. 즉 철학상담은 내담자가 가지고 온 문제를 놓고 철학자(철학상담사)와 내담자가 철학적 대화를 통하여 함께 문제를 이해, 분석, 해결해나가는 철학하기의 실천이다. 또한 내담자의 이야기를 경청하는 것에서부터 질문과 대화, 문제의 공감적 이해와 통찰, 문제를 명료화하는 과정, 내담자가 스스로 문제를 조명하고 이해하며 해결하는 과정에 이르기까지 철학자와 내담자 간의 철학적 대화로 이루어지는 활동이다.[1]

서론에서 이 책의 출발점으로 제시했던 첫째 명제는 바로 철학상담의 정의를 핵심적으로 반영해준다. : 〈철학상담은 철학적 대화이다. 즉 철학상담은 철학적인 문제를 철학적인 방법으로 다룬다.〉 또는 이렇게 말할 수 있다. 철학상담은 철학자와 내담자가 함께 나누는 철학적 대화이자 철학적 활동이다. 이 정의에 의하면 철학자는 누구이며 철학으로 어떤 활동을 하는지 하는 물음이 중요해진다. 또한 철학상담이 무엇인지 이해하기 위해서는, 그 정의에 들어있는 요소들이 해명되어야 할 것이다. 즉 철학이란 무엇인지, 철학자와 내담자는 누구이며, 둘 사이의 관계는 무엇인지, 철학적 대화란 무엇이며 구체적으로 철학적 대화의 성격은 무엇인지, 그리하여 철학자는 어떻게 상담하는지 등의 문제가 해명되어야 한다. 이 물음은 철학상담의 핵심을 이루는 것으로 나는 이 문제를 해명하는 데서 시작하고자 한다.

우선 철학상담은 철학자의 상담이다. 철학자가 아니고서는(혹은 철학자가 되지 않고서는) 철학을 실천할 수 없다. 마찬가지로 철학을 하지 않고서는 철학실천이나 철학상담도 있을 수 없다. 철학상담은 무엇보다도 철학의 실천인 동시에 그러한 철학을 수행하는 철학자의 상담이기 때문이다. 이것이 철학상담에서 〈철학자〉가 중요한 위치를 차지하

---

1) 철학상담에 대하여 철학실천가들 사이에서도 합의된 정의가 없으며 철학상담의 정체성이 아직도 확보되지 않았다는 논란 등을 이유로 철학상담에 대해 소극적 정의에 머무르거나 다른 상담과의 차이를 부각하는 방식으로 기술하기도 한다. 심리상담과 비교하여 철학상담을 이해하려는 다양한 시도들은 피터 라베(2001)에 의해 잘 정리되어 있다. 하지만 이런 시도는 철학상담에 대한 이해를 심리상담을 전제로 하는 의존적이고 관계적인 조건부 정의에 한정시킨다. 필자는 이런 시도가 철학상담의 핵심을 간과한 것이라고 보고, 철학적 대화를 핵심 요소로 하는 철학상담의 정의를 적극적으로 제시할 것이다.

는 이유이다.[2]

그러면 철학이란 무엇인가? 철학은 수행이며 활동/실천이다. 철학하기라는 활동이 철학의 중심을 이룬다. 단지 철학적 사유의 산물이나 결과물이 철학은 아니라는 것이다. 철학하기는 철학자들이 제시한 사상의 내용이나 이론보다는 어떤 문제의식에서 출발하여 특정 결론에 도달하기까지의 사유의 과정과 방법을 포함하며, 그렇게 사고하고 수행하는 방법의 실천이 철학하기의 핵심이다. 철학은 철학이론이나 사상의 내용이 아니라, 철학적으로 사고하는 방법이자 그런 방식의 사유 활동이다. 즉 철학은 올바로, 생산적으로, 새롭게, 때로는 감수성을 잃지 않으면서도 이성적으로 사고할 줄 아는 방법에 관한 것이다. 단지 철학 이론이나 사상을 이해하거나 철학의 자산을 이용하는 것이 철학상담은 아니라는 것이다. 심리상담 치료나 여타의 치료도 철학의 사상을 이용할 수 있으나 단지 그것만으로 상담을 철학적으로 만들지 않으며, 그런 방식의 상담이 철학상담이 되지도 않는다. 달리 말해서, 철학상담이 철학의 사상을 이용하는 데 그친다면, 철학상담의 정체성을 확보할 수 없다. 그것은 철학사상을 활용하는 심리치료나 다른 치료와 구분되지 않을 것이며 더구나 철학을 실천하는 것도 아니기 때문이다.

———————————

2) 철학실천의 창시자인 아헨바흐도 철학실천에서 '철학자'의 중요성을 강조하고 있다. 또한 슈스터는 정신병리학자나 심리치료사가 철학 사상을 치료에 이용한다고 해서 철학실천이 되지는 않으며 철학실천가가 되기 위해서는 (대표적으로, 야스퍼스와 같이) 자신의 신분을 무엇보다도 철학자로 규정할 정도의 철학적 개종이 일어나야 한다고 주장한다. Schuster(1999), p. 18.

철학이나 철학하기를 이런 방식으로 이해할 경우, 철학의 실천적 역할은 철학 본래의 활동과 연관된다는 것을 알 수 있다. 철학을 한다는 것은 어떤 주제에 관해서건 그것을 사유하는 활동이며 그렇게 생각하는 방법을 실천하는 것이기도 하다. 소크라테스가 광장에서 일반인을 향해 질문을 던지고 함께 철학적 대화를 통하여 문제를 해결하거나 진리를 추구했던 활동을 상기해보면, 일상인을 위한 철학상담이나 철학실천은 철학 본연의 활동이기도 하다는 것을 알 수 있다. 소크라테스의 정신에 따르면, 철학은 전문가들 사이에서만 이해할 수 있는 추상적 수준의 사상과 이론에 머물러선 안 되며, 내담자들이 일상적으로 겪는 구체적인 문제들 속에서도 수행되고 실천되어야 한다.

오늘날 많은 사람은 대인관계에서 겪는 스트레스와 마음의 상처를 비롯하여 여러 가지 개인적, 사회적, 시대적 문제로 고통받고 있다. 이런 문제를 해결하기 위해 수많은 종류의 상담과 치료들이 성행하고 있으며 그 일을 담당하는 치료사도 늘어나고 있다. 그런데 기존의 상담과 치료 방식은 내담자의 삶의 고민을 다루기에 적절하거나 충분한가? 구체적인 삶에서 발생하는 일상의 고민 속에 철학적인 문제는 없는가? 혹은 일련의 고통에 시달리는 내담자가 자신의 문제를 제대로 이해받고 있는 것일까? 그동안 대부분의 철학자는 삶의 현장에서 일어나는 일상적 고민에 대해 진지하게 철학적 물음을 묻는 일을 소홀히 해왔다. 하지만 우리에게 고통을 주는 문제와 고민 중에는 우리 안에 깊이 뿌리내린 삶의 방식이나 사고방식에서 기인하는 철학적 문제들이 있으며, 이런 문제를 다루기 위해서는 (소크라테스가 그랬듯이) 철학적 대화를 나누는 것이 필요하다.

더구나 내담자의 문제와 고통의 원인이 자아정체성이나 윤리 문제, 혹은 가치관, 세계관, 인생관에서 오는 것이라면 정신과 의사나 심리치료사의 도움보다는 철학자의 도움이 필요하다. 이 문제들은 철학적 대화가 필요한 문제이며, 또한 다른 종류의 대화나 치료보다 철학적 방법이나 철학적 대화로 다루기에 적합한 문제이기 때문이다. 우리를 괴롭히는 많은 문제 중에는 정신 병리적, 심리적 질병이 아니라 우리에게 깊이 뿌리내린 혼란스럽고 왜곡된 사고방식이나 가치관에서 기인하는 철학적 문제들이 있다. 이런 경우에 우리의 사고방식을 검토하고 문제를 해결하기 위해서는 의학이나 심리학이 아닌 철학이 필요하다. 철학자는 그러한 주제에 관해 사유하는 일을 수행해왔으며 철학적 사고의 방법으로 그 일을 더욱 잘 수행할 수 있기 때문이다.

그러면 삶의 고민으로 찾아온 내담자와 더불어 철학자는 어떻게 상담을 하는가? 나는 앞에서 철학자가 수행하는 철학상담을 〈철학자와 내담자가 함께 철학적 대화로 수행하는 철학실천〉이라고 정의하였다. 철학자는 살면서 부딪히는 문제나 고민을 가지고 찾아온 방문자/내담자와 함께 철학적 대화를 통하여 그 문제를 다루는 철학실천을 한다. 철학적 대화는 철학적 사고방법을 실천적으로 구현하는 대화이다. 철학은 복잡한 문제 상황에서 명료하게 사고함으로써 자신과 세계를 올바로 이해하도록 돕는다. 또한 철학은 문제의 근원을 탐구하고 그 문제에 대해 느끼고 생각하고 행동하는 이유를 탐색하고 검토하며 성찰하도록 촉구한다. 마찬가지로 철학실천으로서의 상담은 내담자로 하여금 자신의 문제를 명료화하고 비판적으로 성찰하거나 자신의 삶을 전체적으로 조명하고 이해함으로써 상처와 고통을 치유할 힘을 갖도록 돕는다.

이처럼 철학상담은 내담자의 문제를 놓고 대화가 진행되는 과정에서, 내담자의 생각에 어떤 혼란은 없는지, 자신이 확신하는 생각이 근거가 있는 것인지, 근거 없는 가정이나 억측 때문에 고통받는 것은 아닌지, 자신의 상황을 정확하게 이해하고 있는지, 자신이 처한 딜레마의 성격이 무엇이며 그것은 불가피한 것인지, 혹은 모종의 갈등을 해결하는 데 어떤 대안이 있는지 등을 함께 숙고한다. 여기서 철학자는 내담자가 자신의 사고방식을 검토하게 함으로써 자신과 세계에 대해 올바로 이해하고 삶의 문제를 명료하게 바라보도록 돕는다. 때로는 조각조각 흩어져있는 무의미하고 혼란스러운 삶의 정황들을 전체 삶 안에서 조망하고 의미를 부여할 수 있도록 정확한 언어를 찾아 자신의 삶의 역사를 해석하는 것도 필요하다. 철학상담에서 구현되는 〈철학적〉 활동으로서 질문과 대화는 내담자의 사고를 자극하여 비판적이고 창조적인 사고를 활성화시킨다.

철학적 대화: 비판적 사고와 창조적 해석

¹ 비판적 사고를 구현하는 철학적 대화

철학상담에서 철학자와 내담자가 수행하는 중심 활동은 철학적 대화이다. 철학자는 오직 철학적 대화를 통하여 상담한다. 나는 철학상담이 철학을 실천하는 것 이외의 다른 것이 아님을 명시하고 출발하고자 한다.[3] 그 점에서 나는 철학상담을 오직 철학의 방법으로, 오직 철학적 대화로 수행하는 상담이라고 주장한다. 다시 말하여 철학상담은 어떤 치료 기법도 도입함이 없이 오직 철학적 대화로 이루어지는 철학의 수행이며 실천이다. 이제 철학적 대화가 무엇인지 기술함으로써 철학상담이 무엇이며 어떤 활동인지 말하려고 한다. 철학적 대화야말로 철학상담에서 수행하는 모든 활동이기 때문이다.

그러면 철학자는 대화로서 어떻게 상담하는가? 혹은 철학상담에서 철학적 대화의 구체적인 방법은 무엇인가? 철학상담에서 수행되는 철학적 대화의 중심은 비판적 사고와 창조적 해석이다. 이 두 가지가 철학상담의 핵심적이고 근본적인 활동이다.[4] 철학자는 내담자의 이야기를 주의 깊게 경청하고 공감하는 것에 그치는 것이 아니라, 철학적 대화 안에서

---

3) 철학실천으로서 철학상담은 학제적 상담이 아니다. 심리치료의 기법에다 철학의 사상을 도입하거나 철학적인 요소를 가미하는 방식의 융복합적 상담을 하는 것은 더더욱 아니다. 그것은 심리치료에서 이미 수행하고 있는 기존의 치료방식에 불과하다. 피터 라베(2001)는 아헨바흐가 최근에 심리상담과 철학상담 사이의 변증법적인 협동과 경쟁의 관계를 수용한 듯이 언급하고 있으나(p.183), 필자는 그렇게 이해하지 않는다. '변증법적' 혹은 '학제적' 및 '융복합'이라는 의미가 애매모호하게 사용되는 한에서 그것이 어떤 방식의 학제적 상담이며, 어떤 의미의 철학실천인지 분명하게 말해주는 바가 없다. 그러한 규정은 오해를 불러일으킬 뿐이다. 필자가 이해하기에, 아헨바흐는 철학실천이 기존의 모든 치료와 전혀 다르다고 보았으며 오직 철학적 대화로서 수행하는 철학실천의 고유한 가치를 보존하고자 한다. 슈스터나 린셋도 이 노선을 따르고자 하는 철학실천가이다. 물론 일군의 상담사들은 심리상담과 철학의 융합적 상담을 시도하기도 한다. 하지만 상담의 역사에서 후자의 시도는 전혀 새로운 것이 아니며, 여기서 제시하는 철학실천으로서의 철학상담과는 거리가 있다.

4) 필자는 이 두 가지 방식의 철학적 대화법에 기초하여 상담을 해왔으며, 또한 다음에 논의할 정체성 기반 철학상담 모델(4~6장)과 철학적 사고실험 모델을 개발하여 적용해왔다. 필자는 비판적 사고, 창조적 해석, 정체성 기반 상담 모델, 철학적 사고실험 모델의 네 가지 방법으로 철학상담을 수행하고 있지만, 뒤의 두 가지 모델은 기본적으로 비판적 사고와 창조적 해석이라는 철학적 대화 안에서 사용되는 특수한 모델이라는 점에서, 앞의 두 가지 대화법이 철학상담의 근본을 이룬다.

비판적 사고와 창조적 해석을 통하여 내담자를 철학적 사고의 활동으로 인도한다. 그리하여 자신의 문제를 비판적으로 성찰하고 명료하게 바라보거나, 자신의 삶을 전체적으로 조명하여 이해함으로써 자신의 문제를 해결하거나 다룰 수 있도록 돕는다. 상담과정에서 단지 철학자의 사상을 도입하여 상담 원리를 만들거나 철학의 자산들을 이용하는 것이 철학을 실천하는 것의 본질이 될 수 없다. 이런 방식의 접근은 이미 심리치료에서 다양하게 사용해왔다.[5] 그러나 내가 주장하려는 철학상담은 철학원리를 이용한 심리요법과 같은 종류의 것이 아니며, 그와는 전혀 다른 종류의 철학실천이라는 것을 보이고자 한다.

그러면 철학상담에서 비판적 사고를 구현하는 철학적 대화란 무엇인가? 그것은 내담자가 가지고 온 고민이나 문제에 직면하여 내담자의 사고와 태도 및 선택과 행위의 전제조건들에 관해 (상담자와 내담자가 함께 협력하여) 비판적으로 검토하고 성찰하는 것이다. 이것이 비판적으로 사고하는 철학의 방법을 대화로 실현한 것이며, 다른 종류의 대화와 구분되는 철학적 대화의 첫째 특징이다. 즉 여기서 대화를 철학적으로 만드는 것은, 그리하여 상담을 철학적으로 만드는 것은 내담자의 문제를 놓고 대화가 진행되는 과정에서 내담자가 갖고 있는 가치와 세계관, 암묵적 가정과 전제조건들을 비판적으로 검토하고 성찰하는 것에 있다.[6] 철학상담은 과거의 원인이나 유아기의 성적 억압

---

5) 이런 방식으로 철학상담을 이해할 경우, 그것은 이미 이루어지고 있는 심리상담의 유형과 구분되지 않는다. 피터 라베(2001), 제3장 참고. *한편 철학상담이 심리상담의 하위범주가 아니라는 논의에 대해서는 이진남(2011)을 참고할 것.

6) 이 점은 아헨바흐도 강조하는 철학실천의 특징이다. Gerd B. Achenbach, *Philoso-*

의 인과적 기제를 찾거나 그것을 설명해줄 이론을 발견하려고 애쓰는 대신, 내담자가 현재 자신의 문제와 문제 상황에 관해 이야기하는 사고 과정이나 방식에 주의를 기울인다. 즉 그 안에서 드러나는 내담자의 정체성이나 가치관 및 세계관이 무엇이며, 거기서 갈등을 일으키는 문제는 무엇인지, 특정 생각이나 판단에 이르게 되는 사고방식과 사고 구조의 문제(혹은 생각의 오류나 착각에 기인한 혼란 등)가 무엇인지 등을 비판적으로 검토하는 작업에 초점을 둔다. 이런 작업은 (심리적 접근 방식이 아니며) 대표적으로 논리적, 철학적 사고 활동이다.

어떤 의미에서 철학적 대화 자체가 매우 넓은 의미의 비판적 사고라고 할 수 있다. 상담 과정에서 철학자가 제기하는 질문은 내담자로 하여금 자신의 사고와 판단을 검토하여 그것의 전제나 이유에 대해서 생각해보고 비판적으로 사고하도록 촉구한다. 우리는 모종의 전제에 대한 근거 없는 신념 때문에 생각이 왜곡되거나 고통에 시달리곤 한다. 때로는 구분되어야 할 별개의 개념을 혼동함으로써 자기 딜레마에 빠지기도 한다. 그러한 경우에 비판적 사고를 촉발하는 철학적 질문과 대화는 그러한 곤경에서 벗어나도록 도울 수 있다. 또한 이러한 방식의 비판적 사고를 촉구하는 철학적 대화는 넓은 의미에서 소크라

---

phische Praxis(1987), 제5장. 아헨바흐는 철학자의 사상이나 철학적 인식을 사용하는 것이 철학상담의 본질은 아니라고 말하면서("철학실천은 심리학적 인식과 이론들을 해명하려고 시도하는 대신에 철학적인 인식들을 사용하는 데서, 말하자면 프로이트와 융 대신에 셸링이나 니체와 함께 무의식적 영혼의 삶이 지닌 논리를 설명하는 데서 심리학적인 상담 형태들과 구별되지는 않는다. 그것이 철학상담의 본질적인 것은 아니다."), 무엇보다 상담을 철학적으로 만드는 것은 철학적 대화로서 "자신의 사고 과정의 전제조건들에 대해 (비판적으로) 성찰하는 것"이라고 강조하고 있다. p. 60.

테스 대화법으로부터 모델을 찾을 수 있다. 소크라테스는 대화 상대
방에게 자신의 생각과 행위를 지지하는 근거나 이유를 묻거나 개념에
대한 명료한 정의를 요구한다. 이렇게 자신의 행동과 사고방식에 대
한 비판적 검토는 자기 사고의 토대가 되는 기본 신념과 가치들에 도
달하게 해주며, 그러한 대화 과정을 통하여 자신의 가치관 및 정체성
에 기반을 두고 자신의 문제 상황을 명료하게 이해하거나 문제를 올
바로 바라볼 수 있는 통찰을 제공해준다.[7]

필자가 상담했던 사례 중에서 비판적 사고의 한 단면을 살펴보자.
제2부의 상담사례 중에, 친구들 사이에서 자신의 신조를 지키고자 할
때마다 친구들과 싸움이나 다툼이 일어나는 것 때문에 고민해온 학생
이 있었다.

수영(가명)은 학교에서 분란을 일으킨다고 지목받을 정도로 친구
들과 다투는 일이 잦았다. 친구와 싸움을 일으키는 패턴들이 유사했
으며 그녀도 그것을 의식하고 있었으나 제대로 대처하기가 어려웠다.
수영은 주관이 뚜렷하고 자기 소신대로 행동해야 한다고 생각한다.
그런데 친구들과 이야기할 때 자신의 신조를 지키려면 솔직하게 말해
야 하고, 솔직하게 말하면 상대방을 화나게 하고 싸움에 이르게 되었
다. 그는 자신의 문제 상황을 딜레마 형식으로 표현했다. 즉 그는 자신
의 신조를 지킬 것인지 친구와의 관계를 악화시키지 않을 것인지(즉

---

7) 이런 방식의 대화는 넓은 의미의 소크라테스 대화법으로부터 모델을 찾을 수 있으며, 필
자는 정체성 기반 상담과 소크라테스 대화법을 결합한 상담 모델(즉 정체성 기반 철학상담의
저울 모델)을 5장에서 본격적으로 제시할 것이다.

좋은 관계를 유지할 것인지) 선택해야 하지만, 신조를 지키려면 친구와의 관계가 악화되고, 친구와 좋은 관계를 유지하려면 자신의 신조를 포기해야 하는 딜레마에 빠지게 된 것이다. 그는 자신의 소신을 포기하고 싶지 않을 만큼 자존심이 강했고 그러면서도 친구들과의 관계가 악화되거나 분란을 일으킨다는 지적이 늘어가면서 위기감을 느끼고 힘들기도 하였다. 친구들과 원만한 관계를 유지하고 싶은 마음도 있었으나 자기 소신을 꺾으면서까지 그러고 싶지는 않았다.

우리는 수영의 상황을 딜레마로 만든 것이 무엇인지 비판적으로 검토할 수 있는 질문들과 더불어 대화를 이어나갔다. 우선 이 상황이 딜레마에 도달할 수밖에 없는지, 또는 이 상황을 딜레마로 만든 것이 무엇인지 대화하였다. 이 과정에서 수영은 자신의 사고방식에서 암묵적인 전제(p)를 찾을 수 있었다. 그것은 '매사에 직설적으로 솔직하게 말하는 것이 자기 신조를 지키는 것'이라는 생각이었다. 수영은 자기 행동을 뒷받침하는 전제를 찾고 나니, 그 전제에 대해 비판적으로 검토할 수 있었다. '신조를 지키는 것은 왜 중요하며 그것은 자신에게 어떤 의미가 있는가? 자기 소신을 이야기하는 것이 왜 상대방을 공격하는 결과에 이르게 했는가?' 이런 물음을 통해 자신의 암묵적 전제를 비판적으로 검토함으로써, 그는 직설적으로 상대를 공격하지 않고도 신조를 지킬 수 있다는 생각에 이르렀다. 어쩌면 이 전제에 근거하여 (혹은 이 전제를 빌미로) 상대에 대한 직설적인 공격을 정당화하곤 했다는 것도 알게 되었다. 그 지점에서 딜레마로 보이던 문제가 해소되고, 오히려 자기 신조를 지키면서도 상대를 공격하기보다 현명한 방식으로 자기 신조를 표현하고 지킬 수 있는 방법은 무엇인지 하는 문제로 바꿀 수 있었다. 문제 상황을 정확히 이해하게 됨으로써, 그녀가 고민하던 문제는 새로운 문제로 바뀌었다. 그리고 그녀의 문제 상황에 대해 비판적 사고를 촉구하는 질문과 대화를 통해 자신의 전제 및 그에 대응하는 행동방식을 깨닫게 됨으로써, 자신의 진정한 문제가 무엇인지 이해할 수 있었다.[8]

또한 피터 라베가 제시했던 사례 중에 비판적 사고를 통해 자신의 잘못된 숨은 전제를 검토함으로써 내담자가 혼란에서 벗어날 수 있었던 부분을 중심으로 살펴보자. 다음은 피터 라베가 행했던 상담사례의 한 단면을 요약한 것이다.[9]

조지는 한때 강도 짓과 마약중독 등의 일탈을 일삼았으나 지금 회개하고 마음을 바로잡아 안정된 신앙생활을 하던 중에 강도를 당하여 위험에 처한 일이 발생하였다. 그 사건 이후 그는 강도를 당한 일이 자기 과거의 나쁜 행적에 대한 신의 처벌이라고 믿게 되었다. 그는 강도 짓을 당해 거의 죽을 뻔한 일이 과거의 범죄와 마약중독으로 지은 죄의 대가를 치르게 하려는 신의 뜻이라고 결론 내렸다. 그러나 그가 이해할 수 없었던 것은 왜 하필 신이 그가 과거의 삶을 회개하고 새로운 삶을 성공적으로 살고 있는 지금 자신을 벌하려는 것인지 하

---

8) 그 이후의 심층적인 문제 해결과 상담 과정에 대해서는 제2부 10장을 참고하라.
9) Peter B. Raabe(2001), pp. 137-146. 여기 제시된 것은 비판적 사고를 통하여 내담자의 암묵적 전제를 찾아내고 검토하는 부분에 초점을 두고 있다.

는 물음이었다. 이런 생각은 그를 혼란에 빠지게 하였고, 신앙생활을 유지하기 어려울 정도로 신앙에 대해서도 회의하게 되었다. 그 일로 조지는 인생이 아무 의미도 없는 것처럼 생각되었으며, 다시 예전의 나쁜 행동을 일삼던 생활로 돌아가기도 하였다.

여기서 철학상담사는 〈그가 강도를 당한 일은 신의 처벌이라는 전제〉에 대해 왜 그렇게 생각하는지, 그 이유가 근거 있는 것인지 비판적 사고를 불러일으키는 질문으로 대화를 이어갔다. '예전에 당신이 강도 짓을 하던 당시 희생자를 고를 때 신의 명령을 따른 적이 있었는가?' (조지는 그렇지는 않다고 대답한다.) 또한 당신이 강도를 당한 것이 죄의 대가라면 당신과 동행했던 무고한 어린 친구가 함께 강도를 당한 일은 어떻게 설명할 수 있는가? (……) 대화가 진행되면서 결정적인 질문이 제시된다. '만일 (당신이 인정했듯이) 당신이 어떤 사람을 괴롭히거나 희생양으로 삼을지에 대해서 신이 아무런 영향력을 행사하지 않았다면, 왜 당신과 당신 친구를 희생시킨 강도 짓의 경우는 신이 지시한 것이라고 생각하는가?' 이런 비판적 질문으로 이루어지는 대화는 자신의 전제와 사고를 재검토하도록 자극한다. 조지는 자신이 당한 일이 신의 지시와는 무관하다는 데 동의한다. 또 강도 짓이 신의 명령이거나 신의 처벌 계획의 일부라고 생각하는 것은 성급한 결론이며, 일관적인 생각도 아니라는 것을 인정하게 된다. 이처럼 자신의 암묵적인 전제에 대한 비판적 사고와 질문을 통하여 내담자는 자신의 믿음이 근거 없는 잘못된 것이라는 사실을 깨닫게 되었다. 피터 라베의 사례를 보면, 내담자 자신의 신념에 대한 비판적 검토는 문제 해

결의 열쇠가 되었으며, 상담을 효과적으로 전개하거나 진전시키는 데 기여하였다.[10)]

　이상의 두 가지 사례는 상담의 과정에서 내담자가 암묵적으로 받아들이고 있는 전제를 비판적으로 검토하는 철학적 대화의 과정이 문제 해결에서 중요한 역할을 하고 있음을 보여준다. 물론 숨은 전제를 찾거나 단일한 전제를 비판적으로 검토하는 것만으로 문제가 해결되는 것은 아니며, 상담의 전 과정에서 지속적으로, 때로는 심층적으로, 넓은 의미의 비판적 사고를 불러일으키는 대화를 진행하는 것이 뒷받침되어야 한다. 즉 암묵적인 전제를 찾아내어 검토하는 것, 딜레마에서 빠져나오는 것, 자신의 생각이 일관적인지 검토하는 것, 낡은 문제를 보다 창의적인 문제로 전환하는 것, 익숙한 개념을 재검토하는 것, 유사하지만 상이한 개념들을 구분하고 정확히 적용하는 것 등등 넓은 의미의 비판적 사고를 구현함으로써 내담자의 자기 이해와 더불어 문제에 대처하는 방안을 찾도록 돕는 것이 비판적 사고로서 철학적 대화의 역할이다.

² 창조적 해석을 구현하는 철학적 대화

다음으로 창조적 해석을 구현하는 철학적 대화의 역할은 무엇인가? 인간은 자신과 세계를 이해하고 해석하는 존재이다. 해석은 인간이 타인과 세계를 만나는 방식이기도 하다. 또한 우리는 타자뿐 아니라

---

10) 앞글 참고. *물론 조지의 경우 해당 전제를 비판적으로 보는 것만으로 상담이 완수되는 것은 아니며, 그러한 검토를 출발로 해서 강도를 당한 사건에 대한 올바른 이해, 자신이 받아들이는 신의 개념에 관한 반성적 성찰과 신앙의 의미 등에 대한 철학적 대화를 통하여 자신의 삶에 대해 명료하고 성숙한 시각을 갖는 것이 필요할 것이다.

자신에 대해서도 해석을 하며, 해석을 통하여 자기 삶과 행위를 이해하거나 고유한 방식으로 의미를 부여하기도 한다. 그런 시도는 자기 삶의 전체 그림을 조망할 수 있어야 가능하다. 자기 삶의 전체를 이해하거나 해석하지 못할 경우 올바르게 이야기할 수 없으며 의미를 부여하기는 더욱 힘들다. 자신의 삶이 연관성 없이 조각조각 분리되어 있어서 삶 전체를 조망할 수 없을 때 그 삶은 파편화되고 무의미한 것처럼 보이기도 한다. 인생 전체의 역사에 대해서만이 아니라 우리의 행위에 관해서도 해석은 필요하다. 때로는 우리 자신이 처한 문제 상황이나 그 안에서 행한 자신의 행위에 관해 이해하기 위해서도 올바른 해석이 필요하다. 실제로 우리는 어떤 방식으로든 해석을 하고 있다. 그러나 고통받거나 경직된 상황에 있을수록 우리는 잘못 해석하거나 진부하게 해석하거나 남의 시선대로 해석하는 경향이 있다.[11] 이런 편협한 해석은 고통을 가중시키고 문제와 혼란에서 벗어나는 데 방해가 된다. 이것이 철학적 대화를 통해 창조적 해석이 필요한 이유이다.

자기 삶이 조각조각 분리된 채 어떻게 흘러가는지 알 수 없으며, 지금까지 살아온 자기 삶이 온통 고통뿐이고 만나는 사람마다 갈등을 겪는다고 호소해온 내담자가 있었다. 다음 사례를 통해 창조적 해석을 지향하는 철학적 대화의 방식을 살펴보기로 하자. 창조적 해석은 비판적 사고 못지않게 내담자의 문제를 조명하는 데 중요한 역할을 한다.

---

11) 안셀름 그륀(2003), 21~23쪽 참고.

가영은 구조대원 일을 하면서 심리상담을 공부하고 있다. 어려서는 폭력적인 아버지 밑에서 우울한 시절을 보냈다. 엄마를 폭행하는 아버지와 거기에 대항하지 못하고 순응하는 어머니, 가부장제적으로 권위적이고 강압적인 옛 남자친구, 유산의 경험, 현재 남자친구와의 지속되는 트러블, 어렵게 들어간 직장에서의 상사와의 불화, 심리상담 공부하는 과정에서 겪는 어려움 등등 지금까지 살아오면서 하루도 편할 날이 없고 안정된 날이 없을 정도로 대인관계에서나 모든 일에서 갈등과 불화에 시달리고 있다. 그녀는 자신의 삶이 아무런 의미도 없고 조각조각 파편화되어 있다고 느끼며 그것들 사이의 어떤 연관성도 찾지 못한다. 지금도 직장생활이 힘들고 거기다가 용기를 내어 시작한 심리상담 공부에서도 만족을 얻지 못하고 있다. 직장에서나 주위 사람들은 공부하는 것을 못마땅해하고, 학교에서는 공부에 집중하지 못하고 직장 다니는 것을 못마땅해한다. 가영 자신조차도 뚜렷한 이유 없이 공부와 직장 둘 다 붙들고 둘 사이에서 힘들게 사는 것을 이해할 수 없다. 대부분 주위에서는 그렇게 힘들게 살지 말고 둘 중 하나를 포기하라고 비난 섞인 충고를 한다.[12]

그녀는 상담의 첫 만남에서부터 철학적인 물음들을 쏟아냈다. 자신의 삶을 이해하고 싶다, 왜 사는지, 이렇게 사는 것이 무슨 의미가 있는지 모르겠다, 삶의 의미를 찾고 싶다, 가치관이 달라서 남자친구와도 자주 다투고, 또 가족을 비롯하여 친구, 직장 상사와 동료들과 사

---

12) 제2부 8장 가영의 사례 중에서

사건건 충돌하거나 갈등을 겪는다, 내 삶 자체가 갈등의 연속이다, 내 삶 자체가 스스로 이해되지 않고 각기 분리된 듯하다고 호소하였다. 가영은 상담을 통해 조각조각 분리된 채 무의미하게 보였던 자신의 삶이 서로 연결되고 제각기 의미를 찾으면서 하나의 그림처럼 전체 삶이 보이기 시작하였다. 특히 가영은 (자신을 괴롭혔던 문제 중에) 직장과 상담 공부 사이에서 중요한 연관을 찾게 되었다. 철학적 대화를 통해, 그는 이 직장에서의 경험이 자신을 상담사의 길로 이끌었다는 것을 알게 되었다. 즉 그는 구조대원으로 일하면서 비참하고 힘든 상황에 처한 사람들을 만났고, 그들에게 연민의 정을 느끼게 되었다. 그러면서 그들에게 조금이나마 도움이 되기 위해 상담사의 길을 찾게 되었다는 것을 깨달았다.

그러고 나니 '원수같이 여겨지던 직장이 참 고마운 것이었구나!' 하는 것을 처음으로 느끼게 되었다. '이 직장이 아니었다면 나는 상담 공부를 할 계기를 찾지 못했을 것이다. 나를 상담사의 길로 인도해준 이 직장이 처음으로 진정 고맙게 여겨졌다.' 이처럼 가영은 자신의 고통스러운 삶이 나름 그럴 이유가 있었다는 것, 혹은 지금의 자신이 있기까지 중요한 역할을 해왔다는 것을 깨달으면서 자기 삶의 역사가 새롭게 해석되었다. 이렇게 직장이나 공부에 대해서 새롭게 해석할 수 있게 됨으로써, 자신의 고통스러운 삶 안에도 소중한 의미가 들어 있었다는 것을 깨닫게 되었다.[13] 이처럼 비판적 검토를 통하여 자신의 경험과 문제를 창조적이고 새롭게 해석할 수 있게 되는 것은 철학

---

13) 상담의 전 과정에 대해서는 제2부 8장을 참고하라.

적 대화의 중요한 역할이다.

또한 창조적 해석을 위한 철학적 대화에서 중요한 것은 내담자의 경험과 적합하게 들어맞는 표현을 찾아내어 정확한 언어로 그 경험을 해석하는 것이다. 그것은 내담자의 경험에 공감하고 동참할 수 있도록 해준다. 정확한 이해를 바탕으로 하는 공감이 중요한 이유는 그 경우에 공감은 정서적인 지지만이 아니라, 무엇을 어떻게 대응해야 할지에 대한 행동 판단이나 대안을 찾을 수 있거나 또 찾도록 촉구하기 때문이다.

상황을 올바로 기술하는 정확한 표현은 내담자의 사고를 명료하게 해줌으로써 혼란을 없애준다. 내담자의 이야기를 경청하면서 내담자의 상황과 생각에 대한 정확한 용어와 표현을 찾아내는 것은 혼란에 빠진 내담자 자신보다 내담자의 상황을 더 정확하고 명료하게 파악하는 것이기도 하다. 그럴 경우에 정확한 표현과 해석은 내담자에게 자신의 문제 상황을 명료하게 바라볼 수 있게 해주며, 내담자로 하여금 이해와 공감 받는다는 느낌 이외에도 올바로 판단하여 행위 할 수 있는 용기를 갖도록 해준다. 때로는 자신의 고통이 정확하게 이해받을 수 있다는 것만으로도 (특히 주변에서 반쯤 비난적인 태도를 보이거나 이해받지 못했을 경우) 사람들은 꼼짝할 수 없었던 상황으로부터 얼마간 거리를 두고 객관적으로 바라볼 수 있는 자유공간을 갖게 된다.

철학상담에서 창조적 사고는 편협한 시각을 바꿔주는 올바른 해석을 지향한다. 이러한 해석은 자신의 행동과 사고의 원리를 기존의 것과 다른 방식으로 볼 수 있는 시각을 제공한다. 그리하여 내담자가 처한 딜레마의 상황을 달리 기술하거나 창의적인 대안을 제시해주기도

한다. 만일 모순적인 두 원리 사이에서 갈등하거나 자신의 상황이 딜
레마로 보이는 경우에, 자기 모순적인 두 원리 사이에서 선택해야 하
는 문제를 새로운 방식으로 기술되는 두 가지 원리 중 하나를 선택하
는 문제로 전환할 수 있다.[14] 또는 앞의 수영의 사례에서, 자기 신조를
지키기 위해 공격적이 되거나 싸움을 벌이던 내담자의 경우 '언쟁을
피하기 위해 신조를 포기할 것인가, 신조를 지키기 위해 논쟁적인 싸
움을 감수할 것인가'라는 딜레마에 빠졌지만, 상황을 새롭게 바라보
게 되면 '신조를 지키면서도 (과잉 공격을 하지 않고) 어떻게 현명하게
대처할 수 있을지' 하는 새로운 문제의식으로 전환할 수 있다.

이처럼 딜레마나 자기 갈등에서 벗어나서 창의적으로 새로운 대안
을 찾는 것은 비판적이면서 창조적인 사고와 대화의 결실이다. 즉 창
조적 해석은 변치 않는 사실을 단지 미화하거나 긍정적으로 포장하거
나 임의적이고 자의적으로 해석하는 것이 아니다. 그런 방식의 해석

---

14) 예컨대, 결혼을 앞둔 연인 사이에서, 혼전순결의 문제로 갈등하는 경우를 생각해보자.
그의 고민은 '혼전순결의 원리를 지킬 것인가, 포기할 것인가'이다. 즉 '그 원리를 어긴 그
녀를 받아들일 것인가, 말 것인가'이다. 이 시각에서 보면 그녀를 받아들이는 것은 순결의
원리를 포기하는 것이며, 순결의 원리를 지키는 것은 그녀를 포기하는 것이다. 따라서 그녀
를 받아들일 것인가의 문제는 자신의 원리(즉 자신이 지키고자 하는 도덕규칙)를 포기할 것
인가의 문제로 나타난다. 그 경우에 그는 어떤 선택을 하든 원치 않는 결과에 도달한다는
점에서 딜레마에 빠진 것이다. 하지만 그것은 딜레마가 아닐 수 있다. 그 대신에 '혼전순결
의 원리냐, 사랑이냐'의 문제로 시각을 바꿀 수 있다. 그때 〈혼전순결의 원리를 지킬 것인
가, 포기할 것인가〉의 대립적 사고로부터, 〈혼전순결의 원리가 우선인지, 사랑의 원리가 우
선인지〉 하는 새로운 차원의 문제로 전환하거나 상승하게 된다. 후자의 경우, 혼전순결의
원리에 대해서도 유연한 사고를 가질 수 있다. 사랑의 원리 안에서 순결의 의미에 대한 새
로운 이해와 공감을 낳을 수 있기 때문이다. *Veening의 Metalogue의 방법도 이와 유사한
방식으로 문제에 접근한다. Schuster(1999) 제2장, pp. 55-58 참고.

은 거짓 기술에 불과하다. 창조적이고 올바른 해석은 바르게 해석하는 것이며 왜곡 없이 진실에 다가가는 해석이어야 한다.

나아가 창조적 사고로 인도하는 철학적 대화는 새로운 해석을 추구한다. 새로운 해석은 굳어진 틀이나 편견에서 벗어나 다르게 해석하는 것이다. 그리고 고정관념이나 남의 해석을 그대로 수용하지 않으며, 반복적으로 들어온 타성에 젖은 익숙한 해석을 보류하는 것이다. 많은 경우 고통의 상황에서 기존의 해석이나 남의 해석을 그대로 수용하는 것은 문제를 창조적으로 해결하는 데 도움이 되지 않는다. 창조적인 해석은 다른 방식으로 생각하고 다르게 해석하는 것이다. 그것이 자기 문제가 사로잡혀있는 관념에서 빠져나오는 돌파구를 마련해줄 수 있다.[15]

다시 앞의 사례로 돌아가 보자. 가영은 자신의 직업에 대해 부정적으로만 생각해왔으며 그것이 자기 삶에서 무언가 긍정적인 역할을 했다는 것을 추호도 생각해본 적이 없었다. 사실 그는 반성적 성찰 없이 되새기거나 남들이 부과하는 익숙하고 무비판적인 해석만을 반복해왔었다. "한 번도 내 직업이 고마운 것이라고 생각해본 적이 없어요. 고통의 원인이라고만 생각했죠. 거기서 벗어나는 것만 생각하며 직장생활을 하다 보니 더 고통스럽고, 그런 나를 보면서 남들은 '그렇게 힘들어하면서 왜 거길 다니느냐, 그 직장을 그만둬라(때려치워라)'라고 말하고, 다른 한편으로 사람들은 '직장이 있는데 따로 상담 공부를 하는 것은 시간 낭비이고 쓸데없는 일'이라고 비난하거나, 양쪽을 다

---

15) A. 그륀(2003) 참고.

힘들어하면서 왜 고생을 사서 하느냐고 면박을 했어요." 이처럼 학교에서는 직장에 대해 부정적으로 말하고, 직장에서는 학교에 대해 부정적으로 보는 분위기에서 그녀는 어느 곳에서도 마음이 편치 않았고 어떤 선택도 못 하고 갈등하는 자신을 이해하기 어려웠다.

가영은 남들이 말하는 이런 방식의 해석을 그대로 수용하여 그게 맞을지도 모른다고 생각하니 자신의 상황이 모두 함정으로 느껴졌다. 하지만 이런 기술은 올바른 해석이 아니었다. 철학적 대화를 통해 반성적으로 자기 삶을 되돌아보니 "그 직업이야말로 새로운 가치관을 심어주고 자신을 상담사의 길로 안내해주었으며 장래의 보람 있는 꿈으로 인도해준 고마운 은인이었다"는 걸 깨달을 수 있었다. "이 직장이 아니었다면 나는 상담 공부를 할 계기를 찾지 못했을 것"이라는 생각에 이르자(이것이 참된 해석이었다!), 그는 자신에게 상담 공부를 할 동기를 준 직장이 처음으로 진정 고맙게 여겨졌다.

그녀의 전체 삶을 조명해볼 때 가영의 직장과 상담 공부는 서로 분리되거나 갈등을 일으키는 관계가 아니라, 상호 영향을 주면서 그녀의 삶의 의미와 가치를 상승시키는 소중한 역할을 해왔다. 다만 그녀는 그것을 의식하지 못했을 뿐이다. 그것을 깨닫자, 그녀는 자신의 직장이 처음으로 '고맙게 느껴진 것'이다. (이 생각이―자신의 전체 삶 안에서 직장과 상담 공부를 바라보는 새로운 해석이―가영의 삶을 구원하는 계기가 되었다.) 그리고 이런 깨달음에 이르자 그는 직장에서나 학교에서나 자신의 의지에 따라 주도적으로 대응하기 시작했다.

이처럼 철학상담에서 창조적 해석을 수행하는 대화는 결국 내담자의 삶을 해석하는 과정이기도 하다. 내담자로 하여금 자신의 삶을 이야기할 수 있고 의미 있게 이해할 수 있도록 대화하는 것은 내담자가 살아온 삶을 창조적으로 해석하도록 돕는다.

"살아온 삶을 올바로 창조적으로 기술하고 해석할 수 있을 때, 삶이 제 길을 찾게 된다. 제 길을 찾은 삶은 활기를 띠고 앞으로 나아갈 수 있다. 그것은 삶 자체를 찾는 것이며 살아온 이야기의 자기발견이다. 이야기의 자기발견에는 그 이야기를 조망하고 반영해주는 시각과 관점들이 필요하다. 철학실천은 이러한 관점들이 새롭고 창조적으로 바르게 형성되도록 도울 수 있다."[16]

이렇게 창조적 해석으로 인도하는 것이 철학적 대화의 역할이기도 하다. 물론 (앞의 사례에서 드러난 것처럼) 창조적 해석은 비판적 사고와도 불가분의 관계에 있다. 정확하고 올바른 해석을 찾는 과정은 왜 그렇게 해석했는지, 그런 해석이 전제하는 것은 무엇인지 등을 검토하는 비판적 해석의 과정이기도 하기 때문이다.

이와 같이 철학상담에서 철학자가 사용하는 대화법은 비판적 사고와 창조적 해석을 실천하는 철학적 대화이다. 철학상담에서 철학자와 내담자가 나누는 대화는 바로 비판적 사고와 창조적 해석을 촉구하거나 구현하는 대화로 이루어진다. 이러한 철학적 대화가 철학상담의 핵심이며 본질적 요소에 속한다. 동시에 철학상담의 방법이 있다면 바로 이러한 대화법이 그것에 해당한다.

---

16) Anders Lindseth(2005), Zur Sache der Philosophischen Praxis, p. 32.

이것은 상담 과정에서 단지 철학자의 사상을 이용하는 것이 철학 상담의 본질은 아니라는 것을 다시금 상기시킨다. 철학상담은 철학적 대화를 통하여 내담자의 사고와 태도와 전제조건들에 관하여 스스로 (때로는 상담자와 내담자가 함께 협력하여) 비판적으로 성찰하는 동시에 창조적으로 정확하고 바르고 새롭게 해석하는 것이 중심을 이룬다. 여기서 철학자는 내담자로 하여금 자신의 사고방식이나 사고 구조를 비판적으로 검토하게 함으로써 자신과 세계에 대해 올바로 이해하고 자신의 삶의 문제를 명료하게 바라보도록 돕는다(비판적 사고). 때로는 맞지 않는 퍼즐처럼 흩어져 있는 무의미하고 혼란스러운 삶의 정황들을 전체 삶 안에서 올바로 조망하고 의미를 부여할 수 있도록 정확한 언어를 찾아 자신의 삶의 역사를 해석하는 것도 필요하다(창조적 해석). 이처럼 철학상담의 과정에서 실천하는 두 가지 종류의 철학적 대화는 자기 이해, 자기 삶에 대한 통찰과 의미 부여, 고통과 상처의 이해와 치유 등 내담자의 다양한 문제 상황에 따라 각기 자신의 길을 찾아가도록 나침반 역할을 한다.

철학자와 내담자의 관계: 철학실천의 동반자

우리는 철학상담의 중심 활동인 철학적 대화에 관하여 살펴보았다. 철학적 대화의 두 중심축은 비판적 사고와 창조적 해석이다. 그러면 철학상담에서 나누는 대화의 특징은 무엇이며, 또한 대화 참여자의 역할은 무엇인가? 철학상담에서 이루어지는 철학적 대화의 참여자들은 철학자(혹은 철학상담사)와 내담자이다. 여기서 철학자의 역할만이 아니라 내담자의 역할 또한 중요하다. 철학상담에서 내담자의 역할과 지위를 이해하는 것은 철학자와 내담자의 관계를 이해하는 길이기도 하다. 그런데 철학적 대화의 특징은 내담자를 어떻게 볼 것인지를 드러내준다. 사실 철학적 대화에는 철학적 사고 방법을 구현한다는 것 이외에도 대화자들 사이의 관계를 규정하는 중요한 특징이 들어있다.

먼저 대부분의 철학실천가가 생각하는 철학상담의 대화적 특성을 살펴보자.[17]

첫째, 철학상담의 대화는 철학적 사고 방법을 반영한다. 앞에서 이미 살펴보았듯이, 철학상담은 개인의 사고방식에 깔린 기본 가정과 개념을 비판적이고 반성적으로 검토한다. 철학상담사는 철학적 대화를 통하여 내담자로 하여금 자신의 사고(사고방식과 구조)를 비판적으로 검토하게 함으로써 대안적인 아이디어와 세계에 대해 올바른 표상(판단과 생각)을 갖도록 돕는다.

둘째, 철학상담의 대화는 상호적 대화의 특성을 갖는다. 비판적이고 성찰적인 대화를 통하여 개인의 내부에 갇힌 독백적 사고가 상호주관적인 교환으로 개방되도록 돕는다. 한 방향 대화나 일방적 지시가 아니라 상호성에 기반을 둔 대화를 통하여 다른 대안과 관점을 모색함으로써 내담자의 고정되고 탈출구 없는 악순환의 사고에서 빠져

---

17) 여기 기술된 철학상담의 대화적 특성은 Dries Boele에 의해 제시된 것으로 대부분의 철학상담사나 철학실천가들이 공유하는 것이라고 본다. Dries Boele(1995), p. 43.

나와 자신의 문제 상황을 분석하고 재검토함으로써 이해를 확장하고 대안적 돌파구를 찾도록 돕는다.

이런 특징으로부터 알 수 있듯이, 철학적 대화는 내담자의 자율성과 자기존중을 중요시한다. 상담사는 내담자의 문제를 대신 결정해선 안 되며 자신의 견해를 강요해서도 안 된다. 동시에 내담자는 철학상담의 과정에서 철학적 대화에 참여하여 자신의 문제 상황을 이해하고 그것에 대응하는 자신의 사고방식을 비판적으로 검토함으로써 명료함을 찾아나가도록 적극적으로 철학을 수행하는 것이 중요하다.

철학적 대화의 이러한 특성에 의하면, 철학상담에서 철학상담사와 내담자의 관계는 다른 치료에서처럼 일방적으로(혹은 권위를 가지고) 지시하고 처방하는 수직적 상하관계가 아니라는 것을 보여준다. 철학상담사는 대화를 통해 내담자의 가치와 신념과 세계관을 함께 탐색함으로써 문제 상황을 이해함과 동시에, 내담자 스스로 자신의 문제가 발생하는 사고 구조를 검토하고 혼란에서 빠져나오도록 협력한다. 그 과정에서 철학자는 내담자와 함께 문제에 접근하는 사고 과정과 사고방식을 검토하고 대안을 찾으며 창조적으로 사고함으로써 내담자로 하여금 스스로 문제를 해결하고 자신의 삶을 살아갈 수 있도록 돕는다. 여기서 내담자는 철학자와 함께 철학을 수행하는 동반자이며 상호 동등한 대화 파트너로 초대받은 것이다.

철학적 대화로서 철학상담의 정의에 의하면, 철학자와 내담자 둘 사이의 관계는 함께 철학적 대화를 나누는 자로서 수평적이고 동등한 관계로 설정되어 있다. 철학자와 내담자가 함께 철학을 수행하는 대화의 파트너가 될 때, 내담자의 지위는 어떻게 변화하는가? 여기서 내담자는 더는 환자나 치료의 대상이 아니라, 자신의 문제를 놓고 철학자와 대화하면서 철학을 수행하는 철학실천가의 위치에 서게 된다.[18] 즉 내담자는 철학자와 "함께 철학을 하는" 동반자이자 철학실천가이다. 상담 과정에서 내담자 역시 철학적 대화를 통하여 자신의 신념과 가치관을 검토함으로써 자신의 문제를 올바로 이해하고 다루며 자기 삶을 성찰하는 철학실천에 동참해야 한다. 소크라테스가 강조했듯이 아이를 낳는 것은 산파(철학자나 상담사)가 아니라 내담자이며, 내담자의 삶을 결정하는 것은 상담사가 아니라 내담자 자신이기 때문이다. 내담자가 함께 철학실천에 참여함이 없이는 즉 철학적 대화에 동참하지 않고서는 철학상담은 불가능하다. 철학자 단독으로는 어떤 선택도 할 수 없고 어떤 방향도 찾아갈 수 없다. 어떤 의미에서 철학상담이나 철학적 대화가 추구하는 것은 대화 참여자 스스로 자기 삶의 문제를 다룰 수 있도록 자신의 철학을 갖게 되는 것이다. 이런 의미에서 아헨바흐는 상담을 위해 철학자를 찾아온 사람을 환자가 아닌 '손님', 혹은 '방문자'로 불렀으며, 철학자와 내담자의 관계를 철학적 대화를 통해 동등한 입장에서 함께 문제를 고민하는 '사유의 동반자'로 보았다.[19]

내담자의 자율적인 지위에 대한 이런 특성은 철학상담 고유의 것이 아니라는 지적도 있다. 심리상담 치료에서도 내담자의 생각을 존중하거나 자율성을 인정한다고 주장한다. 특히 심리상담 치료 중에서 인

---

18) 아헨바흐와 슈스터(1999) 역시 이 점을 강조한다. p. 38.

19) 아헨바흐(1987)에 의하면, 철학실천은 이론의 보편적 틀이나 방법에 근거하여 상담가가 권위적으로 개입하는 것이 아니라, 철학자이자 상담사로서 아주 구체적인 개인의 자기 개방이며 그것에 근거한 상호적인 만남과 대화라고 보았다.

간 중심 상담(칼 로저스)이나 인본주의 상담은 그러한 정신을 표방하기도 한다. 그럼에도 거기에는 철학상담에서 의미하는 진정한 의미의 '동등한 대화 파트너'라는 개념은 찾기 어렵다. 철학상담에서 내담자는 자신이 살아온 삶과 자신의 인생관과 가치관 안에서 자신의 문제를 비판적이고 창조적으로 검토함으로써 자신의 철학을 재정립해나가는 존재라는 의미에서, 상담사는 그의 생각과 삶을 존중한다. 즉 내담자를 자기 문제를 스스로 다룰 수 있는 자기 철학을 찾아가는 사람이자, 자신의 철학에 따라 삶을 살아갈 주체적인 사람으로서 그의 판단을 존중하고 그의 자율성을 인정하고자 한다.[20] 이것은 심리치료에서 말하는 내담자 중심의 개념이나 내담자 존중의 개념과 다르다. 심리치료사는 내담자의 정서에 공감하고 지지하며 그의 이야기를 진지하게 들어주지만, 다른 한편으로 내담자의 말 안에서 어떤 치료되어야 할 증세를 찾는다. 린셋이 주장하듯이, "치료사는 종종 자신을 전문가로 자처하고 그 분야에 관해 지식을 가진 권위자로 자처하면서 내담자의 진술 내용을 특정한 증세로 파악한다." 그리고 그런 증세는 결국 어떤 질환으로 진단되며 그리하여 고치거나 제거되어야 할 대상으로 간주된다.[21] 이것은 철학실천가로 만나는 방문자(내담자)에 대한 존중이나 자율성과 전혀 다른 것이다.

심리치료와 달리, 철학상담은 대화의 과정에서 상담사의 특권을 내

---

20) 자신의 삶의 기반과 맥락으로부터 출발하는 자아정체성에 기반을 둔 철학상담의 경우에 자율성의 의미가 더 분명하게 드러난다.

21) Anders Lindseth(2005), pp. 19-20.

세우지 않는다. '철학적 대화의 동등한 파트너'라는 것은 단지 들어주고 수용해주고 감정적으로 공감해주고 지지한다는 것만을 의미하지 않는다. 비록 이 모든 것을 공감하더라도, 내담자가 아직 모르는 심리적 기제나 법칙 등 전문 지식을 사용하여 상대방을 치료하거나 개선하려는 치료사의 입장에서는 결코 내담자와 동등한 대화 파트너가 될 수 없다. 비록 온정적이고 공감적이라고 할지라도, 치료사는 자신이 의도하는 방향이나 개선되어야 한다고 생각하는 방향으로 나아가기 위해 간섭적이고 지시적이 될 수밖에 없기 때문이다.

반면에 철학상담에서 철학자와 내담자 간의 대화나 생각의 교류는 투명하다. 철학자는 내담자가 모르는 무언가(심리 법칙이든 무의식적 실체이든)를 내밀하게 알고 있거나 전문적 지식을 갖고 있거나 그리하여 인식적 특권을 소유하고 있는 자가 아니라는 것이다. 대화의 내용에 대하여 모종의 특권을 갖고 전문가임을 자처하지 않는다. 모든 것을 터놓고 이야기하며, 심지어 무지의 상태에 대해서도 그렇다. 내담자의 고통이나 고민하는 특정 문제에 대해서, 내담자의 문제 상황에 대해, 그리고 해결과 접근 방식에 대해서도 상담 과정의 얼마 동안은 둘 다 무지한 상태에 놓이게 된다. 심지어 그 생각이나 행동방식이 매우 생소하고 이해하기 어려운 내담자를 만날 수도 있다. 그런 내담자를 만나는 것은 철학상담사에게는 새로운 도전이기도 하다. 〈철학실천가는 그런 내담자를 만날 경우 진정으로 소통하기 위해 무엇을 할 수 있으며 또 어떻게 해야 하는가?〉[22] 그와 어떻게 소통할 것인가? 그런 경우 처음 알아가듯이 무지의 상태에서 출발할 수밖에 없다. 상담의 초기 단계에서, 혹은 상담의 순서에 따라 진단이 내려지고 치료에 들어갈 수 있는 것이 아니라는 것이다. 때로는 내담자들이 자기진단('우울증에 걸렸어요', '의사가 광장공포증이래요' 등)을 내리고 찾아오기도 하지만, 상담이 끝나기 전에는 그 문제의 성격이 다 드러나지 않는다는 점에서 잠정적일 뿐이다.

그렇다면 철학상담사와 내담자의 관계가 함께 철학을 수행하는 대화 파트너이자 철학실천가라면, 철학상담에서 철학자가 하는 고유한 역할이나 전문적 역할은 무엇인가? 철학자는 내담자가 모르는 무언가를 아는 데서 전문가가 아니며, 상담사와 내담자 모두 무지의 상태에서 각자 새로운 철학을 정립하기 위해, 혹은 다시 철학을 정립하기 위해 출발한다.[23] 오히려 철학자는 그 무지의 상태에서도 사고를 촉발하는 질문을 통하여 대화함으로써 내담자 자신의 문제를 비판적이고 창의적으로 다룰 수 있도록 촉진하는 데서 전문가이다. 즉 새로운 사

---

22) 상담사는 사고방식이나 행동방식이 생소한 내담자를 만날 수 있다. 때로는 사회적으로 용인하기 어려운 내담자를 만날 수도 있다. 그들을 비정상인이라거나 반사회적이라고 낙인 찍을 수 있을까? 자주 듣는 질문 중에, '끔찍한 살인자도 상담을 할 수 있나요?', '그들에게도 공감을 해주면서 상담을 해줘야 하나요? 경찰에 고발하는 게 순서가 아닐까요?'라는 물음이 있다. 하지만 상담사는 일차적으로 내담자를 평가하거나 (내담자의 사고와 행동이 도덕규범이나 사회가치에 부합하는지 등을) 판단하는 윤리교사나 사회교사가 아니다. 또한 정상인과 비정상인, 혹은 정신질환자를 판별하는 의사나 치료사도 아니다. 철학실천가의 첫 번째 할 일은 내담자의 삶의 이야기를 주의 깊게 들으면서, 동시에 내담자의 자기 성찰을 도우면서 그의 삶의 역사와 만나는 것이다. 그가 어떤 사람이든 어떤 흉악범이든 '상담의 공간에서' 철학실천가는 먼저 (진정한 소통을 이루기 위한 모든 노력을 다하면서) 그의 삶의 이야기를 들어야 한다. 상담의 공간에서는 그것이 가능하며 또한 가능해야 한다. 김선희, 「문학적 상상력과 윤리의식」, 『시인동네』 제33호(시인동네, 2014), 206~216쪽.

23) 철학상담을 통해 한 사람의 전체 삶의 역사를 만나게 되면 내담자만이 아니라 철학상담사 역시 삶에 대한 새로운 이해와 더불어 변화를 겪게 된다. 그런 의미에서 철학자의 삶의 철학도 다시 정립될 수 있다.

고와 통찰을 불러일으키는 철학적 물음을 제시하는 것이 철학자의 역할이다. 소크라테스가 그러했듯이, 철학상담사는 자신도 모른다는 것을 고백하고, 그럼에도 질문과 대화를 통하여 내담자로 하여금 자신의 문제에 대한 통찰과 깨달음을 얻고 사고할 수 있도록 인도한다. 그의 역할이란 곧 철학적 사고와 대화를 수행하는 것이며, 철학을 실천하는 활동 이외의 다른 것이 아니다. 그런 의미에서 철학상담은 내용(혹은 내용의 전문성)보다 〈비판적이고 창조적인 사고를 촉진하는 질문하기〉와 〈사고와 대화의 방법〉이 중심을 이룬다고 볼 수 있다.[24]

---

24) 철학자는 질문을 하는 자이다. 마찬가지로 철학상담사는 내담자로 하여금 비판적 사고와 창조적 해석으로 이끄는 질문을 통하여 자기 이해와 자기 신뢰를 회복하도록 돕는다. 철학자의 질문은 단지 내담자로부터 정보를 얻기 위한 것이 아니다. 그 질문을 철학적으로 만드는 것은 자신의 사고의 전제를 비판적으로 검토하게 하거나 창의적이고 새로운 해석과 새로운 사고를 촉발하는 데 있다.

02

철학상담의 정신

아헨바흐의 철학실천의 정신

독일의 철학자 아헨바흐는 철학이 담지하고 있는 상담의 실천적 힘을
명시적으로 프랙티스의 장에서 선언한 사람이라는 점에서, 그를 철학
실천의 창시자라고 부를 수 있다.[25] 오늘날 철학은 상아탑 안에서 전
문가들 사이에서만 소통되는 추상적인 담론에 머무르면서 소통의 부

<hr />

25) 아헨바흐(Gerd B. Achenbach)는 1981년 독일에서 철학실천을 선언하고 철학상담소
를 개업하여 철학으로 프랙티스를 한 최초의 철학자이자 철학실천가이다. 그런 점에서 현
대 철학실천의 역사는 명시적으로 아헨바흐로부터 시작되었다고 할 수 있다. *2장 1절에서
논의하는 〈아헨바흐의 철학실천의 정신〉은 대부분 그의 책(*Philosophische Praxis*, 1987)에
서 제시된 생각을 정리하여 반영한 것이다. 또한 아헨바흐의 입장에 대한 논의로는 다음 논
문을 참고하라. 노성숙(2010).

재라는 위기에 처하게 되었다. 이런 상황에서 철학실천은 소크라테스가 실천했던 원래의 철학 활동으로 돌아간다는 정신을 표방한다. 철학실천으로서의 철학상담은 구체적인 일상의 차원과 괴리되지 않으면서 철학함을 수행하는 활동이기도 하다. 아헨바흐는 철학실천의 핵심을 "철학함"이라는 활동에서 찾는다. 철학상담과 프랙티스의 중심 활동은 상담 과정에서 내담자가 가지고 온 구체적인 고민과 삶의 문제에 관한 철학적 대화(즉 그것의 성격이 철학 활동이 되는 대화)에 있다. 또한 앞장에서 보았듯이, 철학상담 실천에서 중요한 것은 상담사와 내담자 모두 그렇게 철학적 대화로써 철학을 수행하는 철학자인 동시에 철학실천가의 지위에 있다는 것이다.

이제 철학실천의 창시자인 아헨바흐를 따라 철학상담의 정신이 무엇인지 살펴보자. 아헨바흐는 하나의 전형적인 방법을 필요로 하는 실증주의자의 입장과 대조하여 철학실천을 특징짓는다. "철학은 방법들을 사용하는 것이 아니라 방법들을 발전시킨다. 철학은 이론들을 사용하는 것이 아니라 이론들을 발전시킨다."[26] 이 말은 그의 개방적인 탐구 정신을 대표적으로 보여준다. 즉 철학실천의 방법은 고정된 것도 아니고 획일적인 방식으로 미리 주어지거나 확정된 것이 아니며, 내담자와의 대화와 실천 안에서 매번 그에 적합한 방식을 찾고 창조적으로 발전시켜나가야 한다는 것을 의미한다. 그는 철학실천의 방법이 얼마나 다양하며 개방적인지, 또 내담자와 때에 따라 어떻게 창

---

26) Gerd B. Achenbach(1987), 5장. "철학적 인생상담은 단지 적용될 수 있는 어떤 이론도, 어떤 방법도 갖고 있지 않다." p. 59. *피터 라베(2001)는 이와 같은 아헨바흐의 철학실천을 "방법을 넘어서는 방법(beyond method)", 혹은 "방법 초월적 방법"이라고 규정한다.

조적으로 적절하게 변화해야 하는지 유비적으로 설명한다.

아헨바흐의 철학실천 방법은 천일야화에서 이야기를 통해 왕을 치유하는 셰에라자드(Scheherazade)의 방법과 유비하여 설명된다. 셰에라자드는 왕과 함께 이야기를 듣는 동생에게 〈이야기를 통하여 "자아"를 성찰하는 것이 어떻게 왕을 근본적으로 변화시키는지〉 설명한다. 셰에라자드의 "방법"은 매일 밤 변화한다. 삶에 대한 그녀의 다원적 해석들은 밤마다 (왕비로 인해 마음의 상처를 입고 무섭게 변한) 왕의 살해 충동을 잊도록 돕는다.[27] 즉 수없이 다양한 이야기를 통해 왕은 자신을 성찰하고 삶의 섭리를 이해하게 된다. 특히 신심이 깊고 지혜롭게 고난을 헤쳐나가는 여성들의 이야기는 여성에 대한 왕의 편견을 없애준다. 이렇게 셰에라자드가 주인공들이 운명에 맞서 역경을 이겨내고 자신의 길을 개척해나가는 다양한 이야기를 통해 왕으로 하여금 자신의 모습을 돌아보게 함으로써 그를 변화시키고 상처를 치유하는 힘을 주었듯이, 철학상담사는 개방적인 철학적 대화를 통하여 내담자로 하여금 자아를 성찰하고 자신의 문제에 직면하여 스스로 문제를 이해하고 또 다룰 수 있도록 돕는다.

철학실천의 방법을 셰에라자드의 방법과 유비하는 의도는, 천일 밤 동안 천일의 이야기를 통하여 왕을 변화시켰듯이, 철학실천가는 천가지 다양성에 개방되어있는 방법을 창조해야 하며 그리하여 내담자와 다양성에 개방된 대화를 통해 상담해야 한다는 것을 함축한다. 또한 천일 밤 동안의 무수히 다양한 이야기는 철학실천의 방법이 하나로

---

27) Schuster(1999), p. 39.

환원할 수 없이 다양하다는 것, 다양한 관점에서 다양한 방식으로 내담자 자신의 문제를 비춰볼 수 있다는 것, 내담자는 살아있는 주체이므로 매 회기마다 혹은 내담자마다 방법을 변화시키거나 다양한 방법을 창조하는 것이 필요하다는 것 등을 함축한다. 그런 의미에서 '진정한 철학상담사는 주어진 방법의 소비자가 아니라 방법의 창조자'[28]라고 할 수 있다.

철학 프랙티스에 있어서, 획일적인 실증적 방법론을 부정하는 아헨바흐는 마찬가지로 의료적, 치료적 방법론을 거부한다. 치료의 방법론은 환자들을 질병과 증상에 따라 분류하고 진단하며 그에 맞추어 처방을 지시하려고 한다. 여기서 환자는 (병의) 증상에 따라 어떤 방식으로 다루어야 하는 사례로 간주될 뿐이다. 반면에 아헨바흐의 접근에 따르면, 철학자는 방문자를 고유한 인격으로 보기 때문에 그의 문제 상황을 그에게 독특하고 유일한 것으로 여기며 일반화나 환원의 방식을 통해 이해하려고 하지 않는다. 그런 의미에서 철학상담은 기존 치료의 연장선상에 있는 것이 아니다. 아헨바흐에 따르면, 철학상담은 대안적인 새로운 치료가 아니며 전혀 치료가 아니다.

철학실천의 목적은 방문자를 치료하는 것이 아니며, 또한 고통이나 문제를 제거하는 것이 일차적인 목표가 아니다. 아헨바흐의 실천은 사람에 대한 프로이트의 성 배타적 해석을 상담사와 내담자 간의 변증법적인 관계 안에서 개방적인 자기-설명과 이해로 전환시킨다. 철

---

28) 이것이 '철학상담은 방법을 사용하는 것이 아니라 방법을 발전시킨다'는 아헨바흐의 주장의 취지이기도 하다.

학상담은 상담사와 내담자 사이의 개방적인 대화 안에서 자기 이해에 도달함으로써 그들로 하여금 만족할만한 자기-설명과 명료화가 이루어지도록 하는 것이다. 또한 방문자는 한두 가지 문제를 가지고 있는데, 그 문제가 무엇인지 종종 내담자에게는 분명치 않을 때가 있다. 그 경우 철학적 분석은 자기-분석을 포함한다.[29]

아헨바흐에 의하면, 우리는 철학상담 실천에서 단순히 적용될 수 있는 어떤 이론이나 방법도 가지고 있지 않다. 즉 철학상담은 표준화된 이론들, 확신들, 의견들에 부여되는 안전성을 전제로 하지 않으며, 오히려 상담의 방법은 상담사와 내담자가 만나 긴장감을 갖고 대화를 통해 성찰하고 실천하는 과정 속에서 비로소 구성된다.[30] 이런 주장에 대해 종종 학자들은 아헨바흐가 철학실천/철학상담에서 방법론을 부정했다는 오해를 하였으며 그리하여 아헨바흐 입장을 무방법론, 방법 회의론, 초방법론 등으로 규정하기도 하였다. 또한 철학실천의 방법론에 대한 아헨바흐의 입장은 포스트모던 상대주의에 빠진다는 우려와 비판을 제기하기도 한다.[31] 그러나 아헨바흐의 입장에 대해 포스트모던 상대주의라거나 철학실천의 방법 회의주의라고 비판하거나 철학상담이 정립되기 위해서는 명시된 방법이 필수적이라는 주장

---

29) Schuster(1999), p. 39. *필자의 상담 경험에 의하면, 자기 이해와 자기 분석 및 문제에 대한 명료화가 이루어지면, 내담자는 자신의 복잡하고 불확정적인 문제 상황을 좀 더 명료하게 이해할 수 있고 스스로 선택할 수 있는 상황으로 전환된다.

30) Achenbach(1987), p. 59.

31) 예컨대, 종스마(Ida Jongsma)는 아헨바흐에 대해 철학상담에 일정한 방법이 없다고 주장한다면 "무엇이든 된다"는 식의 태도가 만연해진다고 비판하면서, 그는 철학상담의 공통된 방법론을 개발해야 한다고 주장한다. P. Raabe(2001), 제2장, p. 104.

등은 기존의 치료의 틀에서 바라본 것일 뿐이다. 철학에도 단일 방법이 없지만 철학이 무용하지 않듯이, 철학상담/철학실천의 정립을 위해서도 반드시 단일 방법이 있어야 하는 것은 아니다. 사실 우리는 이미 오랜 역사를 통해 인류가 사용해온 철학의 다양한 사유 방법들을 발전시키면서 철학을 실천할 수 있는 자양분을 갖고 있다고 본다. 방법의 다양성은 전혀 문제 되지 않으며, 오히려 실천의 장에서 다양하고 변화 가능한 방법들은 풍부한 철학실천의 토양이 될 수 있다.

방법의 개방성과 다양성에 대한 아헨바흐의 주장이 의미하는 바는, 철학상담이 내용적으로 아무것도 없는 회의주의에 빠지는 것이 아니라 그와 반대로 바로 지금 우리가 철학적 대화의 자유로운 공간에 들어섰을 때, (잠재적으로) 철학의 역사가 전승시켜왔던 그 모든 자산을 우리가 온전히 사용할 수 있게 된다는 것을 뜻한다. 아헨바흐는 방법 자체를 부정한 것이 아니라, 일반적으로 적용되는 주어진 방법이나 완제품으로 소비될 수 있는 그런 방법을 부정한 것일 따름이다.[32] 그는 철학상담의 방법을 실천의 장에서 다양하게 창조적으로 변화시키고 발전시켜야 한다는 것을 강조했던 것이다. 즉 셰에라자드가 천일 밤 동안 수많은 다양한 이야기를 동원하여 왕을 구원하였듯이, 철학상담의 방법도 천일의 천 가지 다양한 방법에 개방되어야 한다는 것이다. 그렇다면 철학상담사에게 요청되는 것은 그 다양한 방

---

32) Achenbach(1987), 앞의 책. 아헨바흐가 철학실천이 완결된 철학이론이나 원리의 적용이 아니라고 주장하거나 주어진 방법론의 틀에 얽매여선 안 된다고 할 때, 그는 실천적으로 적용될 수 있는 완제품으로서의 방법이 없다는 것이지, 철학상담에 아무런 방법이 없다는 방법 부정론을 옹호하는 것은 아니다.

법들에 개방되어 있으면서 내담자들을 만날 때마다 때에 맞는 방법을 찾아내고 개발하고 변형하면서 창조해내는 자질과 감수성을 기르는 것이다.[33]

철학상담은 응용윤리가 아니다: 원리의 적용이 아니다

철학실천에 대한 오해 중의 하나는 철학의 이론이나 철학 사상의 원리를 실천적인 문제에 적용하거나 응용하는 것이라는 생각이다. 그러나 철학실천은 응용철학이나 응용윤리와 구분된다. 슈스터(Shlomit Schuster)는 응용철학(혹은 응용윤리)과 철학실천의 중요한 차이를 다음과 같이 제시한다. 첫째, 응용철학/응용윤리는 철학을 삶의 문제에 적용하긴 하지만 여전히 이론적이고 학문적인 것으로 남아있는 반면에, 철학실천은 내담자가 철학자의 도움을 받아 문제 상황에 대해 철학을 실천하는 것이다. 즉 전자는 주어진 철학 이론을 문제 상황에 적용하는 것인 반면에, 후자는 내담자가 철학자와 함께 문제 상황에 대하여 철학하기를 수행하는 것이다. 둘째, 상아탑의 교과목으로서 응용철학은 문제들을 판단하는 것인데 반해, 대중운동으로서 철학상담

---

33) 이와 관련하여, 아헨바흐의 방법은 철학상담의 정립을 위해 요청되는 철학상담사 배출을 고려할 때 비현실적이라는 회의와 비판이 제기되기도 한다. 하지만 철학상담사의 배출과 교육 가능성에 대한 염려는, (단지 주어진 방법을 적용하는 차원이 아니라) 방법을 창조하고 또 창조적으로 발전시키면서 철학을 실천할 수 있는 감수성을 갖춘 유능한 철학실천가를 양성하기 위한 노력으로 바뀌어야 할 것이다.

은 사람들이 자신의 문제를 스스로 생각하도록 돕는 것이다. 셋째, 응용철학자는 이론적이고 객관적인 맥락에서 문제를 명료화하는 반면에, 철학상담자는 내담자 자신의 구체적이고 개인적 경험에 기초하여 철학을 실천한다.[34]

이러한 차이는 철학실천으로서의 철학상담이 단순히 철학 이론이나 윤리 이론을 삶에 응용하는 것이 아니라는 것을 말해준다. 실제로 인생의 중대하고 심각한 결정을 앞둔 사람들은 이미 정당성이 입증된 일반화 원리(그것이 철학 원리이든 윤리적 원리이든)에 근거해서 자신의 삶을 선택하거나 판단을 내리지 않는다. 그것은 자신의 고유하고 구체적인 삶을 받쳐주는 원리가 아니며 그 순간에 자발적으로 수용한 원리도 아니기 때문이다. 그렇다면 철학의 역할이 합리적 근거에서 일반화될 수 있는 철학 원리나 윤리 원리(혹은 도덕적 명령)에 따라 행동하거나 결정하기를 요구하는 것에 머무른다면, 실천적으로 철학은 무용지물이 되어버릴 것이다. 그런 방식으로는 철학이 누구에게도 영향을 미칠 수 없으며 적절한 조언을 할 수 없기 때문이다.

아헨바흐는 자신의 경험담을 통하여 일반화할 수 없는 철학상담의 성격을 예시한다. 그는 자기 인생의 가장 심각했던 문제 상황에서 스스로 어떤 결정을 내려야 했던 때에, 그에게 주어진 문제를 결코 일반적인 철학적 문제나 윤리적 문제로 간주할 수 없었던 자신의 체험을 다음과 같이 이야기한다.

---

34) Schuster(1999), pp. 33-34.

아헨바흐는 부인의 임신 중 병환으로 인해 (보호자로서) 임신중절에 동의할 것을 요구받았다. 이 상황에서 태아는 치유 불가능한 손상을 입고 태어날 터인데, 임신부에 대한 충분한 약물치료를 할 수 있으려면 임실중절이 필요하다는 것이었다. (……) 그때 제시되었던 하나의 제안은 인공적인 임신중절 대신, 한 전문가를 초빙하여 최면상태에서 "자연 유산"을 유도해내는 것이었다. 그것으로 태아를 잃는 대신 모든 불안정한 요소는 배제될 수 있다는 것이었다. 산모에게 '구제불가능한 유산 사태였다'는 설명도 준비되었다. 후에 산모가 받을 충격이나 태아를 상실한 아픔은 심리치료제를 통하여 억제할 수도 있다는 것이다. 그러나 본인은 이 제안을 거절했고, 보건청에 소환되어 그러한 거절이 야기할 결과의 파장효과에 대해 설명을 들어야 했다. 그것은 무책임한 행동이며 최악의 사태를 막아야 하므로 주저하지 말고 조속히 조처해야 한다는 것이었다. 후에 실제로 일어난 결과에 의하면, 요행히 건강한 아기가 태어났으며 산모도 건강을 찾았다.[35]

물론 아헨바흐의 결단은 결과에 대한 확신 없이 내린 결정이었다. 아헨바흐는 "그렇다면 나의 결정은 무책임한 결정인가?"라고 묻는다. 그리고 이 질문에 대한 답은 결과적으로 요행히 건강한 아이가 태어났다는 사실로 대신할 수는 없다고 보았다. 아헨바흐는 당시 상황을 회고하며 그때의 생각들 중 어느 것도 철학적 윤리학의 전통에서 잘 알려진 반성적 숙고와 유사한 것은 전혀 없었다고 고백한다. 즉 임

---

35) Achenbach(1987), pp. 69-80.

신중절에 관한 윤리적 논증이 제시하는 규범이나 원리가 자신이 어떻게 해야 할지 결정하는 데 아무 도움도 주지 못했고, 아무 의미도 되지 못했다는 것이다. 예를 들어, 산모의 생명을 구하기 위해서 임신중절이 정당화된다거나, 관련된 모든 사람의 행복을 극대화하는 행위를 따르라는 원칙을 고려하거나 이와 유사한 사고 과정에 비추어 행위를 결정하려는 시도는 없었다. 나아가 당시 그 상황에서 내려야 했던 자신의 결정이나 결단은 어떤 합리적 근거에서 일반화할 수 있는 것이 아니며, 특별한 개별 사태에 적용 가능한 어떤 원리를 염두에 둔 것이 아님을 명백히 한다.[36]

이 일화가 보여주는 것은 인생의 중대한 순간에 어떤 결정을 내려야 할 때나 크고 작은 선택의 갈림길에 선 내담자에게 누구에게나 일반적으로 적용되는 정당화 원리를 들이대는 철학은 아무런 역할도 하지 못하고 아무 의미도 갖지 못한다는 것이다. 철학의 이름으로 윤리의 이름으로 누구에게나 명령하거나 강요할 수 있는 원리 같은 것은 없으며, 누구도 그런 방식으로 설득될 수는 없기 때문이다. 철학이 누군가에게 어떤 영향을 주기 위해서는 각자 자유로운 판단에 따라 새롭게 자발적으로 설득되어야 한다.

응용윤리는 내담자로 하여금 자신을 성찰하며 스스로 설득되는 길을 거치지 않는다. 응용윤리는 이미 논증된 윤리 이론이나 규범을 구체적인 상황에 적용하는 문제이기 때문이다. 그것 역시 구체적인 문제에 적용한다는 점에서 이론의 응용이며 실천이라고 할 수 있지만,

36) 같은 책, pp. 69-70.

그 이론은 여전히 학문적이며 객관적인 것으로 남아있다. 이론이 선행하며 구체적인 상황은 그 이론에 맞추어 평가될 따름이다. 구체적인 상황이 이론을 변경시키지 않는다. 응용윤리가 여전히 이론 위주이며 이론에 머무르는 이유이다. 반면에 철학실천으로서 상담은 미리 주어진 규칙이나 이론을 안정적으로 따르는 문제가 아니며, 내담자역시 철학적 사고와 대화를 통해 (자기 이해와 더불어) 자신의 문제를 성찰하면서 각자 자신의 방식으로 해결을 찾아가는 활동이다. 여기에 철학실천은 개방성과 더불어 '살아있는 창조적 활동'이 된다.

앞에서 아헨바흐가 제시했던 예로 (의사가 병중에 있는 부인의 임신중절을 요청하는 문제 상황으로) 돌아가 보자. "이러이러한 경우에 임신중절은 타당하고 저러저러한 경우에는 타당하지 않다"는 도덕 규칙을 논증한 후, 그러한 규칙을 구체적인 상황에 적용함으로서 행위의 기준이나 지침으로 삼으려고 한다면(이것이 응용윤리가 하는 작업의 방식이다), 그것은 윤리 이론이나 규범에 머무르는 것이다. 즉 응용윤리는 실제 상황에 적용됨에도 불구하고 여전히 이론적 지식에 머무르고 있는 셈이다. 또한 그런 방식으로 작용하는 원리는 그것이 아무리 숭고하다고 해도 구체적인 문제 상황에 놓인 내담자의 고민과 괴리가 있으며 그 자신을 설득하지 못한다.

반면에 철학실천으로서의 상담은 그런 이론이나 법칙을 그 문제 상황에 있는 내담자에게 그대로 적용하는 것은 아무런 의미도 없으며 내담자의 자율성과 선택을 존중하는 것이 아니라고 본다. 그러면 방법에 개방적인 철학실천/철학상담은 어떻게 진행되는가? 철학상담사는 먼저 내담자의 이야기를 듣는 것에서 시작해야 한다. (응용윤리는 들을 필요가 없다. 그 경우 이론을 적용하여 이미 결론은 내려졌으며 망설이는 자에게 그것을 따르도록 격려하는 일만이 남아있다. 여기에 철학하는 활동이나 철학상담은 없다). 그것이 어떤 문제이건 먼저 들을 수 있어야 한다. 철학상담 실천은 주의 깊은 경청에서 시작하여, 내담자에게 무엇이 문제이며 어떤 고민이 있는지, 그리고 그것의 이유가 무엇이며 또 내담자의 어떤 생각이나 전제 및 가치와 연결되어있는지 자신을 성찰하는 철학적 대화를 시도한다.

이런 방식으로 성찰하는 철학적 대화를 통하여 개인의 욕구나 신념, 가치관 등 자기 정체성을 탐색하게 된다. 나아가 자기 이해와 성찰을 기반으로 자신의 문제를 명료하게 이해함으로써 스스로 어떤 선택을 하거나 자신이 이해할 수 있는(혹은 자신을 설득할 수 있는) 결론에 도달하도록 돕는다. 그 선택과 결론은 완성된 이론이나 원리로 미리 주어진 것이 아니며, 철학적 대화를 통하여 자신의 정체성과 자기 이해를 바탕으로 각자 자신의 삶을 찾는 과정에서 도달한 것이다. 이런 방식으로 자신의 길을 찾는 것이 정체성 기반 철학상담의 기본 아이디어이다.

치료가 아닌 철학적 대화의 가치

앞에서 보았듯이, 철학실천을 시작하면서 아헨바흐는 자신의 활동을 기존의 치료와 전혀 다른 종류의 실천으로 간주하였다. 철학실천은 기존의 것과 다른 종류의 새로운 치료라기보다는 전혀 치료가 아니라는 것이다. 아헨바흐에 의하면, 모든 치료에는 치료의 논리가 있는데 그것은 병의 증상에 따라 한 사람을 어떤 방식으로 다루어야 할 사례로 간주한다. 즉 병의 증상에 따라 분류되고 진단이 내려지면, 그에 맞추어 처방이 내려지는 등, 이제 그 사람은 특정 질병을 치유하는 방식을 적용하는 하나의 사례로 다루어진다. 반면에 철학실천을 하는 철학자는 내담자를 고유하고 유일한 인격으로 인정하며, 마찬가지로 내담자의 상황을 유일한 것으로 여기며 일반화의 방식이나 환원의 방식을 통해 접근하지 않는다. 즉 치료사는 의료적 틀에서(치료의 논리에 따라) 모종의 방법으로 내담자를 진단하고 처방하지만, 철학적 대화의 파트너들은 문제의 본성이나 가능한 이유들을 이해하려고 시도한다. 철학적 대화는 치료의 논리를 따르지 않는다.

철학실천에 있어서 아헨바흐의 정신을 존중하는 철학실천가 린셋은 치료의 작업틀과 철학실천의 작업틀을 대조하면서 두 가지 접근 방식은 본질적으로 다르다고 논의한다. 린셋의 구분을 살펴보자.

치료적 작업 틀은 한 치료사가 치료를 받으려는 자와 마주 앉는다. 치료사는 (상대를 치료하기 위한) 이론적 지식을 알고 있으며, 이 지식을 치료 과정에 적용해야 한다. 치료를 받아야 하는 사람은 무엇이 부족하거나 어떤 문제로 고통받고 있으며 이것은 제거되어야 한다. 이 작업틀에서 치료사가 풀어야 할 일차적 물음은 "무엇이 내가 치료해야 할 문제인가?"이다.

철학실천에서의 작업틀은 이것과 본질적으로 다르다. 내담자가 치료를 받은 적이 있었거나 치료를 기대하고 찾아온 경우라 할지라도,

그가 맞이하게 될 작업들의 차이점을 곧 알아채게 될 것이다. 여기서는 "무엇이 (치료해야 할) 문제인가?"라는 물음보다는, 오히려 "내담자는 무슨 이야기를 할 것인가? 그는 어떤 삶의 체험과 어떤 삶의 현실을 토로할 것인가?" 하는 물음이 전면에 나서게 된다. 바로 이 삶의 현실이 철학실천의 대상이고 주제이다. 즉 철학실천의 목표는 치료가 아니라 인식 또는 이해이다.[37]

린셋에 의하면, 치료사는 치료행위를 하기 위해서 고통의 정체를 확인하고 진단하며 적절한 치료 방법을 적용한다. 그리고 그런 일을 하기 위해 필요한 지식을 소유하고 있어야 한다. 치료의 본질적 구조는 문제의 제거 (내지 해소)이다. 치료의 작업틀에는 치료사가 분명히 승인하지 않거나 심지어 배척하는 인간관이나 가치관이 암암리에 내포되어 있다. 린셋은 삶의 문제가 치료를 통해 제거되어야 한다는 생각은 "좋은 삶은 문제가 없는 삶이어야 한다는 잘못된 인간관"에서 유래한다고 비판한다.[38]

반면에 철학실천의 경우 내담자와의 이야기나 대화가 중심이 되며, 철학적 대화를 통하여 자기 삶을 진지하게 파악하고 이해하는 것이 목표가 된다. 린셋은 철학실천의 목표가 인간의 고통이나 문제를 제거하는 것이 아니라, 삶에 자극을 주며 삶을 더 잘 이해하도록 돕는 것이라고 본다. 삶의 고통이나 위기에 처해있는 사람일지라도 언제나

---

37) Lindseth (2005), p. 20

38) 같은 책, p. 21. *치료의 논리가 전제하는 인간관은 필자가 서론에서 제시한 〈철학상담 실천은 어떤 인간관도 전제하지 않는다〉는 명제와 분명히 대조된다.

꼭 치료가 필요한 것은 아니며, 대화를 통하여 자신의 삶 안에서 문제를 이해할 수 있을 때 받아들일만한 것이 되기도 한다.[39] 이 점에서 철학적 대화는 근본적으로 치료와 다르다.

나아가 린셋은 치료의 논리에 대해 치료사들이 제시하는 반론과 저항의 근본 원인을 분석한다. 그들은 자신들도 역시 일차적으로 치료사가 아니라 대화 상대자이며 철학실천가들과 유사한 조력자라고 주장하곤 한다. 그런데 린셋의 분석에 의하면, 치료사는 본래 이중적 기능을 수행한다.: 첫째는 불가피하게 이론적 지식을 적용하는 치료사의 기능이고, 둘째는 호의적이며 전문가적인 조력자의 기능이다. 치료사로서의 기능은 학문적 권위에 호소하는 반면에 조력자로서의 기능은 서구 인본주의 전통에 호소한다. 그런데 자신의 작업을 치료가 아닌 조력자로 보고 싶어 하는 치료사들은—치료의 첫째 기능이 의식 속에서 뒤로 물러서고 둘째 기능이 우세한 위치를 점하는 일이 자주 일어나면서—자신의 작업이 내담자에게 호의적인 조력자라는 생각을 하도록 만든다는 것이다. 그럼에도 (치료사로서 개입하려는 의도를 감춘) 전문적 조력자로서의 치료사의 경우 조력을 받는 자와 조력자 사이에는 독특한 비대칭적 관계가 형성되며, 조력자는 내담자에 대해 무언가를 해야만 한다는 의무감을 느끼게 된다. 거기서 조력자는 매우 이해심 있고 호의적인 태도로 행동할 수 있지만 그럼에도 그는 자신을 찾아온 의뢰인을 치료 대상으로 격하시키는 것을 피할 수 없다.[40]

---

39) 같은 책, pp. 21-22.
40) 같은 책, pp. 22-23. *예를 들어, 성폭력 심리상담을 받았던 한 내담자는 심리상담사가

치료사는 내담자가 갖지 못한 전문적 지식을 가지고 은연중에 내담자를 치료하도록 도와야 한다고 생각하기 때문이다.

이에 반해 철학실천에서 내담자와 실천가 사이의 관계는 훨씬 대칭적이고 대등한 관계이다. 철학실천가는 내담자를 치료받아야 할 대상이나 제거되어야 할 문제를 가진 사람이 아니라, 오히려 흥미롭고 고유한 일회성의 사건을 이야기할 수 있는 사람으로서, 그리고 오직 그만이 할 수 있었던 인생 체험을 겪은 자로서 대한다. (비록 그것이 고통스러운 일이었다고 하더라도) 이런 경험은 그 어떤 위대한 인생 경험보다 덜 중요한 것이 아니다.[41)]

필자는 치료의 논리와 치료사의 저항에 대한 린셋의 논의에 동의하지만, 철학상담사/철학자가 전혀 전문적인 조력자의 역할을 하지 않는다는 생각에 대해서는 의문을 가진다는 것을 밝혀야 하겠다. 나는 치료와 철학상담을 구분하는 린셋의 논의에는 기본적으로 동의하는

―――――――――――

자신의 문제를 해결하기(치료하기) 위해서는 분노의 감정을 폭발해야 한다는 것을 강요하다시피 했던 경험을 토로하기도 하였다. 그 심리치료사는 자신에게 공감하고 호의적인 조력자의 역할을 하려고 시도하면서도 성폭행의 경험을 치유하기 위해서는 상대에 대한 분노의 감정이 표출되어야 한다는 모종의 법칙이나 지식을 가지고 치료하려고 애썼던 것이다. 하지만 그녀는 그것을 이해할 수도 납득할 수도 없었다. 이처럼 모든 내담자가 그런 지식이나 원리에 따라야 한다는 것은 이해하기 어렵다. 사실 그 내담자는 단지 감정의 폭발이 아니라 자신의 삶 안에서 그 사건이 어떤 영향을 미치고 있는지 명료하게 이해하고 싶었고, 그리하여 삶을 제대로 살아가기 위한 힘을 얻기를 원했다. 철학상담을 받기 위해 필자를 방문했던 그는 (심리치료사의 주장에도 불구하고) 감정의 폭발로는 자신의 문제를 이해하거나 조명할 수 없었다고 한다. (실제로 그는 철학상담을 통해 자신의 경험과 문제 상황을 명료하게 이해하게 된 이후에야 자신을 폭행한 상대에게 당당하게 대응할 수 있게 되었으며 그 문제의 무게로부터 해방될 수 있었다).

41) 같은 책, p. 23.

한편, 철학상담은 전혀 전문가의 조력이 아니라는 것으로 심리치료와 구분하려는 시도에 대해서는 의견을 달리한다. 철학상담은 전문가의 조력이 아니라 호의적 조력자라는 점에서 구분이 된다기보다는, 철학 실천가가 적극적으로 철학적 대화와 철학적 성찰을 수행한다는 점에서 다른 상담과 구분된다. 동시에 철학상담사는 바로 철학적 대화(즉 철학하기)를 수행하는 그 역할을 잘해낼 수 있다는 점에서 전문가이기도 하다는 것을 인정해야 할 것이다. (1장 3절에서 논의했듯이, 철학상담사는 통찰을 불러일으키거나 사고를 촉발하는 질문을 통하여 대화함으로써 내담자로 하여금 자신의 문제를 비판적이고 창의적으로 다룰 수 있도록 하는 데서 전문가라는 점을 부인할 필요는 없다.)

한편 슈스터는 철학실천에서 치료가 아닌 대화의 가치에 대해 강조하면서, 철학상담은 자신의 가치를 지키기 위해 (심지어 정신병원과 같이 임상적 체제 안에서 이용될 경우에도) 비임상적인 기법을 유지해야 할 것이라고 주장한다.

"인지치료, 실존주의 치료, 임상적 철학적-심리학, 합리적 심리치료, 그리고 다른 치료와 철학을 결합한 잡종들은 각각 그 자신의 가치를 가지고 있다. 그러나 그것은 비임상적 철학 기법의 가치와는 다르다. 내가 말했듯이, 정신 치료에 철학을 함께 사용하는 철학을 부전공한 임상적 심리학자들은 철학실천가 혹은 철학상담사로 불려서는 안 된다. 철학을 자신들의 정신 치료적 담론과 구분하지 않는 빙크(Cyril Vink)와 호이츠(Will Heutz) 같은 네덜란드 심리치료사들은 대부분의 실존주의 심리치료사와 인본주의 심리치료사들이 주장하는 직업적 체제 안에 머무를 것이다. 다른 심리치료사들은 플라톤, 니체, 하이데거, 사르트르의 아이디어들을 치료에 사용하는 반면, 그들은 아헨바흐로부터 특정한 개념들을 빌어 사용할지 모른다. 그러나 심리치료사들이 철학자나 철학실천가가 되기 위해서는 철학 학위뿐 아니라 야스퍼스와 푸코가 겪었던 것과 같은 철학적 개종이 필요하다."[42]

슈스터의 위 인용으로부터 철학실천의 고유한 특성을 강조하는 중요하고 의미심장한 몇 가지 주장을 읽어낼 수 있다. 첫째, 철학실천의 가치를 지키기 위해서는 비임상적 대화법을 유지해야 한다. 그것은 앞에서 논의한 철학 고유의 대화법을 말한다. 둘째, 철학실천의 가치를 유지하기 위해서는 기존의 치료들과 결합해서는 안 된다는 것, 즉 심리치료와 철학을 결합하는 것(혹은 애매모호한 의미의 학제적 상담)은 잘못하면 철학의 아이디어들을 도입한 기존의 심리치료의 잡종과 같은 것으로 전락할 것이라는 경고이다.[43] 그 경우 철학실천은 더는 전혀 새로운 상담이 될 수 없으며, 심리치료의 한 아류로 전락할 것이다. 셋째, 치료사들의 체제 안에서 머무는 철학적 작업은 전혀 철학실천이라고 할 수 없으며, 또한 그런 치료사들은 철학실천가가 아니다. 정신 병리학자나 심리치료사는 철학적 개종을 거쳐 철학자로 거듭나

---

42) Schuster(1999), p. 18.

43) 단지 철학 사상이나 사상의 아이디어를 사용하는 것이 철학실천은 아니다. 즉 철학의 자산을 이용한다고 철학실천이 아니며 철학의 사상을 대자적인 실천적 진리로 만날 수 있도록 철학적 대화를 하는 것이 철학실천이다(제1부 3장 2절 참고).

지 않는 한 철학실천가라고 불릴 수 없다.

이상의 주장들은 기존의 치료와 철학실천을 단순히 분리해야 한다는 차원의 주장이기보다는, 철학실천이 기존의 잘 짜인 치료 체제에 손쉽게 의탁하거나 결합하지 않으면서 또한 독자적이고 새로운 가치와 역할을 유지하며 올바로 뿌리내리기 위해서 어떤 접근을 하는 것이 바람직한지 말해주는 것으로 보아야 할 것이다. 치료가 아니라 철학적 대화에 철학실천의 진정한 가치가 있다.

물론 철학상담이 치료가 아니라고 해서 상담의 결과에 "치료적인" 효과가 있었다는 것을 부정할 필요는 없다. 슈스터는 우리의 일상용어 사용에서 ("코미디"와 "코믹"이 구분되듯이) "치료"라는 명사와 "치료적인"이라는 형용사를 구분할 필요가 있다고 본다. 둘은 똑같은 의미를 갖지 않는다. "치료"는 어디서든 발견될 수 있는 것이 아니라 과학적으로 발견되거나 고안된 방법이다. 즉 치료하기 위해 진단-처방-문제의 제거에 적용하는 전문적 지식을 전제한다. 반면에 "치료적인"은 어디서나 발견될 수 있으며 웰빙을 유도한다. 사람에게서 치료적인 변화는 일상적으로 어디서나 일어날 수 있다. 예컨대, 여행은 치료는 아니지만 여행을 한 결과 치료적인 효과가 나타날 수 있다. 이처럼 전문적/과학적 치료가 없어도 '치료적인 변화'가 일어날 수 있다는 점에서, 치료적인 것이 반드시 치료인 것은 아니다. 그런 의미로 비록 철학실천은 치료가 아니지만 치료적인 효과를 불러올 수 있다.[44]

<hr />

44) Schuster(1999), p. 19. 슈스터는 이 구분을 통하여, 철학상담/철학실천은 치료의 논리로 접근하지 않지만 철학적 대화의 결과 '치료적인' 효과가 나타나는 것은 인정할 수 있다고 본다. 즉 진정한 대화와 자기-서사는 일상적 의미에서 치료적인 효과를 가질 수 있다

또한 치료와 관련하여 〈진단〉이라는 말도 영역에 따라 달리 사용할 수 있다. 임상적 의미의 진단과 비임상적 의미의 진단이 그것이다. 임상적인 용어로 사용하는 진단은 치료와 관련한 것이지만, 비임상적인 의미로 사용할 경우 진단이란 말은 "문제의 원인이나 본성을 입증하는 것"이라고 정의한다. 이 구분을 통하여 슈스터는 '진단하다'는 말의 '비임상적인 의미'에서 철학상담사는 〈진단〉한다고 말할 수 있다고 본다. 그 말은 철학적인 방법을 통해 내담자의 문제의 원인이나 본성을 규명한다는 뜻이다. 그러한 철학적 규명은 어떤 의미에서 '진단'이다. 그러나 이는 의학적 진단과 매우 다르며, 철학실천적인 의미의 '진단'은 의료적/치료적 진단과 구분된다. 치료 시스템에서는 치료사에 의해 치료사만이 소유한 전문지식을 적용하여 내담자의 질환과 증세를 진단하지만, 철학상담의 경우 내담자의 자기 성찰에 의한 자기 진단의 형태를 취한다.[45]

이상에서 철학실천의 대화방식과 치료의 논리를 대조함으로써 철학실천의 진정한 가치와 역할은 치료가 아니라 철학적 대화라는 것을 보이고자 하였다. 아헨바흐는 철학자와 내담자가 개방적으로 상호작용하는 철학적 대화를 지향하였다. 그러한 철학실천의 정신은 다음과 같은 소크라테스적 담화의 특징을 보여준다. 첫째, 철학실천의 축은 이론적 지식이 아니라 실천적 지식이다. 둘째, 상담자와 내담자 둘 다

는 것이다.

45) 같은 책, p. 14. *필자의 경험에 의하면, 철학상담에서 '진단'이란 말의 진정한 의미는 〈철학적 대화와 성찰에 의해 내담자 스스로 자기의 문제를 이해할 수 있게 되었다〉는 것을 뜻한다. 철학상담에서 진단의 의미에 관해서는 제1부 5장 2절 4단계를 참고하라.

철학적 실천가이다. 철학상담에서 대화의 참여자들은 모두 철학을 수행하는 철학자이다. 셋째, 상담사의 역할은 자기인식의 과정에서 경험과 통찰을 발견하는 데 있다. 넷째, 이것은 상담사와 내담자 공동의 작업과정이다. 상담기간에 두 실천가는 자기인식을 발전시킨다. 그리하여 내담자만이 아니라 상담자도 자기인식을 발전시키며 변화한다.[46]

소크라테스는 철학적 대화를 통하여 사람들의 생각과 삶의 방식을 되돌아보도록 도왔으며 삶의 성찰과 검토는 대화자들의 자기의식을 창조하였다. 마찬가지로 철학상담에서 소크라테스적 대화는 생각과 행위의 근거를 비판적으로 검토함으로써 삶의 복잡하고 문제스러운 상황 안에서 자신을 이해하고 철학적 통찰을 낳도록 그의 방문자를 돕는다. 철학자는 해답을 제시하는 것이 아니라 내담자 스스로 자신의 문제를 해결해나갈 수 있도록 협력하고 격려한다. 철학상담에서 아이를 낳는 것은 (현대의 소크라테스적 산파로서) 상담사가 아니라 바로 내담자이기 때문이며, 내담자는 자유로운 판단에 따라 자발적으로 설득되는 것이 중요하기 때문이다.

철학상담/철학실천의 방법론에 대한 아헨바흐의 개방적 정신은 특정 상담방법론을 주장하는 철학상담사들 사이에서도 대체로(적어도 부분적으로) 수용되고 있는 것으로 보인다. 그들은 전통적인 심리치료처럼 패턴화된 매뉴얼이나 완결되고 틀 지워진 방법론 (나아가 우울증 테스트 같은 질병 진단 방식)을 지양한다는 점에서, 그리고 방법론을 제시할 경우에도 상당 부분 융통성 있고 개방적인 방식으로 적용해야

---

46) 같은 책, p. 38.

한다는 것을 긍정한다는 점에서 더욱 그렇다. 물론 앞으로 논의할 자아정체성 기반 철학상담 방법 역시 아헨바흐의 개방적인 철학실천의 정신을 공유한다.

03

철학상담의 정체성:
무엇이 상담을 철학적으로 만드는가?

철학적 성찰과 철학적 대화

철학상담의 정체성을 묻는 물음은 〈철학상담을 철학적으로 만드는 것은 무엇인가?〉 하는 물음으로 제기된다. 이 물음은 철학상담을 다른 종류의 상담이 아니라 바로 철학상담으로 규정하도록 하는 것이 있는지, 있다면 그것이 무엇인지를 묻는 것이기도 하다. 이 물음에 만족할만한 답을 제시할 수 있다면, 철학상담은 여타의 상담이나 치료와 구분되는 정체성을 확보할 것이다.

철학실천, 혹은 철학상담은 상담의 영역에서 짧은 역사를 가진 분야로서 정체성의 문제에 많은 논란이 있어왔다. 아헨바흐의 철학실천을 시발점으로 볼 때, 철학의 유구한 역사에 비해 철학실천의 역사는 겨우 30여 년 정도에 머무르고 있다. 특히 상담의 전 영역에 스며들어 있는 심리상담 및 심리치료와 비교되면서, 신생 학문으로서 철학실천의 독자적인 지위와 역할에 대해 많은 논쟁을 불러일으켰다. 더욱이 심리상담 치료의 영역 안에 이미 (플라톤, 에피쿠로스, 에픽테토스 등의 스토아 철학, 실존주의 등) 철학의 사상을 도입하여 정립된 수많은 종류의 (철학적) 치료 기법이 존재하는 상황에서, 과연 철학상담이 그것과 구분되는 고유한 정체성을 갖는지 논란이 가중되었다. 철학실천/철학상담이라는 신생 분야가 철학의 사상이나 아이디어를 도입하여 적용한 다양한 심리 치료법들, 즉 실존치료, 로고테라피, 인지치료, 논리치료 등과 과연 무엇이 다른지 하는 문제가 제기되었다. 또한 심리치료 분야도 더는 정신분석에 한정되지 않고 다양하게 분화되어왔으며, 인본주의 전통을 강조하는 인본주의 심리치료에 이르면 그것은 철학실천과 차별화되기보다 유사점을 더 많이 공유하는 것처럼 보이기도 한다. 이러한 현상들을 직면할 때, 철학상담 고유의 정체성을 확보하는 것이 어려워 보이기도 한다.

　철학실천, 혹은 철학상담은 바로 위에서 언급한 다양한 종류의 '철학적' 심리치료와 무엇이 다른가?, 그리고 어떻게 다른가? 오히려 철학상담은 이런 다양한 심리치료의 한 종류가 아닌가? 피터 라베는 철학상담과 심리상담 치료를 구분하려는 여러 가지 시도를 검토한 후, 두 영역의 경계를 구분하는 것에 회의를 표시한다. 철학상담과 심리상담은 차이보다 유사성이 더 많으며 둘을 구분하려는 기존의 시도들은 성공적이지 않다는 것이다.[47]

철학상담과 넓은 의미의 심리치료가 기초하는 가정과 가치의 관점에서 바라볼 때, 양자 사이에 어떤 중요한 차이가 있는지, 아니면 실제로 그런 명백한 구별이 있기나 한 것인지도 더는 분명하지 않다. 사실상 철학상담과 심리치료의 다른 요소들에 관한 검토에서 발견되었던 것과 마찬가지로, 두 영역 사이에는 차이보다는 유사성이 더 많은 것처럼 보인다.[48]

흥미로운 것은 철학상담의 정체성이나 독자적인 위치를 부여하는 것에 대한 피터 라베의 회의는 많은 심리치료사들의 입장을 대변해주고 있다는 점이다. 나는 철학상담을 강의하거나 이야기할 때마다 심리치료사들의 그런 의문과 회의를 접하곤 하였다. 철학상담을 심리상담과 구분하거나 철학상담의 정체성을 확보하는 것에 대한 회의적 논증이 담긴 피터 라베의 책은 지금으로부터 약 14년 전인 2000년에 출판되었다.[49] 그 당시에 이 책은 철학상담의 입문서로서 매우 중요

---

47) Peter B. Raabe (2001). 이 책에서 피터 라베는 다양한 종류의 심리치료를 소개한 후, 철학상담을 심리치료와 구분 지으려는 시도들이 성공할 수 없다는 것과 실제로 철학상담은 특정 형태의 심리치료와 매우 유사하다는 것을 논의한다(그의 책 2장과 3장을 참고하라). 그러한 논의 후에 그는 자신의 철학상담 방법론(4단계 모델: 1. 자유롭게 말하기, 2. 당면 문제 해결, 3. 의도적인 철학교육, 4. 초월)을 제시하면서, 3단계의 철학교육 부분이 유일하게 심리상담과 구분되는 철학상담 고유의 임무라고 주장한다(자세한 논의는 그의 책 4장을 참고하라).

48) 같은 책, p. 180.

49) 피터 라베의 이 책은 철학상담의 역사나 관련 개념들 및 이론들에 관하여 상세하고 성실하게 기술되어 있다는 점에서 철학상담 입문서로서 훌륭하다고 평가함에도 불구하고, 철학상담에 관한 적극적이고 깊이 있는 기술은 부족하다는 점에서 아쉬움이 있다. 나는 철학상담 실천의 경험을 바탕으로 하여 철학상담의 정의와 정체성 및 고유한 역할에 대해 적극적으로 제시할 수 있는 철학상담 저술이 필요하다고 생각한다. 이 책은 그런 시도의 하나이다.

한 기여를 했다고 생각한다. 그러나 철학상담에 대한 상당 부분의 논의들이 심리상담과 비교하는 방식에 치우쳐있으며, 철학상담의 정의, 정체성, 방법 등 철학상담의 중심 요소들도 심리상담과 비교하는 방식의 설명에 초점을 두고 있다. 이런 경향은 피터 라베만이 아니라 다른 철학실천가들의 논의에도 드러나는 현상이다. 즉 철학상담의 정의에 대해 "철학상담은 ~이 아니다"라는 방식의 소극적 정의나 "(심리상담과 비교하여) 철학상담은 ~에서 차이가 있다"는 비교 및 의존적 정의와 기술방식을 취하는 경향이 있다. 철학상담을 다른 종류의 상담(특히 심리상담 치료)과 비교하거나 차별화하는 방식으로 정의해왔듯이, 철학상담의 정체성 문제에 대해서도 다른 여타의 상담이나 심리치료들과 비교하여 차이를 보임으로써 해결하고자 시도하였다.

물론 철학상담/철학실천에 대하여 그것은 '어떤 종류의 치료가 아니다', '응용윤리나 응용철학이 아니다', '원리의 적용이 아니다', '어떤 지식을 전제하지 않는다(혹은 철학적 지식의 적용이 아니다)', 등등의 부정적 형식의 소극적 정의로도 철학상담이 무엇이며 그 정체성이 무엇인지에 대해서 말해주는 바가 있다. 하지만 이제 철학상담의 실천 경험을 토대로 적극적인 정의를 제시하고 적극적인 방식으로 철학상담의 정체성에 대해 말할 수 있어야 한다고 본다.

그러면 상담을 철학적 상담으로 만드는 것은 무엇인가? 무엇이 상담을 철학적으로 만드는가? 나는 철학상담의 정의와 마찬가지로, 철학상담의 정체성 물음에 대해서도 정면으로 적극적인 답변을 시도하고자 한다. 철학상담의 정체성에 대해 (다른 상담과 비교하거나 의존하는) 우회적인 설명 방법은 오히려 혼란을 일으킬 수 있으며, 또 그런 방식으로는 핵심을 벗어나기 때문이다.

　이 책을 시작하는 장에서 나는 〈철학상담이란 (내담자가 말하려는 이야기나 문제에 대해) 철학자와 내담자가 철학적 대화로 수행하는 활동〉이라고 정의하였다. 또한 철학상담/철학실천의 중심 활동은 철학적 대화라는 것을 분명히 하였다. 그리고 철학적 대화가 무엇인지, 그 대화법의 성격이 무엇인지에 관하여 상세하게 설명하였다(1장 참고). 이렇게 기술된 철학상담의 정의 안에는 철학상담의 정체성도 담지하고 있다. 본질적 정의가 내려졌다면, 당연히 그 안에 정체성의 문제에 대한 답변도 들어있기 마련이다. 철학상담의 적극적 정의에 의하면, 철학상담을 철학적으로 만들어주는 것은 바로 "철학적 대화"의 수행이다. 철학상담 이외에 그 어떤 상담이나 치료도 철학적 대화를 중심 활동으로 하는 것은 없다. 이것은 철학의 실천 이외에 다른 것이 아니기 때문이다. 그리하여 철학적 대화 수행으로서의 철학상담에 대한 근본적 정의는 이미 그러한 정의만으로도 '철학적' 상담의 정체성을 보여주기에 충분하다.

　이제 상담을 철학적으로 만들어주는 철학상담의 정체성은 철학적 대화를 통하여 철학적 성찰을 수행하는 것이라고 말할 수 있다. 즉 철학상담의 고유한 역할은 철학적 대화로 수행되는 철학적 성찰이며 그것이 상담을 철학적인 것으로 만들어준다. 그러면 철학적으로 성찰한다는 것은 무엇일까? 철학상담에서 "철학적 성찰"의 의미를 아헨바흐는 다음과 같이 말한다. "철학적 성찰"이란, "철학상담의 과정에서 (철학자의 사상들을 사용하는 것이 철학상담의 본질은 아니며), 무의식적으로 전개되는 사유 과정의 전제조건들에 관하여 성찰하는 것이다."[50] 철학상담을 철학적으로 만드는 것, 즉 철학상담의 정체성의 문제는 사실

"철학적 성찰"에 대한 아헨바흐의 해명에서 그 단서를 찾을 수 있다. 철학적 성찰은 자신의 사고와 태도의 전제조건들에 관하여 반성적으로 검토하는 것이다. 또한 상담을 철학적으로 만드는 철학적 성찰이란, 내담자의 문제를 놓고 대화가 전개되는 과정에서 내담자가 가진 암묵적인 전제와 가정들, 그것과 관련된 가치와 세계관들을 비판적으로 검토하고 성찰하는 것을 의미한다. 즉 내담자가 왜 그렇게 생각하는지, 왜 그렇게 느끼거나 그런 태도를 보이는지, 나아가 왜 그렇게 느끼거나 믿거나 행위 하는지 그 이유를 묻고 그 사고와 태도가 전제하는 것을 깨닫도록 하는 것이다. 동시에 그러한 전제들과 관련된 가치들을 탐색하는 것이기도 하다.[51] 이러한 철학적 성찰은 내담자의 철학적 자기 성찰이기도 하다. 왜냐하면 내담자의 이야기 안에서 내담자 자신의 태도와 사고를 검토함으로써 자신을 되돌아볼 수 있기 때문이다.

그런데 철학적 성찰에 대한 아헨바흐의 생각을 "내담자의 사고와 태도의 전제조건들에 관하여 성찰하는 것"이라고 규정할 때, 철학적 성찰은 비판적 사고의 대화법을 그대로 반영한 것이라는 점을 알 수 있다. 즉 철학적 성찰은 비판적 사고를 구현하는 철학적 대화를 통하여 성찰하는 것이다. 그리하여 철학적 성찰과 철학적 대화는 동전의 양면처럼 들어맞는다. 결국 철학실천/철학상담이란 철학적 대화와 철학적 자기 성찰을 동시에 수행하는 활동이 된다. 혹은 철학적 대화

---

50) Achenbach(1987), p. 60
51) 이런 방식으로 가치와 정체성을 탐색하는 방법에 대해서는 제5장에서 논의할 것이다.

를 통하여 철학적 성찰을 수행하는 것이라고 말할 수도 있다. 그리하여 철학실천의 정의와 역할과 정체성이 하나로 수렴된다. 그것은 바로 〈철학적 대화의 수행〉이다.

철학상담은 내담자 자신을 철학적으로 성찰하도록 하는 활동이다. 철학적으로 성찰한다는 것은 비판적 사고를 촉발하는 철학적 물음과 대화로 자신의 생각과 태도와 행동을 돌아보고 비추어보는 것이다. 비판적인 사고의 대화법이 내담자의 자기 성찰을 가능하게 만든다. 물론 비판적 사고 이외에도 (앞장에서 논의했던) 창조적 사고와 해석의 대화법이 함께 작용한다면 더욱 풍부한 자기 성찰을 도울 수 있을 것이다. 철학적 성찰이 무엇인지에 대해 이렇게 해명할 경우, 명상이나 마음의 움직임을 내면으로 응시하는 것이나 심리 법칙의 프리즘을 통해서 자신을 성찰하거나 바라보는 것은 더 이상 철학적 성찰이 아니라는 것을 알 수 있다. 철학적 성찰은 엄밀한 의미에서 오직 철학적 대화로 촉발되는 자기 성찰을 의미하기 때문이다. 철학상담은 바로 이런 의미에서 (비판적 사고와 창조적 해석을 구현하는) 철학적 대화로 이루어지는 자기 성찰의 수행이라고도 말할 수 있다. 또한 이런 방식의 철학적 대화와 철학적 성찰은 철학상담 고유의 역할인 동시에 철학상담의 정체성을 담보하는 것이다.

실천적 진리로 사용하는 철학적 자산

인류의 역사 이래 오랫동안 쌓아온 철학의 풍부한 자산을 상담에 사용하는 것은 고무적인 일이다. 철학의 다양한 사상이 삶의 지혜를 담고 있으며 때로는 인간의 삶에 길을 비추어주던 등대의 구실을 했다는 것을 생각하면 더욱 그렇다. 물론 철학실천가 역시 철학상담의 과정에서 철학의 자산을 사용할 수 있다. 그러나 주의해야 할 것은 철학 사상이나 철학적 지식을 사용한다는 것 자체가(혹은 그 이유 때문에) 그 상담이 철학상담이 되거나 그 상담을 철학적 상담으로 만드는 것은 아니라는 사실이다. 즉 상담을 철학적으로 만드는 것은 철학 사상이나 철학적 지식 자체가 아니다. 아헨바흐 역시 "철학자의 사상을 사용하는 것이 철학상담의 본질은 아니며", "어떻게 사용하느냐가 더 중요한 문제"라고 강조한다. 그리하여 철학상담에서 "철학의 자산을 어떻게 사용할 것인가?" 하는 물음은 중요한 문제로 주목받는다. 이 문제와 관련하여 아헨바흐는 다음과 같이 주장한다.

철학상담은 단지 전승된 철학적 자산들을 조작할 수 있는 (즉자적) 가르침이 아니라, 그것을 구체적으로 여기 지금 우리에 대하여 (대자적) 참인 것으로 가져올 수 있어야 한다. 즉 우리에게 철학적 자산으로 제공된 모든 것은 단순한 대상으로서는 어떤 효과도 지니지 않으며 (즉자 상태로서는 반 정도의 진리에 불과하며), 대자적 진리가 되기 위해서 우리는 그 자산을 우리 자신에게로 가져와야 한다.[52]

여기서 아헨바흐는, 철학 실천의 과정에서 단지 전승된 철학적 사

---

52) Achenbach(1987), 5장, p. 60.

상을 조작할 수 있는 가르침이 중요한 것이 아니라, 구체적으로 여기 지금 우리에게 (우리 자신과 우리의 문제를 성찰할 수 있도록) 실천적 진리로 구현하는 것이 중요하다고 말한다. 여기서 그가 강조하는 것은 철학적 자산이 박제된 추상적 지식(즉 즉자적 진리)으로 조작적으로 사용되는 것이 아니라, 내담자에게 살아있는 자신의 진리(즉 대자적 진리)로서 구체적인 문제 상황에서 깨달음을 줄 수 있어야 한다는 것이다. 그렇다면 중요한 것은 구체적인 삶 안에서 갈등과 위기에 처한 개인들에게 도움이 되기 위한, 살아있는 실천적 진리가 되도록 철학적 자산을 사용하는 것이다. 어떤 의미로 이것이 바로 철학실천이 중요시하는 활동이기도 하다.

그러면 어떻게 살아있는 실천적 진리로 작용할 수 있도록 철학적 자산을 사용할 것인가? 이 문제를 해결하기 위하여 필자가 고안해낸 것이 〈철학적 사고실험 모델〉이다.[53] 이 모델은 추상적인 철학 사상을 구체적인 상황에 적용하기 위한 것으로서 내담자로 하여금 자신의 문제 상황을 통찰하도록 촉진하기 위해 고안된 것이다. 개념적이고 추상적인 형태의 철학 사상이 아무리 중요한 의미를 담고 있을지라도 내담자의 수준에서 자신의 구체적인 문제 상황을 조명하는 데 도움을 줄 수 없다면 그것은 상담의 실천에서 아무런 소용이 없을 것이다. 사고실험은 바로 추상적 사상을 내담자의 구체적인 문제와 연결시켜 조명하도록 매개해주는 방법이다. 철학적 사고실험은 철학 사상을 각자

---

53) 김선희, 「죽음과 의미상실에 대한 철학적 치유의 가능성: 철학적 사고실험을 통한 상담 방법과 실천적용」(2011a), 필자는 이 논문에서 철학적 사고실험의 방법론의 토대를 제공하였으며, 실제의 철학상담 과정에서도 철학적 사고실험 모델을 사용하고 있다.

자신의 문제 상황에 비추어볼 수 있는 구체적인 방식으로 수행함으로써 내담자로 하여금 자기 이해와 더불어 문제 해결의 실마리를 찾도록 자극한다. 그것은 철학 사상이 함축하는 바를 드러낼 수 있는 어떤 상황을 설정한 후 자신이 그 상황에 있다고 가정하여 자신의 문제를 성찰하도록 하는 방법이며, 이것을 통해 자기 문제의 핵심에 다가서거나 자기 이해를 확장하게 된다. 이처럼 철학상담 과정에서 철학자가 제시하는 사고실험은 내담자로 하여금 자신의 사고 구조를 검토하도록 돕거나, 내담자의 사고에 새로운 통찰과 관점을 제공할 수 있다. 그런 점에서 철학적 사고실험은 철학의 풍부한 자산을 상담에서 이용할 수 있는 하나의 모델이 될 수 있다.

철학 사상을 사고실험 모델의 형태로 재구성하는 일은 추상적 수준의 이론과 사상을 일상적 현실과 현장에 적용할 수 있는 단계로 구체화시키는 것이다. 그런 점에서 철학상담에서 사고실험을 사용하는 것은 철학의 추상적 차원과 구체적 사례 차원을 매개함으로써 상담을 효과적으로 진행시키는 중요한 방법이 된다. 이때 중요한 것은 철학 사상을 이론적으로 설명하는 작업이 아니라, 그것을 실제로 내담자의 문제 상황에 도움이 되는 방식으로 실험적이고 구체적으로 변형하여 실천적으로 적용하는 것이다. 물론 철학적 사고실험은 내담자의 문제 상황과 수준에 따라 다양하게 변형하여 사용할 수 있다.

여기서 사고실험의 역할은 단지 내담자의 사고와 가치관에 대한 정보를 얻는 데 있는 것이 아니라, 철학적 자극을 줌으로써 내담자에게 새로운 사고와 깨달음을 일으키는 데 있다. 그렇게 되면 내담자는 자신의 문제 상황에 관해 새로운 통찰을 얻으며 상담은 새로운 국면을 맞이하게 된다. 그리하여 철학적 사고실험은 내담자의 인식을 일깨우는 역할을 하면서 상담을 문제의 핵심에 이르도록 진전시킬 수 있다.[54]

철학상담에서 철학적 사고실험을 적용해온 나의 경험과 상담사례 분석에 의하면 그것의 실천적 효과는 매우 흥미롭다. 철학적 사고실험은 내담자 자신의 개성이나 삶의 모습만큼이나 그들을 다양하고 독자적인 사고와 반응으로 인도한다. 그리고 각자 예측할 수 없는 반응을 하면서도 그것이 결국에는 문제의 핵심으로 연결되어 자기 이해와 자신의 삶을 성찰하는 데 도움을 제공한다. 사고실험은 자신에 대한 이해를 심화시키고, 자신의 사고 구조를 전환하거나, 새로운 통찰과 시각을 제공한다. 자신의 가치관과 세계관을 반성하게 하고 변화를 일으키는 철학적 자극을 주기도 한다. 문제의 핵심을 발견하거나 자신의 집착을 발견하기도 하고, 때로는 자신의 문제를 명료하게 이해하거나 문제 해결의 실마리를 발견하도록 해준다. 어떤 의미에서 사고실험의 효과는 내담자에게 각자 필요한 방식으로, 또는 각자의 문제의식에 적합한 방식으로 작용했다고 할 수 있다.[55]

철학적 사고실험에 관한 이러한 실천적 결과를 돌아볼 때, 철학적 사고실험 모델은 아헨바흐가 강조했던 바대로 철학적 자산을 대자적 진리로 사용하거나 내담자 자신을 위한 실천적 진리로 만나게 해주는 하나의 방식이라는 생각이 든다. 또한 철학적 사고실험의 모델은 이

---

54) 김선희, 「철학적 사고실험을 적용한 상담사례 분석」(2012a), 175~178쪽.

55) 철학적 사고실험의 효과에 대해서는 다음을 참고하라. 같은 논문, 200쪽 참고.

미 완제품으로 박제되거나 틀 지워진 방법론이 아니라 내담자의 사고와 상호작용하면서 다원적이고 개방적이며 살아있는 방식으로 끊임없이 새로운 통찰을 불어넣는다는 것을 보여준다.

아헨바흐와 마찬가지로 슈스터도 철학적 사상이나 지식을 사용하는 것 자체가 철학실천/철학상담은 아니라는 것을 명백히 주장한다. 이미 철학자의 사상과 지식이나 아이디어를 도입하여 치료에 적용하는 심리치료들이 무성하지만 그런 종류의 치료는(실존주의 치료, 인지치료, 심지어 '철학적' 심리치료 등은) 여전히 치료에다 철학을 가미한 또 다른 종류의 심리치료일 뿐이다. 달리 말하면 철학실천/철학상담은 철학과 심리치료의 잡종이 아니며, 애매모호한 방식으로 결합한 학제적 상담과도 구분되어야 한다.

나의 논의에 의하면, 철학을 도입한 심리치료가 철학상담이 될 수 없는 이유는 분명하다. 심리치료도 철학의 자산을 이용할 수 있지만 철학상담이 사용하는 방식과 전혀 다르기 때문이다. 심리치료는 철학의 지식을 도입할 수 있으나 그것을 심리학적 방법으로 (즉 심리 법칙에 따라 조작적으로, 혹은 보조적으로) 사용한다. 반면에 철학상담은 철학의 자산을 철학적 방법으로 (즉 철학적 대화법으로) 사용한다. 철학적 자산을 철학을 실천하는 방식으로 사용할 수 있는 것은 오직 철학적 대화에 의해서 가능하다는 것이다. 또한 철학적 자산을 대자적 진리로, 실천적 진리로 만들어주는 것은 철학적 자기 성찰을 가능하게 하는 철학적 대화에 의해서만 가능하다.

이제 철학상담에서 "철학적 자산을 어떻게 사용할 것인가?" 하는 물음에 대해, 결론적으로 그 답은 다음과 같다. "철학적(방법)으로 사용해야 한다" 즉 철학적 대화 안에서 사용해야 한다는 것이다. 그런 점에서 필자가 고안한 철학적 사고실험 모델도 그 자체가 철학상담의 본질이나 핵심은 아닐 수 있다. 철학상담에서 무엇보다 중요한 것은 철학적 대화이며, 사고실험 역시 그러한 철학적 대화의 과정 안에서 제대로 수행되어야 한다는 점을 강조하고 싶다.[56] 철학적 사고실험은 내담자로 하여금 자기 성찰을 촉구하는 비판적 대화의 과정에서, 즉 "철학적으로" 사용하는 것이 중요하다. 필자는 철학적 대화로 진행되는 상담 과정에서 사고실험 모델을 사용함으로써 내담자 자신의 문제를 조명하거나 사고를 자극하여 상담을 진전시키는 역할을 한다는 것을 상담사례를 통하여 확인할 수 있었다.[57] 철학적 사고실험의 중요한 역할은 무엇보다도 내담자로 하여금 철학적 자기 성찰이 가능하도록 실천적 진리로 인도하는 것이다.

자유공간에서 철학적 대화하기

이상에서 철학상담의 정체성을 '철학적 대화로 수행하는 철학적 성찰'로 해명하였다(3장 1절). 또한 철학상담사는 철학의 자산을 사용하

---

56) 그런 의미에서, 필자는 철학적 사고실험 모델을 철학실천의 정신에 맞지 않는 규격화된 방식으로 치료의 패턴이나 상담 매뉴얼로 사용하는 것을 경계한다. 상담 과정에서 철학적 사고실험을 수행하는 것 역시 철학적 대화를 수행하는 같은 종류의 철학실천 활동이어야 한다.

57) 철학적 사고실험의 구체적인 방법과 상담사례에 관해서는 독립적으로 다른 책에서 다룰 예정이므로, 여기서는 간략히 언급하는 것으로 그치고자 한다.

되 오직 철학적 대화와 철학적 방법으로, 내담자 자신을 위한 대자적 진리와 실천적 진리가 되도록 사용해야 한다는 것을 강조하였다(3장 2절). 마지막으로 철학상담의 정체성과 관련하여 필자가 주요 특징으로 제시하려는 것은 〈철학상담은 어떤 법칙도 전제하지 않는다〉는 것이다. 이것은 바로 이 책의 출발점으로 제시한 셋째 명제이다. 이 명제는 철학적 사고와 철학적 대화 및 진정 철학실천이 가능하기 위한 자유공간과 관련된 것이기도 하다.

우선 철학상담은 심리학이나 심리 법칙을 전제하지 않는다. 이 점에서 철학상담/철학실천은 심리학에 기초한 심리상담 치료와 명백히 구분된다. 나아가 철학상담은 심리 법칙만이 아니라 사회법칙, 경제법칙 등 그 어떤 법칙에도 근거하지 않는다. 철학적 대화는 그 어떤 법칙도 전제하지 않을 뿐 아니라, 오히려 그런 법칙들에 근거하여 내담자의 행동을 설명하려는 방식에 대해서도 비판적 물음을 제기하며 내담자의 반성적 자아 성찰을 돕는다. 즉 철학적 대화는 법칙을 전제하기보다 오히려 법칙에 도전하는 질문을 한다. 예컨대, 철학상담사는 상담 과정에서 정신분석의 원리나 모종의 심리 법칙에 매어 있는 내담자의 전제를 검토하거나 그 전제들의 정당성을 문제 삼는 탈정신분석적이거나 탈심리학적 담화를 시도한다. 그런 방식의 탈심리학적 대화를 통하여 내담자의 고통이 해소되거나 사고의 전환을 맞이하기도 한다.[58]

---

58) Schuster(1999), 제5장 다니엘의 사례 참고. 다니엘은 정신분석적 기억 개념 때문에 고통을 받던 중에 슈스터의 탈정신분석적 철학상담을 통해 고통에서 벗어나게 된다. 자세한 논의는 그 책의 제5장을 참고하라. 혹은 이 사례를 분석한 나의 논의를 참고하라. 김선희,

철학상담이 어떤 법칙의 존재에도 의존하지 않는다는 것은 내담자의 문제나 고민을 일반화하여 설명하거나 그런 법칙의 틀로 환원하여 설명하려고 시도하지 않는다는 것을 의미한다. 또한 내담자의 문제를 특정 질환의 증세로 진단하고 처방하거나 치료하기 위해 적용하는 법칙의 사례로 여기지 않는다는 것을 함축한다. 다시 말하면, 내담자를 모종의 법칙에 의해 지배받는 존재로 보지 않는다는 것이다. 이것은 법칙에 의해 지배되지 않는 자유공간의 여지를 인정하는 것이며, 철학상담의 대화 파트너들은(내담자를 포함하여) 법칙의 지배를 전제하지 않는 자유공간에 있을 수 있다는 것을 상정하는 것이기도 하다.

그러면 철학적 사고와 철학적 대화가 이루어지는 자유공간이란 무엇일까? 우선 빅터 프랭클(Victor Emil Frankl, 1905~1997)의 자유 개념에 비추어 설명을 시작해보겠다. 프랭클은 자유를 '정신의 저항하는 힘'으로 정의한다. 정신의 저항하는 힘이란 자신을 둘러싼 모든 열악한 조건들보다 자신이 더 강하다는 것을 증명해 보이는 능력이다. 심리학자를 포함한 경험과학들은 인간이 사회적, 경제적, 정신역동적 과정의 산물에 불과하다고 가르치며, 사회법칙, 경제법칙, 정신역

「꿈에 대한 철학적 분석의 가능성」(2013b). *이외에도 슈스터는 내담자와 탈정신분석적 대화를 통하여 해결 불가능한 문제나 고통에서 벗어나게 되는 사례들을 소개하고 있다. 예를 들어, 무의식에 있다고 생각되는 기억나지 않는 경험 때문에 고민하거나 아버지의 성적 관심에 대한 편견 없는 대화를 원하는 내담자의 경우 탈정신분석적 대화는 고정관념에서 해방되는 결과를 가져다주기도 한다. 또한 필자의 상담사례 중에서도, 자신의 선행에 대한 동기가 정신분석적인 억압 기제 때문인지 고민하는 내담자를 만난 적이 있다. 하지만 선행의 동기가 무엇이든 선행을 실천한다는 것 자체는 가치 있는 일이다. 그 경우 탈정신분석적 대화를 통해, 알 수 없는 무의식적인 동기 때문에 좋은 삶을 살아갈 기회를 포기하지 않는 것이 더 중요하다.

동과 같은 심리 법칙들의 지배를 받는 인간상을 제시해왔다. 이에 반해 프랭클은 인간은 어떤 참담한 조건 속에서도 저항할 능력이 있으며 자신이 처한 조건에 대해 어떤 태도를 취할 것인가를 물을 수 있는 능력과 그 물음 속에 이미 자유로운 태도를 취할 수 있는 가능성을 내재하고 있다고 주장한다. 즉 인간은 사회적, 생물학적, 심리학적 환경조건이나 법칙으로부터 완전히 자유로울 수는 없다고 할지라도, 이러한 여러 조건과 환경에 대해 자기가 어떤 태도를 취할 것인지 묻고 결단하는 점에서만큼은 자유롭다는 것이다.[59] 여기서 프랭클이 말하는 인간의 자유란 결국 자신의 최악의 상황과 조건에서도 그대로 그 상황에 함몰되거나 법칙의 지배를 피할 수 없는 것이 아니라, 그 상황에 대해 어떤 태도를 취할지(즉 그 상황을 극복할지 포기할지) 자신에게 "물을 수 있는 능력"에 초점을 두고 있다. 물음을 물을 수 있는 능력 안에 자유로운 태도를 취할 가능성이 들어있기 때문이다.

나는 프랭클이 말하는 '물음을 물을 수 있는 공간'이 바로 자유공간이라고 생각한다. 그것은 비판적 물음을 물을 수 있는 반성적이고 성찰적인 공간이다. 철학적 대화에 의한 자기 성찰은 바로 이러한 자유공간에서 이루어진다. 어떤 법칙의 지배도 전제하지 않음으로써 비로소 자유로운 철학적 자기 성찰이 가능해진다. 반대로 치료의 논리는 내담자의 행동과 상황을 전문적인 지식을 가장한 법칙의 토대 위에서 진단하고 평가하며 치료하고자 한다. 치료사의 전문지식이란 바로 치료를 위한 인간 행동과 성향의 법칙에 근거한 것이기 때문이다.

---

59) 빅터 프랭클·프란트 크로이처, 「정신의 저항하는 능력에 대하여」(1982), 107~125쪽.

나는 여기서 철학상담이 이루어지는 대화의 공간으로 상정하는 '자유공간'의 의미가 결정론과 자유의지의 논쟁과 같은 형이상학적으로 논란이 되는 주제나 의미를 담고 있지 않다는 것을 밝혀둔다. 그것은 오히려 '상담의 공간'에 들어설 때 상담사의 마음가짐에 따른 내담자의 태도 변화에서 관찰되는 실천적 진리에 가까운 것이다. 혹은 그런 관찰에서 찾을 수 있는 '특별한 공간'에 관한 이야기이다. 실제로 내담자는 대화 상대의 태도에 따라 자유공간에 서기도 하고 법칙의 틀에 갇힐 수도 있으며, 자유공간을 열기도 하고 닫기도 한다. 치료의 논리가 전제하는 전문적 치료 법칙의 틀을 가지고 대화를 할 경우, 내담자는 결코 자유공간에 들어설 수 없으며 치료 법칙의 틀로 자신의 사고와 행동방식을 조명하도록 만든다. 반면 (자신을 지배하는 것으로 보이는) 법칙에 대해 비판적으로 문제 삼는 물음 앞에 서면, 내담자의 사고방식도 법칙의 폐쇄성에서 벗어나 자신을 개방하게 된다. 그때 비로소 내담자는 자유공간에 들어서게 된다. 실제로 상담자의 전제나 마음가짐에 따라 내담자가 취하는 태도나 말하는 이야기가 달라질 수 있다. 즉 편견 없이 들을 수 있는 열린 마음이 있어야 내담자도 자신의 마음을 온전히 개방할 수 있다. 그런 점에서 철학상담사는 심리학적 지식이나 법칙에 근거하여 진단하지 않음으로써 내담자가 자신의 이야기를 자유롭게 할 수 있는 자유공간을 열어 준다.

철학상담이 이루어지는 철학적 대화의 공간은 법칙을 전제하는 치료의 공간이 아니라, 어떤 법칙에 대해서도 의문을 제기하고 되물을 수 있는 자유공간이다. 그리하여 자유공간은 인간이 (어떤 법칙의 지배를 받는다고 할 때에도 바로 그 법칙에 대해 되물을 수 있다는 의미에서) 자신을 반성적으로 성찰할 수 있는 공간이다. 이런 자유공간에서 이루어지는 철학적 대화가 자기 성찰을 가능하게 해주며 자신과 자기 삶을 편견 없이 올바르고 새롭게 창조적으로 성찰하도록 돕는다.

철학자와 나누는 철학적 대화와 사고 활동은 내담자를 심리적, 경제적, 사회적, 유전적 법칙이 적용되는 존재로 바라보지 않는다. 철학적 대화는 내담자의 문제에 관하여 이들 법칙의 사례로 여기는 치료의 논리를 따르지도 않는다. 외부의 열악한 조건들에도 불구하고 비판적 사고를 촉구하는 철학적 대화를 통하여 내담자는 (정신역동의 법칙이나 여타의 심리 법칙을 뛰어넘어) "자유공간에서" 자신의 문제 상황을 숙고하고 성찰할 수 있다. (심리학적 법칙을 전제하지 않는 것이야말로 철학상담과 심리상담의 중요한 차이이다!) 물론 자유공간은 넓은 공간이 아니다. 확고하게 주어진 안정적인 공간도 아니다. 그 공간은 내가 사유하며 서있는 바로 그 자리만큼에 불과할지 모른다. 그것은 철학적 사고와 철학적 대화에 의해 자신을 비판적인 시각으로 성찰하는 동안 생성되는 공간이며, 그렇게 하지 않으면 자유공간은 사라져버릴 것이다.

『자유공간(Free Space)』의 저자들도 자유공간을 반성적 사유공간이자, 진정한 대화를 위한 공간으로 정의한다.[60] 그것은 철학적 사유의 공간이기도 하다. 또한 소크라테스가 강조하여 말했던 검토하는 삶이나, 자기인식과 자기 성찰을 일으키는 사고와 질문 역시 우리를 자유공간에 서게 해준다. 즉 철학적 사고/대화로 자신을 성찰하고 자신의

---

60) Jos Kessels·Erik Boers · Pieter Mostert, *Free Space: Field Guide to Conversations*(2008), pp. 9-12.

삶을 검토하는 동안 자유공간이 열린다. 필자가 논의해온 철학적 대화는 철학적 물음과 비판적 검토에 의해 온갖 법칙에 물음을 던지며 자신을 성찰할 수 있는 자유공간에 서도록 해준다.

린셋에 의하면 모든 치료는 법칙의 존재를 전제한다. (앞에서 살펴보았던 '치료의 작업틀'을 상기해보라!) 내담자의 문제나 질환을 진단하고 그 문제를 치료하고 제거하기 위해서는 그 과정에 적용할 일반적인 이론적 지식이 필요하다. 동시에 내담자의 문제는 그 일반 법칙이나 원리가 적용되는 하나의 사례가 된다. 그리하여 치료의 과정은 법칙의 지배를 받는 공간에서 이루어지며 거기에 자유공간은 존재하지 않는다. 반면에 철학적 대화로서의 철학상담은 내담자를 자유공간으로 이끈다. 철학상담의 대화는 어떤 법칙의 지배도 전제하지 않는 자유공간에서 이루어진다는 점에서 철학적 대화의 역할과 가치를 재확인할 수 있다.

지금까지 논의한 바와 같이, 철학상담은 어떤 법칙이나 원리를 토대로 하는 것이 아니라 법칙을 상정하지 않는 자유공간에서 오직 철학적 대화로써 수행하는 활동이다. 이는 철학적 대화의 파트너들은 어떤 원리/법칙이나 사전 지식을 전제하지 않고 내담자 자신의 자리에서 대화를 시작해야 한다는 것을 함축한다. 결국 어떤 법칙이나 어떤 인간관도 전제하지 않는다면, 인간의 본성에 근거한 원리나 규범들에 근거하여 상담을 하는 것은 더 이상 가능하지도 않고 정당화될 수도 없다. 그렇다면 철학상담은 어디에서 출발할 수 있는가? 혹은 철학상담은 어떻게 출발해야 하는가? 어떤 법칙도 인간관도 전제하지 않는다면, 철학상담의 대화는 내담자 자신의 삶에서 시작해야 한다. 즉 내담자가 누구인지, 그가 무엇을 원하고 믿고 추구하는지 하는 정체성 탐색에서 출발할 수밖에 없다. 나는 이것이 〈자아정체성에 기초한 철학상담〉이 요청되는 이유라고 생각한다.

이제 이 주제를 본격적으로 다룸에 있어서, 나는 자아정체성 기반 철학상담 방법이 담지하고 있는 자아 개념, 자아정체성의 모델, 정체성 탐색의 방법 및 철학적 대화법, 상담의 절차와 과정 등에 대하여 구체적으로 기술할 것이다.

04

자아 개념과 정체성 모델

개별적 자아론과 자아정체성

자아정체성에 기초한 철학상담이 무엇인지 본격적으로 이해하기 위
해, 나는 자아와 정체성의 개념을 설명하는 것으로부터 시작하고자
한다. 먼저 자아를 어떻게 이해해야 하며 자아정체성이란 무엇인지
살펴본 후, 자아정체성에 대해 어떤 모델을 수용하는 것이 철학상담
실천의 정신에 부합하는지 논의하려고 한다. 나는 개별자 자아론의
입장에서 출발하는데, 이러한 자아 개념은 서론에서 제시한 철학상담
의 넷째 명제를 대변하는 것이기도 하다. 즉 개별적 자아론은 〈철학상
담은 어떤 인간관도 전제하지 않는다〉는 것에 부합하는 자아 개념을
제시한다.

자아의 의미를 추구하는 자아론은 하나의 존재론과 연결되곤 한다. 나는 이 논의를 보편적인 정신이나 영혼, 지성의 존재론이 아니라, 개별적인 신체를 지닌 개별자들의 존재론에서 출발하고자 한다.[61] 우리가 경험하는 이 세계는 개별자들의 세계이다. 제각기 하나의 몸을 지닌 개별적 인간들, 개별적 책상들, 개별적 나무들, 달이나 별들과 같이 시공간적 위치를 점유하는 개별자들의 세계이다. 우리 인간은 개별적인 몸을 가진 존재로서, 각 개인은 자아를 갖는 의식 주체이며, 도덕적 숙고에 따라 행위 하는 도덕적 행위 주체인 동시에 생물학적으로는 자연종의 일원이기도 하다. 이 세계에는 개별적 몸을 지닌 개인들이 존재하며, 이 개인들은 여러 가지 속성과 믿음, 욕구, 가치 등으로 이루어진 성품 체계를 가진다. 이런 개별자들의 세계에서 자아와 자아정체성의 의미는 무엇인가?

나는 한 인간으로서, 나 자신을 자아(self)로 이해하며, 동시에 인격적 존재(person)로, 그리고 생물학적으로는 호모사피엔스라는 인간종(human being)으로 이해한다. 그리고 이러한 이해는 나 자신만이 아니라 모든 개개의 인간에게도 적용됨이 분명하다. 나만이 아니라 다른 인간들도 자아이며 인격이며 인간종이라는 것이다. 하지만 한 인간으로서의 내가 자아이며 인격이며 인간종으로 여겨진다고 할 때, 세 개의 다른 실체가 존재하는 것이 아님은 분명하다. 거기에는 세 개의 실체가 아니라, 한 개체가 이해되는 세 가지 다른 방식이 존재할

---

61) 개별자 존재론을 옹호하는 이유와 논의들에 대해서는 필자의 다음 논문들을 참고할 수 있다. 김선희, 「인간존재론: 보편정신인가? 개별적 몸인가?」(2001), 김선희, 『자아와 행위』(1996).

뿐이다. 즉 개별적 인간은 여러 가지 방식으로 이해될 수 있으며, 자아와 인격과 인간종은 개별자를 이해하는 세 가지 다른 방식을 일컫는다.[62)]

그런데 한 개인이 여러 가지 방식으로 이해될 수 있다는 것은, 개별적 인간을 이해하는 다양한 양상에 대응하는 몇 가지 범주적 속성들이 있다는 것을 함축한다. 즉 한 개인의 속성들 중에 자아의 개념을 구성하는 속성들의 집합이 있고, 인격을 구성하는 속성들의 집합이 있으며, 또한 인간종을 구성하는 속성들의 집합이 있다는 것이다. 그러면 각 개념들에 대응하는 속성들의 집합은 무엇일까? 그리고 자아의 개념을 구성하는 속성들은 무엇일까? 맥콜(Catherine MaCall)에 의하면, 자아의 개념은 한 개별자가 자신에 대하여 경험하고 의식하는 능력에 의해 개인을 이해하는 방식이다. 인간종의 개념은 개별자를 어떤 자연종의 일원인 생물학적 실체로 간주하고 호모사피엔스로서의 인간종을 특징짓는 생물학적 특성들에 의해 개별자를 이해하는 방식이다. 그리고 인격의 개념은 일반적으로 타인과의 관계에서 권리와 의무와 책임의 귀속 등 도덕적, 법적, 사회적 속성들의 집합에 의해 개별자를 이해하는 방식이다.[63)] 이 세 가지 개념은 우리가 인간을 이해하고 바라보는 대표적인 방식들에 해당한다. 그리고 인간들에게 자아, 인격, 인간종의 개념을 적용한다는 것은, 즉 인간들이 자아와 인

---

62) 자아나 인격을 개별자의 양상으로 이해하는 입장은 원래 맥콜의 것으로서, 필자는 그것을 수용하여 개념적으로 발전시켜왔다. Catherine MaCall, *The Concepts of Person*(1990), p. 8, 김선희(1997), 김선희, 『사이버 시대의 인격과 몸』(2004).

63) MaCall (1990), pp. 12-15 참고.

격과 인간종의 개념으로 이해된다는 것은 그들이 자아와 인격과 인간종의 개념을 구성하는 속성들의 집합을 공유한다는 것을 의미한다. 즉 개별적인 인간들은 이러한 의미의 범주적 속성들을 공유함으로써 의식 주체, 도덕적 주체, 생물학적 인간종이 되는 동시에, 또한 제각기 고유하고 독특한 특성들을 지님으로써 개성적이고 개별적인 성품을 갖게 된다.

이렇게 볼 때, 자아의 개념은 한 개별자를 이해하는 특정 방식이나 양상 이외의 다른 것이 아니다. 즉 자아란 특정한 방식으로 이해된 개별자이다. 구체적으로, 자아의 개념에 의해 한 개별자를 이해하는 것은, 그 개별자를 자신의 행위와 사고와 기억 등을 의식하는 자기-의식적 존재(혹은 일인칭으로서의 '나')로 인지하는 것이다. 결국 자아란 자신에 관하여 경험하고 의식하는 능력을 지닌 개별자로서, 의식적 주체를 일컫는다. 하지만 여기서 의식 주체로서 자아는 항상 개별자의 국면이거나 양상이지, 개별자를 초월한 무엇이거나 그와 분리된 다른 것이 아니다. 개별자를 떠나 자아의 실체가 존재하는 것은 아니다.

그런데 자아에 대한 물음은 두 가지 방식으로 제기된다. 하나는 〈나는 누구인가?〉 하는 물음이고, 다른 하나는 〈나는 어떤 사람인가?〉라는 물음이다. '나(자아)는 누구인가?'라는 첫째 물음은 나의 동일성, 혹은 신분확인에 대한 물음이다. 즉 타인(다른 자아)과 구분되는 나는 누구이며, 동시에 어제의 나와 동일한 오늘의 나는 누구인가 하는 것이다. 그것은 타자와 구분하여 나를 확인하는(identification) 동시에 시간이 흘러도 동일성이 유지되는 나를 재확인하는(reidentification)

문제이다. 다른 한편, 두 번째 물음은 '나는 어떤 존재인가?' 하는 것으로 나의 정체성에 관한 물음이다. 이 두 가지 물음에 대해 개별자 자아론은 어떻게 답변할 수 있는가? [64]

'나는 누구인가?'라는 자아의 동일성의 문제(혹은 신분확인의 문제)에서, 무엇이 나의 동일성을 보장하는가? 즉 동일한 나, 혹은 나의 동일성 기준은 무엇인가? 여기서 나를 다른 존재와 구분하고 어제의 나와 오늘의 나를 동일한 존재로 확인하는 것은 바로 나의 개별적 몸이다. 자아의 신분확인을 위해서는, 시공적으로 지속성을 갖는 개별적인 몸 이외의 다른 기준이 없다. 나의 정신이나 성품이나 본성으로는, 심지어 나의 개별적 본질(individual essence) 같은 것으로도 나의 신분확인이 불가능하다. 나와 심리적으로 (본래적) 속성이 동일한 다른 존재가 있을 수 있기 때문이다. 이러한 경우 나와 나의 (심리적) 쌍둥이를 구분할 수 있는 것은 나의 몸의 공간적 지속성밖에 없다. 즉 동일한 물리적 공간에는 둘 이상의 개체나 몸이 거주할 수 없으므로, 물리적 공간에 위치하는 나의 몸은 나와 타인을 개별화하는 기준이 된다. 그러나 내가 몸 없는 정신이나 영혼이라면 그런 경우 개별화나 신분확인이 불가능해진다. 궁극적으로 나는 몸을 통하여 나의 심리적 쌍둥이만이 아니라, 나의 물리적 쌍둥이(나와 분자 대 분자 동일한 나의 복제체)나 생물학적 유전적 쌍둥이(나의 일란성 쌍둥이, 혹은 복제 양 돌리와 같은 방식으로 복제된 나의 복제체)와도 구분되며 성공적으로 개별

----

64) 나는 여기서 이 주제에 관해서는 압축적으로 요약하는 것에 그치려고 한다. 이 주제에 대한 자세한 논의는 필자의 다음 글을 참고하라. 김선희, 「인격의 개념과 동일성의 기준」 (1997).

화가 이루어진다. 나아가 심리적, 물리적 속성이 모두 동일한 쌍둥이라 하더라도, 각자 다른 공간적 위치를 차지하는 몸이 있는 한 신분확인은 가능하다.[65]

다른 한편, '나는 어떤 존재인가?'라는 물음은 나의 자아정체성에 관한 물음이다. 그리고 그 물음은 나라는 개별자가 지닌 속성들, 즉 나를 구성하는 성격/성품을 언급함으로써 답변할 수 있다. 즉 자아정체성의 물음에 대한 답변은 성품 내재적으로 주어진다.[66] 성품 내재적 자아론에 의하면, 한 개인의 욕구, 믿음, 가치, 능력, 선호 등으로 이루어진 성품 체계가 곧 개별적이고 개성적인 자아를 구성한다. 성품 체계 중심에는 대체로 확정적이면서 일관적인 믿음과 욕구들의 영역이 있어서 한 사람의 정체성을 구성한다. 물론 성품 체계의 중심은 개인마다 다르므로 개인들은 고유한 성격이나 개성을 갖게 된다. 예컨대, 중요한 욕구와 가치들의 순서는 사람마다 다를 수 있고, 어떤 욕구와 가치를 성품 체계의 중심에 두고 어떤 것을 주변에 둘 것인지도 사람마다 다르다. 또한 사람에 따라 다양한 가치를 동시에 추구할 수도 있고, 질서 정연하게 위계 지워진 가치체계를 지닐 수도 있다. 또한 그러한 가치들에 대한 자의식과 자기 성실성의 정도도 다양하다. 이러한 차이가 개인의 성품을 개성적으로 만들어준다.

〈나는 어떤 존재인가?〉 하는 정체성의 문제는 내가 갖는 고유한 개

---

65) 개인의 동일성과 신분확인의 문제에 관한 자세한 논의는 필자의 논문(1997)를 참고하라.

66) 김선희, 「내재적 자아론과 자유의지」(1994) 참고. 여기서 성품 내재적 자아는 성품 초월적 자아와 대조되는 개념이다.

성이나 성품의 문제이다. 즉 나의 정체성은 내가 가진 여러 가지 성격과 가치들의 체계에서 중심을 이루는 주요 속성들로서 나를 나답게 만들어주는 것이다. 그것은 나의 고유한 성품이나 개성을 의미하기도 한다. 성품 내재적 자아론의 관점에서 보면, '나는 어떤 존재인가?' 하는 나의 정체성 물음은 나는 어떤 성품의 소유자인가를 묻는 것과 같다. 이처럼 정체성의 문제는 기본적으로 개별자가 아니라 개별자의 속성(혹은 성품)을 언급함으로써 답변할 수 있다.

이와 같이 자아의 동일성이 수적으로 다른 개인들의 신분을 확인하는 문제라면, 정체성은 개인이 가진 중심 속성들을 묻는 문제이다. 그러면 나의 동일성과 정체성, 둘 사이의 관계는 무엇일까? 나의 논의를 상기한다면, 개별적인 몸 이외에 한 인간을 다른 인간과 구분할 수 있는 다른 기준은 없다. 나의 심리적 속성이나 성품 체계는 궁극적으로 개별화에 도움이 되지 않는다. 그것은 몸을 기준으로 개별화 혹은 신분확인이 이미 이루어진 다음에나 이차적으로 도움이 될 뿐이다. 나의 심리적, 유전적, 물리적 복제체가 있다면 나와 나의 복제체를 구분할 수 있는 유일한 기준은 공간적으로 다른 위치를 점유하는 내 몸과 그 몸밖에 없다는 것이 나의 논지이다. 그런 의미에서 나의 몸은 나의 동일성의 공간이다. 즉 자기 동일성을 유지하는 한 나는 나의 몸과 분리될 수 없다. 그리고 내가 누구인지 확인되기 이전에는 나의 속성이나 정체성을 언급하는 것은 별 의미가 없다. 그것은 나 아닌 누구의 것일 수도 있기 때문이다. 그런 점에서 정체성은 동일성(또는 신분확인)을 전제로 하며, 나의 나됨(또는 나다움)은 나의 신분확인(그리하여, 나의 개별적인 몸)을 전제로 한다.

이제, 〈자아란 무엇인가〉 하는 물음에 관하여 개별적 자아론과 성품 내재적 자아론의 결합을 통하여 궁극적으로 답변할 수 있다. 나/자아는 개별적인 나의 몸인 동시에, 그 개별자는 자신의 사고와 경험을 의식하는 속성들을 지닌다는 점에서 의식 주체(즉 자아의 양상)이다. 그리고 나의 (자아)정체성은 나의 욕구, 믿음, 가치들로 이루어진 성품 체계의 중심으로부터 형성된다.

이상에서 논의한 개별자 자아론과 인간관을 보면, 인간의 본성에 관해 미리 규정하지 않는다는 것을 알 수 있다. 개별자의 본질을 상정하지 않으며 인간의 불변의 본성도 상정하지 않는다. 개별자 자아론에 의하면, 자아와 타인을 구분하고 확인할 수 있는 개인 동일성의 기준으로 개별적인 몸을 제시할 뿐, 그 이외에 어떤 존재가 될 것인지하는 정체성의 문제는 일차적으로 개인의 성품과 실천에 달린 것이며 특정 인간관이 전제하는 인간 본성에 달린 것이 아니라고 본다. 물론 개인이 환경과 유전적 요소의 영향을 받지 않는다거나 사회 구조적으로 독립적이라는 의미는 아니지만,[67] 개별적 자아론/인간론은 개인의 성품 체계에서 출발한다는 것이 중요하다. 마찬가지로 철학상담사를 찾아오는 한 내담자가 누구이며 어떤 존재인지, 그리고 어떤 존재가 될 것인지는 (특정 인간관에 토대를 두는 것이 아니라) 바로 그 개인의 성품 체계에 대한 철학적 성찰에서 출발할 수 있을 뿐이다. 이런 점에서 개별적 자아론은 철학상담의 출발점이 되는 넷째 명제(어떤 인간관도 전제하지 않는다는 것)와 일관적일 뿐 아니라

---

67) 이 경우에도 개인이 가진 유전적 환경적 요인을 심리 법칙이나 유전법칙, 사회경제적 법칙의 틀 안에서 다루기보다 개인의 성품 체계와 연관하여 자유공간에서 성찰 가능한 것으로 간주한다.

잘 부합한다.[68] 나는 앞으로 여기 제시한 자아 및 정체성 개념에 따라 자아정체성 기반 철학상담 방법을 기술할 것이다. 또한 6장에서 다룰 여성의 자아 및 여성 정체성의 개념도 개별자 자아론을 토대로 논의를 발전시킬 것이다.

자아정체성 모델: 중심과 주변 모델

자아정체성을 이해하는 모델은 다양하다. 전통적으로는 정체성에 대한 본질주의 설명 방식을 취해온 경향이 있다. 한 개인의 불변의 본성, 본질적인 속성이 정체성을 구성한다는 사고이다. 개별자나 개인에게도 본질이 있다고 본 것이다. 그러면 정체성 기반 철학상담의 정신과 부합하는 정체성 모델은 어떤 것인가? 혹은 정체성 기반 상담에서 이해하는 정체성 모델은 무엇인가? 나는 본질적 속성과 우연적 속성을 구분하거나 상정하는 본질주의 모델 대신에, 개인의 정체성 체계를 중심 속성과 주변 속성의 관계로 이해하는 중심–주변 모델을 제안해왔다. 필자가 제시하는 정체성 기반 상담은 정체성의 중심과 주변 모델에 근거한 것이다. 그것은 개인의 본질적 속성을 전제함이 없이, 다만 개인의 성품 체계의 중심을 구성하는 속성들과 주변을 구성하는 속성들의 체계로서 정체성을 이해하려는 시도이다. 개인의 정체성을 구성하는 성품 체계의 중심 속

---

68) 앞으로 논의할 자아정체성 기반 철학상담 방법은 여기 제시된 자아와 정체성 개념에 근거한 것이다.

성과 주변 속성의 관계는 마치 거미줄처럼 중심과 주변으로 연결된 망을 형상화한 웹 모델(즉 거미줄 형상의 중심과 주변 모델)에 비유해볼 수 있다.[69] 이 모델은 본질과 우연을 구분하는 본질주의 모델 대신에, 정체성의 중심과 주변을 정도의 차이로 이해하는 비본질주의 모델이다.

이 모델에 의하면, 구체적으로 나의 정체성을 구성하는 것은 무엇이며, 나의 정체성을 어떻게 이해할 수 있는가? 나의 정체성을 구성하는 핵심적인 요소는 나의 욕구와 믿음과 가치들의 체계이며, 그 체계가 반영하는 가치관과 세계관을 포함한다. 욕구의 체계는 생존을 위한 가장 기본적인 욕구로부터 미래지향적인 삶의 목표에 이르기까지 개인이 지향하는 바를 모두 포함한다. 믿음의 체계는 사실과 세계에 대한 믿음과 판단으로부터 도덕적, 사상적, 종교적 신념 등을 포함한다. 그리고 가치체계는 자신이 중요하다고 여기는 가치들의 집합인데, 그 가치들 중 가장 중요한 것은 무엇이며 가치들의 우선순위는 무엇인지에 따라 그 사람의 가치관이 드러난다. 이렇게 욕구와 믿음과 가치들이 모여서 그 개인의 성품 체계를 구성하는데, 그것들은 총체적으로 연관되어 있으면서도 각기 성품 체계의 중심과 주변에 위치하는 방식에 따라 그가 어떤 사람인지 보여주는 자아정체성을 형성한다.[70]

<hr>

69) 중심-주변의 정체성 모델에 대해서는 김선희, 『자아와 행위』(1996)를 참고할 것. *이 모델은 자아정체성의 본질을 상정하지 않으면서도 정체성의 변화 가능성을 설명한다.

70) 같은 책 참고.

|도표1| 중심-주변의 자아 정체성(V) 웹 모델

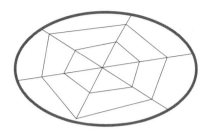

$V = \{$ 욕구$_1 \wedge$ 욕구$_2 \wedge$ 욕구$_3 \cdots$ 믿음$_1 \wedge$ 믿음$_2 \wedge$ 믿음$_3 \cdots$ 가치$_1 \wedge$ 가치$_2 \wedge$ 가치$_3 \cdots \wedge$ 가치$_n\}$
(한 자아의 욕구와 믿음과 가치들이 거미줄 모양의 체계 안에서 중요성의 정도에 따라 중심과 주변에 위치하는 동시에 유기적으로 연결됨으로써 자아의 정체성을 구성한다.)

앞절에서 논의했듯이, 이런 의미의 자아정체성에 부합하는 자아개념은 성품 내재적이다.[71] 그에 따르면, 욕구와 믿음, 가치 등 행위자의 모든 상태의 유기적 체계가 곧 자아의 개성과 성품을 구성한다. 그러한 성품 체계의 중심에는 대체로 확정적이면서 일관적인 믿음과 욕구들의 영역이 있어서 한 사람의 정체성을 구성한다. 그리고 한 자아의 정체성을 이루는 믿음-욕구-가치의 상태는 상대적으로 자신의 중심 혹은 주축이 되어 다른 상태를 그것에 상충하지 않도록 조정하는 경향을 가진다. 물론 그것은 불변의 성질이거나 바뀔 수 없는 본질을 의미하지는 않을지라도, 한꺼번에 포기하거나 그것의 정합성을 심각하게 손상시키지 않는 범위 내에서 서서히 변경이 가능할 만큼 비교적 안정적이

---

71) 성품 내재적 자아에 근거한 자아정체성 개념에 관해서는 다음 논문을 참고하라. 김선희(1994).

다. 내재적 자아의 정체성을 형성하는 중심적 욕구 체계의 변화와 자기 수정 그리고 재구성의 가능성은 노이라스의 배(Neurath's ship)에 유추하여 설명할 수 있다. 마치 항해하는 도중에 배를 수선해야 할 경우 배가 침몰하지 않고 운항할 수 있을 만큼 안전성과 평형성을 유지하면서 수선해나가야 하듯이, 욕구의 수정은 이와 유사한 제약을 받는다. 즉 욕구를 수용하거나 포기하는 동기는 비교적 확정되어있는 중심 욕구들에 근거한다. 그리고 항해 도중에 배 밖으로 나가지 않고 배를 수선하는 것이 가능하듯이, 자아가 갖는 성품의 재구성 능력은 반드시 성품 초월적 자아를 요구하지 않으며 내재적으로 자기 수정이 가능하다. 즉 가치와 욕구들은 변할 수 있지만, 대체로 욕구들의 변경은 비교적 중심 욕구들이 안정적으로 유지되는 한에서 이루어진다. 그런 점에서 한 주체의 정체성을 이루는 것은 자신의 평형을 유지하는 안정적인 중심 욕구들의 가장 일관적인 범위로 정의된다. 그리고 중심 욕구(또는 핵심 욕구)들의 일관적인 범위 안에서 (주변적이거나 덜 중심적인) 다른 욕구들을 수용하거나 포기하거나 변경하고 조정하는 판단을 하게 된다. 물론 때로는 인생의 중대한 사건을 경험하고 가치관의 전환을 겪으면서 성품 체계의 중심이 바뀔 수도 있다. 그 경우 개인 심성의 커다란 변화를 동반하게 될 것이다. 이것이 본질이나 성품 초월적 자아를 상정함이 없이도 자아의 정체성과 더불어 성품의 수정 가능성을 말할 수 있는 방식이다.[72]

여기서 자아정체성을 구성하는 나의 중심 속성은(혹은 중심 욕구-

---

72) 김선희(1994), 168~169쪽.

믿음-가치는) 나의 성품과 나의 고유한 개성을 드러내주는 동시에 나를 나답게 만드는 것이기도 하다. 실제로 사람마다 다양한 욕구와 신념들을 지니며, 각자 도달하려는 인생 목표도 다양하다. 또한 사람마다 중요하게 여기는 가치의 순위도 다를 수밖에 없다. 이처럼 욕구와 가치와 믿음 체계의 중심을 이루는 중심 욕구는 개인마다 다르며, 이런 개별적 다양성이 개인의 개성과 고유한 정체성을 형성하도록 해준다. 그런 의미에서 한 개인의 성품 체계의 중심에 위치하는 것은 일반적인 관점에서가 아니라 개인의/자신의 관점에서 중요하거나 특별한 것이다. 그것은 자신의 삶을 의미 있게 만들어주는 소중한 가치나 욕구이기도 하지만, 때로는 그 때문에 바로 그것이 자신의 고통과 깊이 연루되기도 한다.

그런 점에서 한 개인의 중심 욕구는 버나드 윌리엄스가 제시한 〈정언적 욕구〉와 유사한 점이 있다.[73] 정언적 욕구란 한 주체에게 조건 없이 그 자체로 긍정되는 무조건적 욕구이다. 그것은 다른 목적이나 이유 때문에 필요한 수단적 욕구(즉 '이러이러한 목적을 달성하기 위해 그것을 원한다')나 조건부 욕구('이러이러한 조건하에서 그것을 원한다'), 혹은 가언적 욕구('만일 이러저러하다면 그것을 원한다')와 대조적으로 그 자체 삶의 목적이 되는 욕구이다. 다시 말하면, '나는 왜 살아야 하는가? 내가 살아야 할 이유는 무엇인가?'라는 물음에 직면하여 그 대답이 되는 이유가 바로 정언적 욕구이다. 즉 그것은 내가 살아야 하는 이유가 되는 욕구이며, 내 삶의 의미가 되어주는 욕구이다.[74] 동시

---

73) Bernard Williams(1973), p. 86.

에 정언적 욕구는 그것 없이는 (혹은 그것이 박탈되었을 때) 내가 살아야 할 이유도 사라진다는 점에서 절대적 욕구이기도 하다. 필자의 정체성 모델에서, 성품 체계의 중심에 위치하면서 자아정체성을 형성하는 것은 바로 정언적 욕구와 유사한 지위를 가진다.[75]

필자가 여기서 제시하는 철학상담 모델은 이런 의미의 자아정체성 개념에 토대를 둔 것이다. 즉 자아정체성에 기초한 철학상담 방법은 문제 상황에 놓인 내담자와 함께 〈나는 누구이며 어떤 존재인가?〉라는 기본적인 물음을 주제로 대화하면서, 내담자의 자아정체성 탐색 안에서 자기 이해와 자기 성찰을 통해 자신의 문제를 올바로 이해하고 다루기 위한 철학적 활동을 수행한다. 이런 상담의 실천 과정에서 내담자는 철학적 대화를 통하여 자신과 문제 상황을 성찰함으로써, 자기 이해(즉 자신의 정체성과 가치관 및 세계관에 대한 이해)를 확장하고 자신의 문제 상황을 분석하고 이해하며 스스로 자기 문제를 다룰 수 있게 된다.

구체적으로, 내담자의 자아정체성 검토는 자신의 성품 체계의 중

---

74) 물론 모든 사람이 자신이 살아야 할 이유가 되는 정언적 욕구를 항상 명시적으로 의식하고 있다는 말은 아니다. 자신의 삶의 이유가 되는 정언적 욕구를 의식하며 살아가는 사람이 있는가 하면, 보통의 경우 자신의 삶의 목표와 신념과 가치 등을 되돌아보는 과정에서 정언적 욕구를 확인하기도 한다. 또는 평소에는 의식하지 않더라도 죽음과 전쟁 등 삶의 위기 순간에서, 혹은 삶과 죽음을 결단하는 선택의 갈림길에서 자신의 정언적 욕구가 분명하게 드러나기도 한다.

75) 필자는 이런 의미의 중심 욕구나 정언적 욕구가 불변의 것이라고 주장하는 것은 아니다. 중심 욕구는 비교적 확정적인 동시에 안정적인 위치를 갖거나 (조정이 필요할 경우에도) 서서히 변화할지라도, 사람들이 삶의 큰 위기를 통하여 정체성의 변화를 겪게 될 때 그들의 중심 욕구나 정언적 욕구도 급격하게 바뀔 수 있다.

심이 무엇인지, 또는 자신이 살아야 할 이유가 되는 중심 욕구(혹은 정언적 욕구)가 무엇인지에 관한 자아정체성의 핵을 이해하는 일이 된다. '자신의 정언적 욕구는 다른 욕구나 가치와 어떤 관계에 있으며 서로 충돌하거나 문제를 일으키지는 않는지?', '자신의 가치와 욕구와 믿음들의 성품 체계 안에 갈등이나 모순은 없는지?' 혹은 '세계관이나 가치관은 일관적인지?' 하는 자아의 정합성을 검토한다. 혹은 내담자 자신이 의식하지 못하는 숨은 전제(자신의 가치와 신념체계의 숨은 전제)를 발견하고 검토하는 일도 포함한다. 내담자의 자아정체성 탐색은 주어진 문제를 한층 근원적으로 바라보는 계기가 되며, 그 문제를 자신의 방식으로 이해할 수 있도록 해준다. 나아가 내담자의 문제 상황이 명료하게 기술되거나, 그 문제가 내담자의 자아정체성 안에서 특정 위치를 갖는 방식으로 재기술되었다면, 내담자의 성품 체계 중심에 놓인 어떤 신념이나 가치가 자신을 억압하거나 문제를 일으키는지, 서로 충돌하거나, 불행으로 이끄는지, 그리고 그것은 수정/개선 가능한 것인지 등을 검토할 수 있다. 때로는 자신의 문제를 해결하기 위해, 혹은 삶의 방식을 바꾸기 위해 자신의 정체성을 구성하는 욕구-믿음-가치 체계를 변경하거나 새롭게 조정할 수도 있을 것이다.

물론 자아정체성의 검토 없이도 내담자의 문제에 접근할 수 있겠으나, 그것 없이는 자신의 문제가 자신의 성품 체계에 비추어 어떤 의미를 갖는지 근원적으로 파악할 수 없으며 자기 정체성의 관점에서 문제 상황을 조망할 기회를 갖지 못한다. 이것은 내담자의 문제가 내담자 자신의 문제로 재기술되거나 다루어지지 않았다는 것을 의미하며,

그 결과 내담자가 주도적으로 문제를 해결할 수 없었다는 것을 함축한다. 즉 내담자의 정체성에 대한 검토 없이는, 내담자는 진정한 의미에서 자기 성찰과 자기 이해를 통하여 주도적인 문제 해결에 이르지 못한다. 자아정체성의 탐구와 그로부터 나오는 가치관과 세계관, 신념체계에 대해 반성적으로 검토하는 과정에서, 내담자는 상담자와 더불어 비판적-창조적 사고를 촉발하는 철학적 대화를 통해 자신의 문제 해결에 적극적으로 참여할 수 있다.

자아정체성의 검토는 (때로는 명시적으로 드러난 것을 통하여, 때로는 세계관 해석이나 비판적 사고와 같은 철학적 탐구 방법을 사용하여) 내담자 자신의 고민이나 문제와 대면하면서 자신을 이해하고 자기 문제의 맥락을 파악하는 것이다. 여기서 필자는 비판적 사고라는 개념을 넓은 의미로 사용한다. 즉 문제 상황을 파악하고, 문제를 분석하거나 구성하며, 문제를 해결하는 전체 과정을 철학적 사고인 동시에 비판적 사고의 영역으로 간주한다. 그런 의미에서 철학상담은 내담자의 자율성을 최대한 인정하면서(즉 내담자 스스로 비판적 사고를 통하여 주도적으로 자신의 문제를 해결하도록 도우면서) 내담자의 문제 상황으로부터 문제 해결에 이르는 전 과정이 비판적이고 창조적인 사고로 이루어지는 철학 활동으로 이해된다.

그렇다면 자아정체성은 이미 주어진 것이라기보다, 철학적 대화를 통하여 확인되거나 의식적으로 파악되기도 한다. 또한 자아정체성은 고정된 것이 아니라, 자신의 행위 방식과 삶의 실천을 통하여 새롭게 형성되어간다는 점에서 수행적이기도 하다. (뒤에 논의하겠지만, 정체성의 수행성은 내 삶의 습관만이 아니라 자신의 정체성을 새롭게 형성하는 데 중요한 실천적 역할을 한다.) 즉 정체성 검토를 통한 자기 이해와 그로부터 문제를 제대로 바라보고 다룰 줄 아는 통찰은 철학적 탐구를 통하여 도달되는 것이다. 그리고 이러한 철학적 탐구는 상담사와 내담자의 공동 작업이며, 상호 협력하여 수행되는 철학실천의 활동이다. 이와 같이 내담자는 상담사와 상호 협력하여 자아정체성을 탐색함으로써 내담자는 자신의 문제 상황을 이해하고 어떻게 문제에 대응할 것인지 모색하게 된다. 이 과정에서 내담자는 자신의 삶과 문제를 바라보는 의미 있는 지평을 갖게 되며, 그리하여 주체적으로 자신의 문제를 다룰 수 있게 된다.

왜 자아정체성 기반 철학상담인가?

자아정체성에 기초한 철학상담은 내담자의 문제 상황이 그에게 독특한 문제이기에 다른 사람이 아니라 바로 내담자 스스로가 자신의 문제를 이해하고 해결하거나 결단해야 한다는 생각에서 출발한다. 그 상황에서 무엇을 문제로 보느냐, 진정 문제가 무엇인가 하는 것 역시 상담사가 아니라 내담자가 발견하고 기술할 수 있어야 한다. 자신의 문제를 발견하는 것은 삶에 대한 자신의 철학적 태도를 발견하는 것이며, 또한 그로부터 자신이 누구이며 어떤 사람인지 드러나기 때문이다. 나아가 문제를 발견하는 것은 그 자체가 삶을 주도적으로 살아가는 출발점이 되기도 한다.[76]

진정으로 철학이 누군가에게 영향을 주기 위해서는 각자 자유로운 판단에 따라 새롭게 자발적으로 설득되어야 한다. 셸링(Friedrich Wilhelm Joseph von Schelling: 1775~1854)이 말했듯이, "애초부터, 그리고 본질적으로 철학은 자유로운 자기 판단과 자발적 설득을 통하지 않고서는 그 어떤 영향력도 발휘할 수 없다. (철학은) 각자에게서 다시 새로 시작되어야 하며, 그 정당성이 새롭게 입증되어야 한다. 왜냐하면 그 누구도 다른 사람을 위해 대신 믿어줄 수도 없고 대신 설득될 수도 없기 때문이다."[77] 여기서 자발적으로 설득된다는 것은 무엇을 의미하는가? 필자가 이해하기에, 자발적인 설득이란 각자의 선택이나 결정이 바로 그 자신의 정체성과 그 자신의 존재 자체에 근거해서 이루어지는 것을 의미한다. 권위에 의한 강요나 주어진 원리나 명령에 의해서 결정하거나 수용하는 것이 아니라 자신의 중심 욕구와 신념에서 비롯되어 자신이 기꺼이 동의할 수 있는 것이야말로 자발적으로 설득된 것이다.

그런 의미에서 각자 자신의 삶에 대해 어떤 결정을 내릴 때, 그 결정에 대해 스스로 동의하고 설득되기 위해서는 무엇보다 자기 이해와 성찰이 필요하다. 이것이 우리가 자기 성품 체계의 중심을 이루고 있는 자아정체성으로부터 출발해야 하는 이유이기도 하다. 즉 자아정체

---

76) 특정 상황에서 문제를 바라보는 관점은 각 사람의 개성만큼이나 다양하고 독특하다. 그렇기 때문에 철학상담사가 전문가의 지위에서 내담자를 대신하여 무엇이 문제인지를 결정해선 안 된다. 사실상 철학상담은 내담자가 철학적 대화를 통하여 자신의 근본 문제를 발견하는 과정이기도 하다. 내담자의 주도적인 문제 해결만큼이나 주도적인 문제의 이해와 발견이 중요하다는 것이다.

77) Gerd B. Achenbach, "Einige Probleme der Philosophischen Praxis"(1987), p. 69 에서 재인용.

성에 기초한 철학상담은 내담자의 자발적인 동의와 자기 설득을 중요하게 보는 사고와 잘 부합한다. 내담자의 자기 설득은 결국 자신이 누구이며 어떤 존재인지 하는 자기 이해와 자신의 정체성으로부터 나오는 것이기 때문이다. 또한 자발적인 설득을 중요시하는 것은 자아정체성에 기초한 철학상담에서 내담자의 자율성을 존중한다는 것의 의미와도 상통한다. 자기 정체성으로부터 나오는 행위 선택은, 이미 행위 주체 안에서 내재적으로 정당화가 이루어졌다는 의미에서, 그것은 자율적이며 스스로 정당화된 것이며 자기 설득이 이루어진 것이기도 하다.

그러면 철학상담에서 왜 자아정체성의 검토가 필수적인가? 자아정체성의 문제가 왜 그렇게 중요한가? 철학상담은 내담자의 자아정체성에 토대를 두어야 한다는 이 논제는 내담자의 자율성과 내담자의 자기주도적인 문제 해결을 강조하는 철학상담의 특성과 연관된다. 철학상담에서 내담자의 자율성이란 내담자가 주어진 문제 상황을 자신의 언어로 이해하고 상담의 과정에 능동적으로 참여함으로써 주도적으로 문제를 해결하는 것을 의미한다. 이 경우 내담자는 누구에게나 적용되는 일반 지침을 따라가는 것이 아니라, 자기 이해를 바탕으로 스스로 자신의 문제를 파악하고 해결의 실마리를 찾는다. 그러기 위해서 내담자는 자신의 가치관과 세계관을 통하여 자신의 문제를 바라봄으로써 그 문제를 자신의 것으로 내재화할 수 있어야 한다. 즉 내담자가 자기주도적으로 문제를 해결하기 위해서는 자신의 자아와 정체성을 이해하고, 그런 이해를 바탕으로 자신의 문제를 분석하고 자신의 언어로 재기술할 수 있어야 한다. 여기서 상담사의 역할은 어떤 지침을 지시하거나 처방하는 것이 아니라, 내담자가 당면한 문제를 자기 정체성의 체계 안에서 바라보고 스스로 다룰 수 있도록 문제 해결 과정에 동반하는 철학적 대화의 파트너가 되는 것이다.

내담자가 자율적으로 (혹은 자기주도적으로) 자신의 문제를 다루거나 자기 문제를 이해하기 위해서는 어디서 출발해야 하는가? 철학자가 어떤 전문지식이나 법칙에 기대지 않고 오직 철학적 대화로 내담자와 상담을 수행하고자 할 때, 내담자 자신이 지금 처한 이 상황에서 출발할 수밖에 없다. 마찬가지로 철학상담의 대화 파트너, 나는 누구이며 어떤 사람인지, 나의 욕구와 신념들과 가치관으로 형성된 나의 정체성에 비추어 자신의 문제 상황을 (때로는 비판적으로 검토하고, 때로는 창조적으로 해석하며) 조명해야 한다. 이것이 바로 오직 철학적 대화로 수행되는 철학상담이 자기 정체성에 기초하는 철학상담으로 가야 하는 이유이다. 즉 어떤 법칙이나 인간관도 전제하지 않는 철학상담은 내담자와 그의 문제를 이해하기 위해서 내담자의 자아정체성을 탐색하는 데서 출발할 수밖에 없다. 상담을 위해 철학상담사에게도 내담자에게도 달리 주어진 전문지식 같은 것은 없기 때문이다. 법칙의 지배를 받지 않고 사유할 수 있는 자유공간에서, 철학상담사는 내담자가 꺼내는 문제와 주제를 놓고 오직 철학적 대화로 함께 철학을 수행하며 내담자의 자기 이해와 성찰을 도와야 한다.

이처럼 정체성에 기초한 철학상담은 어떤 법칙이나 인간관도 전제하지 않고 내담자의 자아정체성을(즉 내담자를) 이해하는 동시에 그의 삶의 문제를 이해하기 위해 철학적 대화를 추구한다. 인간에게 적용되는 모종의 법칙이나 인간 본성을 전제하지 않고, 아무런 전제나 사전 지식 없이, 자기 성찰을 가능하게 하는 철학적 대화를 시작한다. 그럼에도 철학적 대화는 아무런 사전 준비나 방향이 없는 대화가 아니라, 엄밀한 의미에서 비판적 사고와 창조적 해석을 통해 철학적 자기 성찰을 촉발시키는 적극적인 활동이며 철학의 수행이다. 그런 활동이 가능한 토양은 내담자가 이야기하는 문제 상황과 고민과 그에 대한 내담자의 대응 방식에 모두 들어있으며, 정체성 기반 철학상담은 그것으로부터 출발한다. 즉 자신의 문제와 고민에 직면하여 내담자가 무엇을 원하고 어떻게 느꼈으며 무엇을 추구하는지 등의 철학적 대화가 시작된다. 그러한 대화를 통해 내담자로 하여금 자신의 삶을 숙고하고 진지하게 성찰하도록 자극하며, 또 주도적으로 문제에 대응하도록 촉구한다.

반면 심리치료를 비롯한 모든 치료는 심리학 및 정신의학의 원리나 법칙, 전문지식이 적용되는 인간관을 전제로 출발한다. 즉 정상인과 비정상인을 구분하고, 정상을 벗어나는 인간들은 각종 정신장애나 심리적 질환의 증세에 따라 치료되어야 할 환자로 진단되고 분류된다. 이 사실은 정신장애를 진단하는 질병 목록을 보면 알 수 있다.[78] 정신장애 및 이상행동의 범주들을 분류하는 것의 바탕에는 정상적인 인간은 어떤 존재라는 것이 이미 전제되어 있다. 수백 가지의 질병 목록들은 정상에서 벗어나거나 일탈하는 경우를 진단 기준에 따라 범

---

78) DSM(정신장애 진단 및 통계 매뉴얼)은 증상과 진단 기준에 따라 정신장애 및 이상행동의 범주들을 분류한 것이며, 각 질병에 대한 진단 기준이 마련되어있다. 정신과 의사나 치료사는 처음 방문한 환자를 보고 이 DSM의 메뉴얼을 토대로 용지의 빈칸을 채워가며 제시된 기준에 따라 질병을 진단하고 치료를 시도한다.

주별로 분류한 것에 다름 아니기 때문이다. 그리고 그 질병의 증상에 해당하는 사람은 치료의 대상이며, 치료의 목적은 (이상행동을 제거하거나 교정함으로써) 바로 심리학이 전제하는 정상적 인간으로 되돌리는 것이다.

이런 인간관을 전제할 경우, 결국 심리치료는 아헨바흐나 린셋이 비판했던 치료의 논리를 따를 수밖에 없다. 아무리 공감적인 관심을 기울이고 호의적인 조력자이면서 인간을 진심으로 이해하려는 선한 의도를 지녔다고 할지라도, 심리치료사는 내담자의 이야기를 경청하는 동안 내담자의 진술 내용을 (적어도 진술의 일부를) 특정 증세로 파악하며 또 그러기 위해 이야기를 듣는다. 그는 자신이 전제하는 심리학적 법칙이나 지식을 알고 있으며, 대화를 통하여 이 지식/법칙을 적용할 목적을 갖고 있으며 또 적용할 준비를 하고 있다. 즉 심리치료사는 특정 증세를 진단하고 그 증세를 제거하기 위해 어떻게 해야 하는지 원리를 담고 있는 지식을 가지고 대화에 참여한다. 그런 대화의 틀속에서 결국 내담자는 심리학적 지식이나 원리가 적용되는 대상으로 전락하게 된다. (그 결과 심리치료사가 아무리 관용적이고 호의적이며 공감적으로 대우한다고 할지라도, 내담자는 궁극적으로 법칙의 적용 대상으로 다뤄지게 된다). 이런 의미에서 정신분석 및 심리치료의 출발점은 모종의 법칙이 존재하고 그것이 적용되는 인간관을 전제하고 있다. 그리하여 치료사는 상담 과정에서 그 이론적 지식을 치료에 적용하기 위해 내담자와 대화하며, 그 대화는 결국 치료의 틀을 벗어날 수 없게 된다. 이런 대화는 물론 자유공간을 열어주지 못한다. 자신의 대화 속에서 증세를 찾는 치료사 앞에서 내담자는 법칙과 치료의 틀에 갇힌 존재가 될 뿐이다. 이때 내담자는 자유공간에 들어설 수 없으며 자신의 자유 능력을 보일 수도 없다.

〈정체성 기반 철학상담은 어떤 인간관도 전제하지 않는다는 것〉의 정확한 의미는 〈정체성의 수행성〉과 연관하여 이해할 때 더욱 잘 드러난다. 정체성 기반 철학상담은 누구도 인간의 본성을 규정하거나 선점할 수 없다는 생각에서 출발한다. 즉 삶 안에서 자신을 실현하기 이전에는 자신이 누구인지 알 수 없듯이, 인간이란 무엇인지(누구인지) 알 수 없다는 점에서 인간 본성은 미지의 것이다.[79) 즉 인간의 선천적 본성이란 없으며(이런 것을 상정하는 것은 도그마틱하다!), 설령 있다고 해도 알 수도 없다. 인간은 어떻게 살았는지에 의해 그가 누구인지 어떤 사람인지 드러난다. 그 이전에는 인간이란 무엇인지 알 수 없다. 즉 그 명제가 의미하는 바는 주어진 인간 본성은 없으며, 수행된 것을 통해서만 자신이 누구이며 어떤 사람인지 드러난다는 것이다. 혹은 우리의 주어진 본성이 따로 있는 것은 아니며, 각자 자신이 원하고 생각하고/믿고 추구하고 실천해온 것이 그 사람됨을 보여준다는 것이다. 이것이 바로 정체성은 수행적이라는 것의 의미이다. 다시 말하면, 정체성은 미리 주어진 본성에 의해서가 아니라 행위들에 의해 정의되거나 규정된다. 또한 정체성은 자신의 행위와 삶의 궤적을 통해 어떻게 살아왔는지 행위의 수행에

---

79) 이런 사고는 진리에 대한 윌리엄 제임스의 생각과 유사한 점이 있다. 제임스의 실용주의 진리관에 의하면, 실천하기 이전에는 그리고 그 실천의 열매를 보기 이전에는 무엇이 진리인지 알 수 없다. 인간도 마찬가지이다. 즉 삶 안에서 자신을 실천/실현하기 전에는 자신이 누구인지 알 수 없듯이, "인간이란 무엇인지(누구인지) 알 수 없다"는 점에서 인간 본성은 미지의 것이다.

의해 형성된다.

정체성의 수행성에 의하면, 자아정체성 역시 수행과 실천을 통하지 않고는 확인될 수 없다. 자아정체성은 자신이 수행한 바(행위/사고/느낌)를 분석하고 검토하는 철학적 대화(비판적 사고)를 통해 탐색되고 확인된다. 또한 정체성은 미리 주어진 본성에 의해서가 아니라 행위 수행에서 나온다는 사실은, 인간은 법칙의 지배 아래 놓여있는 것이 아니라 결단하고 행위하는 방식에 의해 자신이 어떤 사람인지 규정된다는 것을 말해준다. 그런 점에서 정체성의 수행성이 보여주는 인간관은, 인간은 자신을 지배하거나 규정하려는 법칙들에 저항할 수 있고 (즉 유전법칙, 생물학적 법칙, 정신분석 등 심리학적 법칙, 사회법칙, 등등 어떤 법칙으로도 환원되거나 설명되지 않고 오히려 그것들에 질문을 던질 수 있으며), 그리하여 자유공간(Free Space)에 설 수 있다는 사고와도 일치한다.

정체성 기반 철학상담은 어떤 인간관도 미리 전제할 필요가 없듯이, 특정 철학자나 특정 철학 사상에 기초한 것이 아니라는 것을 다시 강조하고자 한다. 내담자가 어떤 철학을 받아들일 것인지는 내담자가 자기 삶의 중심에서 얻은 통찰을 통해 선택할 문제이다. 니체의 힘의 의지든, 실존적 사상이든, 철학상담은 미리 특정 종류의 사상을 전제하지 않는다. 다만 내담자가 살아온 삶을 검토하면서 그 자신이 하나의 사상을 어떻게 이해하고 수용하는지, 그리고 그것을 자신의 삶 안에서 어떻게 통합하는지가 중요하다. 또한 자기 내면의 소리를 듣거나 귀 기울이며 자신의 동기와 이유를 이해하고 자신의 삶을 반성적으로 검토하고 성찰하면서 자신이 어떤 존재인지 자각하고 이해하는 것이 중요하다. 결국 자신의 정체성 이해가 더 우선한다. 그러한 성찰을 토대로 내담자는 스스로 자신의 가치와 삶을 찾아갈 것이기 때문이다. 여기서 철학자/철학상담사의 본연의 역할은 〈비판적 사고와 창조적 해석의 철학적 대화를 통하여 상담하기〉라는 슬로건으로 내담자가 가지고 온 문제를 주제로 철학적 대화를 하는 것, 즉 철학을 수행하는 것이다. 철학자가 철학을 수행하는 것 이외에 무엇을 할 수 있는가? 철학자의 이름으로 그 외의 것을 해야 하는가? 아니, 해도 되는가? 철학자는 다만 철학을 수행하고 있는 한에서 철학자이며 철학실천가이다.

05

자아정체성 기반
철학상담의 정신과 방법

정체성기반 철학상담의 정신: 자신의 길 찾기

앞에서 살펴본 철학실천의 정신을 상기해본다면, 철학상담의 방법은
일반적으로 적용할 수 있는 확정된 원리로서 주어진 것이 아니라 철
학적 대화로 진행되는 상담의 현장에서 내담자와 함께 수행하는 철학
실천을 통하여 구현되고 발전해나간다는 것을 알 수 있다. 그것은 철
학적 대화라는 철학실천을 통하여 철학자와 내담자가 함께 찾아가는
길에 비유할 수 있다. 철학상담의 방문자나 대화자는 인생의 '길을 찾
아가는 사람'과 같다.[80] 삶의 목적지와 그곳에 이르는 길이 이미 주어

---

80) 〈길을 찾아가는 사람〉의 비유에서, 길은 미리 고정된 것으로 주어진 것이 아니라 사람

진 것이 아니라, 자신이 가야 할 길을 탐색하며 찾아 나서야 하는 사람들이다. 때로는 길을 가면서 목적지를 새롭게 발견하기도 하고, 때로는 목적지를 향하여 가다 길을 우회하여 자신의 길을 발굴하기도 한다. 목적지와 목적지로 가는 길 두 가지를 동시에 찾아 나서야 할 경우도 있다. 길을 가는 도중에 많은 장애를 만나기도 할 것이다. 그 과정에서 철학자는 함께 길의 방향을 타진하거나, 어두운 밤에는 발을 헛디디지 않도록 등불을 들거나, 함정이나 낭떠러지는 없는지 함께 주위를 살피기도 하지만 자신이 앞서서 내담자를 인도하지는 않는다. 길을 찾아가야 하는 것은 상담사가 아니라 내담자 자신이기 때문이다. 결국 내담자는 철학자의 도움을 받거나 협력하면서 자신의 길을 찾아가야 하는 사람들이다. 물론 철학자도 자신의 길을 찾아가는 사람이라는 점에서 다를 바 없다.

이 비유에서 말하고자 하는 것은, 탁월한 철학상담사는 확정된 방법론이라는 고정된 틀에 맞추어 상담을 진행하는 것을 지양한다는 것이다. 왜냐하면 내담자들은 각기 다양한 개성과 가치관을 가지고 있기에 획일적인 틀에 담을 수 없으며 동일한 방식으로 접근하여 문제를 해결할 수도 없기 때문이다. 같은 문제라도 사람에 따라서, 즉 그가 어떤 사람인지에 따라서 접근 방법이나 지향하는 바가 다를 수 있다. 철학상담의 방문자들은 고유한 정체성을 지닌 인격으로 대접받아야 하며 그들 자신이 바로 철학하기에 동참하는 철학실천가이기도 하

이 걸어감으로써 길이 생기듯이 각자 자신의 길을 찾아야 하는 것이 도(道)의 정신이다. 여기서 도(道)는 명사가 아니라 '길을 찾아간다'는 동사로 보는 것이 적합하다. 그리고 이것이 정체성의 수행성 개념과도 잘 들어맞는다.

다. 그런 이유로 철학자는 (내담자의 정체성과 자율성을 존중하면서) 정해진 방법이나 상담 패턴에 따르기보다는, 내담자와 철학실천의 과정에서 살아있는 대화의 방법을 지속적으로 찾고 발전시켜나가야 한다.

필자는 이런 생각을 반영하여 자아정체성 기반 철학상담 방법을 제시하고자 한다.[81] 이 모델은 상담의 특정 기법이라기보다는 정신에 더 가깝다. 그것은 내담자의 고민과 문제에 관해 어떤 방식으로 접근해야 하는지에 대한 철학적 태도와 관점을 제시하는 동시에 철학적 대화를 수행하는 철학실천의 지향점(즉 출발점과 방향, 목표와 정신 등)에 초점을 둔 것이다. 정체성 기반 상담은, 내담자를 고유한 정체성을 가진 인격으로 보는 것에서 출발하여 그로 하여금 자기 정체성에 대한 이해를 토대로 문제를 바라보고 가치관을 검토하고 조율하면서 스스로 문제를 다루거나 해결할 수 있도록 돕는 것을 지향한다. 철학적 대화와 자기 성찰을 통하여 자신의 정체성을 이해하고 그것에 비추어 자신의 문제에 대응함으로써 적어도 자신이 정당화하거나 수용할 수 있는 삶을 살아가도록 하는 것이(이것이야말로 '자기 설득'의 핵심이다!) 정체성 기반 철학상담이 지향하는 목표이다.

그런데 철학상담에서 자아정체성의 문제가 왜 그렇게 중요한가? 철학상담은 내담자의 정체성에 토대를 두어야 한다는 주장의 근거는 무엇인가? 기본적인 이유는, 철학상담에서 대화를 나누는 철학자와 내담자는 함께 철학을 수행하는 철학실천가이기 때문이다. 그리하여

---

81) 김선희, 「자아정체성에 기초한 철학상담 방법론」(2009). 필자는 이 논문에서 자아정체성 기반 철학상담 방법론의 중심 아이디어를 처음 제시하였다.

내담자는 환자나 치료의 대상이 아니며, 자율성을 가지고 자신의 철학에 따라 살아가고자 노력하는 철학실천의 주체로 존중받아야 한다. 또한 철학적 성찰을 통하여 자기 스스로 이해할 수 있는 자율적 선택을 하는 주체로 여겨져야 한다. 그런데 내담자가 진정 자율적이고 주도적으로 문제를 해결하기 위해서는 자신이 누구이며 어떤 사람인지, 그리고 자신이 진정 원하는 삶이 무엇인지에 대한 자기 이해와 자아정체성(즉 중심적인 욕구-믿음-가치들로 이루어진 성품 체계)의 토대 위에 자신의 문제를 위치 지울 수 있어야 한다. 내담자가 자기 이해를 바탕으로 자신이 처한 곤경과 문제를 이해할 수 있게 되었을 때, 내담자는 자신의 문제를 주체적으로 해결할 수 있거나 적어도 (남이 지시해준 해결책을 받아들이는 것이 아니라) 스스로 자신을 위한 최선의 선택을 시도할 수 있게 된다.

내담자를 고유한 정체성을 지닌 인격으로 보아야 하는 이유도 분명하다. 가치관이나 정체성의 차이에 따라, 한 사람에게 극심한 고통이 되는 것이 다른 사람에게는 담담하게 받아들일 수 있는 상황이 있다. 이것이 실제 우리 삶의 모습이다. 그런데 어떻게 두 사람에게 똑같은 원리로 접근하고 같은 방식으로 문제를 다루거나 치료하려는 시도를 정당화할 수 있을까! 그의 사람됨, 그가 어떤 사람인지, 어떤 삶을 추구하는지에 따라 같은 종류의 문제라도 대화의 목표나 방향은 전혀 달라질 수 있다. 정체성 기반 철학상담은 이렇게 개인의 고유한 인격을 그의 삶의 토대로 인정하고 존중한다. 그것은 내담자가 어떤 사람이며 누구인지에서 출발하여 그의 정체성을 토대로 그의 고민이나 문제를 철학적 대화로 풀어나가고자 하기 때문이다.

정체성 기반 철학상담은, 철학 이론이나 원리를 내담자의 문제 상황에 그대로 적용하는 것은 아무런 의미도 없다고 보는 점에서, 응용철학이나 응용윤리이기를 거부한다(제1부 2장의 논의를 참고하라). 그런 방식의 접근은 내담자의 자율성과 선택을 존중하는 것이 아닐뿐더러, 내담자에게 철학적인 자기 성찰을 촉구하지도 않는다. 철학상담은 내담자에게 무엇이 고민이며 어떤 고통이 있는지 그것의 이유가 무엇이며 내담자의 어떤 생각이나 전제 및 가치와 연결되어 있는지, 철학적 대화를 통하여 개인의 정체성(즉 중심적인 욕구, 신념, 가치)을 탐색해나간다. 나아가 그의 고유한 인격을 드러내는 정체성에 기반을 두고 문제를 조명하는 과정을 거치면서 문제를 명료하게 이해하고 스스로 선택할 수 있도록 돕는다. 그때 내담자는 자신의 정체성과 가치관에 기반을 두는 동시에 그러한 가치관을 비판적으로 검토하고 개선함으로써 스스로 자신에게 이해할 수 있는 결론에 도달하게 된다. 그러한 선택과 결론은 이론이나 방법으로 미리 주어진 것이 아니며, 자신의 정체성을 탐구하는 철학적 대화를 수행함으로써 각자 길을 찾는 과정에서 도달한 것이다. 내담자가 철학적 대화와 성찰을 통해 자신의 길을 찾아가는 것은 동시에 자신의 철학을 찾으려는 탐색이기도 하다.

정체성 기반 철학상담은 나의 정체성의 토대, 다시 말하면 여기-지금 나로부터 출발한다. 사전 지식이나 각종 치료법의 시각이 아니라 내담자 자신이 선 자리에서 출발하는 것이다. 물론 그것은 개인의 정체성이 완전해서가 아니라(개인의 가치관이나 정체성이 불완전하다는 것은 너무나 당연한 말이 아닌가!), 자신이 살아온 삶을 토대로 철학적 대화를 통해 스스로 자기 철학을 정립함으로써 자신이 주도하는 삶을 살 수 있기 위한 것이다. 외부적으로 타자에 의해 주어진 규범/가치/원리에 따라 문제를 해결하는 것은 자기 설득의 과정 없이 남의 판단에 따라 사는 것이기 때문이다. (심지어 자신의 삶이 반사회적이거나 또한 그것이 '개선'되어야 한다고 할지라도 환원적 원리나 치료의 논리에 의해 다루어지는 것은 인간을 단지 개조의 대상으로 여기는 태도이다). 그런 의미에서 철학상담의 목표는 자신이 누구인지 이해하기 위해 탐구하면서 자신의 길을 찾아가는 것, 다시 말하면 (누군가가 혹은 치료사가 문제를 없애주는 것이 아니라) 철학적 대화와 자기 성찰에 의해 문제를 자신의 삶 안에서 제대로 다룰 수 있게 되는 것이다. 즉 정체성 기반 철학상담이 추구하는 목표는, 철학적 대화를 통해 자신과 자신의 삶을 이해하고 (자신의 정체성에 비추어) 자신의 문제와 삶을 조명함으로써 자신의 철학으로 살아가는 것이다.

이와 같이 철학적 대화로 철학실천에 참여하는 사람들은 자신의 철학을 찾는 것을 지향한다는 점에서 또한 '자신의 길을 찾는 자'이다. 자신의 길을 찾거나 자기 삶을 개척하기 위해서는 자신의 삶이 문제로 부각되어야 한다. 스스로 삶의 방식을 선택하며 주도하는 자기 인생을 살기 위해서는 자기 삶에 물음을 던질 수 있어야 한다. 자신의 삶이 문제가 되는 곳에서 비로소 자신의 철학이 탄생하기 때문이다. 내가 진정 원하는 것이 무엇인지, 내가 무엇을 추구하며 어떤 삶을 살 것인지 자기 삶에 물음을 던지지 않는 한, 자신이 누구이며 어떤 사람인지 결코 알 수가 없다. 이러한 물음은 자신의 욕구와 가치 등의 정체성을 묻는 물음이기도 하다. 정체성의 물음은 자신의 길을 찾아가는 물음이기도 하다. 여기서 내담자는 자신의 길을 찾기 위해 정체성의 물음을 묻는 자이며, 자기 삶의 길을 개척하는 철학실천가이다. 또한 정체성 물음을 통하여 자신의 철학과 자신의 길을 찾아가는 것이 정체성 기반 철학상담의 정신이자 목표이기도 하다.

아헨바흐는 진리의 발견을 요구하는 철학의 질문들은 우리에게 생소한 것이 되어버렸으며, 칸트가 다루었던 물음들은 우리 시대에 효력을 잃었다고 본다. 더 정확히 말하면, 이제 그 물음들에 더 이상 스스로 그 해답을 제시할 수 없게 되었다. 그러나 이것은 철학의 종말로 여겨지기 보다는 철학의 물음을 과감하게 바꾸도록 자극한다고 말한다. 즉

〈나는 무엇을 알 수 있는가? 나는 무엇을 마땅히 해야 하는가? 나는 무엇을 희망해도 좋은가? (즉 인간이란 무엇인가?)〉라는 칸트의 물음 대신에 이제 다음의 물음들이 자리 잡는다. 즉 〈나는 무엇을 아는가? 나는 무엇을 행하는가? 나는 무엇을 바라는가/희망하는가?〉 이와 함께 철학에 다른 과제가 부과된다. 철학은 더는 앞질러 생각하지 않고, 함께 생각한다. 그리고 우리도 철학자로서 새로운 도전에 직면하게 된다. 이제는, 〈나는 내가 생각하는 바대로 살고 있는가〉가 아니라, 〈나는 내가 살고 있는 바를 생각하는가〉 하는 것이 문제가 된다. 내가 무엇을 알고, 무엇을 행하고, 무엇을 바라는가를 생각함으로써, 그리고 내가 누구인가를 성찰함으로써, 나의 삶이 나에게 물음이 된다. 그리고 이런 과정 속에서 나의 삶은 활기를 찾으며 앞으로 나아가게 된다."[82]

칸트의 물음은 이 시대에 왜 효력을 잃었는가? 이제는 칸트의 세 가지 물음이 함축하는 〈인간이란 무엇인가〉라는 물음이 요구하거나 전제하는 실체적인 인간학이 가능한지 알 수 없기 때문이다.[83] 또한 그런 물음은 정당화하기 어려운 인간관을 전제하고 있기 때문이다. 우리는 이제 인간의 본성이나 실체적인 의미의 진정한 인간의 사명이 무엇인지, 또한 과연 그런 것이 있는지도 알지 못한다.

아헨바흐는 이 시대에 철학의 종말이 아니라 철학의 실천을 위해서 칸트의 물음을 과감히 바꿀 것을, 즉 칸트의 진리 물음을 철학실천에 대한 다음의 물음으로 바꿀 것을 제안한다. 즉 〈나는 무엇을 아는가? 나는 무엇을 행하는가? 나는 무엇을 바라는가?〉 어쩌면 아헨바흐는 철학의 종말을 예고하는 이 시대에 철학실천의 희망을 보았던 것이다. 그는 이 시대에 (진리를 요구하는 철학의 물음이 효력을 다했다면) 철학실천을 지향하는 이 물음이야말로 철학이 새로운 자기 임무를 수행할 수 있는 효력 있는 물음이라고 보았다. 그리고 이러한 철학실천의 물음을 통하여 자신의 삶이 물음이 된다. 이 물음은 자신의 삶에 관해 묻고 있기 때문이다. 린셋은 아헨바흐를 인용하며, '철학실천은 한 이야기의 자기발견이며, 즉 자기인식이며 자기 이해'라고 규정한다. 철학실천을 통해 내담자는 자신이 살아온 이야기를 발견할 수 있는 새로운 시각과 관점을 갖게 되며, 그 결과 삶은 활기를 띠게 된다.[84]

82) Achenbach, *Philosophische Praxis*(1987), 제2장, p. 20.

83) 같은 곳. "이성에 대한 칸트의 신뢰는 우리에게 생소한 것이 되어버렸으며…… 인간의 진정한 사명이 무엇인지에 대한 답을 우리는 알지 못한다."

84) 같은 곳, Lindseth(2005), p. 32.

나는 아헨바흐의 철학실천의 물음을 다시 새로운 방식으로 묻고자 한다. 자아 정체성에 대한 물음이 그것이다. 즉 〈① 나는 무엇을 원하는가? ② 나는 무엇을 믿는가? ③ 나는 무엇을 추구하는가/추구하며 행위하는가?〉 이 세 가지 물음은 나의 정체성을 구성하는 욕구와 믿음과 가치들에 대해 묻는 물음이다. 즉 나는 누구이며 나의 정체성은 무엇인지를 묻는 정체성 물음이다. 사실 필자가 제시하는 정체성 물음은 아헨바흐가 제시하는 철학실천의 세 가지 물음과 유사하며 중첩되기도 한다. 또한 나의 정체성 물음은 철학실천의 물음들과 그 성격이 유사하다. 정체성 물음은 내가 무엇을 믿고 원하는지 또한 나는 어떤 사람이며 어떤 가치를 추구하는지(즉 나는 어떤 삶을 추구하며 살고 있는지)를 묻고 있는 실천적 물음이기 때문이다. 그것은 인간 본성을 전제하거나 보편적 진리를 추구하는 물음이 아니라, 우리 자신의 삶이 어떤지 묻는 물음이다. 즉 그 물음은 우리의 실천적 삶을 겨냥한 물음이다. 이 물음을 통해 나의 삶이 물음이 되고 내담자의 삶이 물음이 된다는 점에서 그렇다. 그럼에도 〈필자의 철학실천 물음은 정확히 자아정체성을 구성하는 욕구—믿음—가치를 탐색한다는 점에서 정체성 기반 철학상담의 핵심을 이루는 물음〉이라고 할 수 있다. 즉 〈나는 무엇을 원하는가? 나는 무엇을 믿는가? 나는 어떤 가치를 추구하며 행위 하는가?〉, 혹은 〈나는 누구이며, 어떻게 살고 있는가/어떤 삶을 살고 있는가?〉 이제 정체성 기반 철학상담의 목표는 이러한 정체성 물음으로 철학적 대화를 수행함으로써 내담자 자신의 길을 찾아가는 것(혹은 자기 철학을 정립하는 것)이라고 말할 수 있다.[85]

---

85) 이제 철학실천의 물음은 정체성 물음으로부터 시작된다. 어떤 인간관도 전제하지 않는

정체성기반 철학상담의 방법: 네 단계[86]

이제 자아정체성에 기초한 철학상담 방법을 좀 더 구체적으로 제시할 차례이다. 앞에서 철학상담/철학실천 방법의 다양성과 개방성에 대해 논의했듯이, 지금 제안하는 네 단계 모델은 단지 문제 상황에 적용하기 위한 원리로 제시하는 것이 아니다. 나는 정체성 상담은 기법보다는 철학실천의 정신에 더 가깝다는 이야기를 하였다. 그럼에도 정체성 기반 철학상담을 수행했던 경험을 돌아보면, 상담마다 다양한 특성과 차이들이 있음에도 불구하고 상담 과정의 흐름에서 드러나는 단계들이 있으며 각 단계에 주의를 기울여야 할 중요한 요소가 있다고 본다. 나는 그것을 다음의 네 가지 단계로 나누어 기술하고자 한다.

¹ 자유공간에서 대화하기 : 말하고 듣기

상담의 첫 단계는 내담자가 상담사를 방문하여 자신이 처한 문제 상황을 이야기하는 단계이다. 여기서 내담자는 자유롭게 말하고 상담사는 그것을 주의 깊게 듣는 것이 필요하다. 즉 상담자는 내담자가 자신

다면 칸트적 의미의 인간 본성과 인간의 사명을 묻는 물음에서 벗어날 수 있다. 그리하여 철학은 이제 인간 본성이나 사명의 이름으로 훈계하는 일을 그만두게 될 것이다. 그 물음은 철학실천의 물음으로 바뀌고, 다시 자아정체성 물음으로 전환됨으로써 정체성에 기초한 철학상담 실천이 시작될 것이다.

86) 정체성 기반 철학상담의 방법에 관해서는 이미 오래전에 논문으로 발표한 적이 있다 (2009). 그 이후 5~6년 정도의 프랙티스를 통해 상담 경험이 쌓이면서 기본적인 틀은 남아 있지만 많은 부분들이 새롭고 풍부하게 변화했다. 그것을 반영하여 여기 기술된 정체성 기반 철학상담의 네 단계 모델은 이전의 것을 많이 보완했다는 것을 밝혀둔다.

의 문제를 마음 놓고 말하고 자신이 처한 문제 상황을 인식할 수 있도록 (소크라테스적 의미의 산파 역할을 하며) 들어주는 단계이다. 이것은 피터 라베의 철학상담 모델에서 제시한 〈자유롭게 말하기〉의 단계와도 유사하다.[87]

이 단계에서 상담사는 대화가 자유롭게 전개되도록 노력하며 내담자의 상황이나 곤경을 이해하기 위해 질문을 할 수 있으나, 그 질문이 내담자를 왜곡시키지 않도록 주의해야 할 것이다. 상담사는 공감하고 수용하는 태도를 가지고 신뢰를 바탕으로 내담자를 정서적으로 안심시키는 것도 중요하다. 하지만 이 단계에서 가장 중요한 것은 내담자와 함께 그가 처한 곤경이나 문제 상황을 가능한 정확하게 이해하고자 노력하는 것이다. 상담자는 자신의 관점과 일치하는 방식으로 인위적으로 해석하거나 선택적으로 수용하여 문제 상황을 구성해선 안되며, 내담자의 전체 삶의 맥락 안에서 그의 이야기를 이해하려는 자세로 접근해야 한다.

어떤 의미에서 '내담자의 말을 공감하는 자세로 들으며 내담자를 비판하거나 개입하려 하지 말고 수용적으로 들어라'라는 충고는 상담 일반에 적용되는 말이기도 하다. 그럼에도 우리는 상담의 공간에서 과연 듣는다는 것이 무엇인지, 올바로 청취하기 위해서 어떻게 해야 하는지 고려할 필요가 있다. 상담 초기에는 아무래도 내담자의 이야기를 듣는 것으로 출발한다는 점에서, 내담자가 말하는 주체이고 그것을 수용적으로 듣고 있는 상담사에게는 개입하지 말아야 하는 수동

---

87) Peter B. Raabe(2001), 제4장 참고.

적 자세를 요구하는 것처럼 보이기도 한다. 그럼에도 나는 철학상담에서 이야기를 듣는 상담사의 역할이 매우 중요하다는 것을 언급하고자 한다.

철학상담의 공간에서 〈듣는 일〉은 매우 독특한 역할을 한다. 자유롭게 말하기와 편견 없이 수용적으로 듣는다는 일반론으로는 다 설명할 수 없는 중요한 역할이 있다. 〈어떻게 듣는가?〉에 따라, 즉 이야기를 듣는 상담사의 태도와 전제와 반응에 따라, 이야기의 방향이 바뀔 수도 있고 내담자로 하여금 특정한 태도를 정하도록 만들기도 한다(예를 들어, 제1부 3장에서 상담사의 자세나 태도가 내담자에게 자유공간을 열기도 하고 닫기도 한다는 것을 이야기했었다). 즉 상담사의 듣는 자세와 듣는 동안의 반응과 질문 등이 이야기가 전개되는 방식에 중대한 영향을 미친다. 상담의 과정에서 듣고 말하기가 일방적인 관계가 아니라 일종의 대화라면, 듣고 말하기는 상호 영향을 주고받는 관계로 이해되어야 한다(한쪽이 수동적이라면 그것은 대화가 아니다. 대화는 상호 능동적 참여 안에서만 성립한다. 특히 철학적 대화는 비판적이고 창조적인 사고가 적극적으로 작용하는 대화가 아닌가!). 상담의 초기 단계라고 해서 말하는 사람이 있고 듣는 사람이 따로 있는 것이 아니라, 듣는 상담사도 이미 대화의 성격과 방향에 중요한 영향을 미치며 또한 그럴 수밖에 없다.

철학상담에서 철학자는 내담자의 말을 들을 경우에도 비판적 사고와 창조적 해석의 활동을 한다. 즉 상담사가 내담자의 말을 듣는 것은 단순히 내담자로부터 어떤 이야기나 정보를 수동적으로 전달받는 것이 아니라, 이해하고 해석하며 능동적 활동 속에서 이야기를 듣는 것이다. 또한 두서없이 쏟아지는 이야기 가운데서도 주제를 찾고 또 연관성을 고려하며 흐름을 따라가야 한다. 그렇지 않으면 우리는 내담자의 이야기를 제대로 이해할 수 없으며 내담자도 자신의 얽힌 생각을 정리할 기회를 갖지 못한다. 듣는 사람의 이해가 증진될수록 말하는 사람도 자기 이해를 증진시키게 된다. 철학상담사는 주의를 기울여 듣되 물음을 물으면서 내담자의 경험과 문제 상황을 정확하게 감지해내야 한다. 때로는 비판적인 물음을 물으면서 내담자의 자기 해석이 정확한지(혹은 왜곡된 것은 아닌지) 세심하게 주의를 기울여 들어야 한다. 듣고 있는 상담사만이 아니라 말하는 내담자도 자신의 경험을 특정 시각에서 해석하기도 하기 때문이다.[88] 이런 의미에서 주의 깊은 청취란 단지 내담자가 하는 말을 빠짐없이 문자 그대로 모두 수용하는 것을 뜻하지 않으며, 총체적 감수성을 요구하는 매우 세심하고 적극적인 활동이다. 그 활동 안에서 철학자는 내담자의 경험과 문제 상황을 정확하고 민감하게 알아채야 한다. 아헨바흐는 이를 철학 실천가의 최대의 사명감으로 "세심하게 주의를 기울여 알아채는 능력"이라고 말한다.

> 철학자의 역할은 (……) 전문적인 자문가가 하듯이 자신의 전문영

---

88) 내담자가 자신의 경험을 낡은 방식으로 편견을 가지고 해석하고 있다면 그 부분에 대해서도 비판적으로 검토하는 철학적 대화가 필요하다. (제1부 1장에서 창조적 해석의 철학적 대화법과 관련하여 제시했던 사례를 상기해보라!) 이야기를 듣는 단계에서도 비판적 사고와 창조적 해석을 촉진하는 물음은, 자신이 의식하지 못한 것을 알아채거나 새로운 자기 이해를 증진시킬 수 있다.

역의 것으로 추정되는 '기본 잔고'를 활용해서 완성품을 조달해주는 것이 아니다. 오히려 철학자가 사명감을 가지고 최우선으로 동시에 결정적으로 도움을 주어야 할 것은 '세심히 주의를 기울여 알아챔', 즉 훈련된 알아챔 또는 감지력이다. 철학자는 사물과 사물의 관계를 알아채되 맨 처음 알아채듯 알아챈다. 이것의 의미는 이렇게 설명될 수도 있다. 즉 반복을 통해 익숙해진다는 것은 철학적 사고의 적이다.[89]

앞에서 이미 논의했듯이 철학상담은 자유공간에서 이루어지는 철학적 대화하기이다. 따라서 철학상담사는 내담자가 자유공간에 들어설 수 있도록 듣는 태도가 중요하다. 철학자는 어떤 증상을 찾기 위해 내담자의 이야기를 듣는 것이 아니라, 내담자의 자기 성찰을 도우면서 내담자 스스로 자신의 문제를 이해하고 발견하도록 하기 위해 듣는다. 그런 점에서 적어도 내담자가 철학자와 함께 자신의 삶의 이야기를 발견할 수 있으리라는 기대를 할 수 있도록, 편견 없이 즉 익숙한 논리에 빠지지 않도록 경계하면서 듣는 자세가 중요하다.

실제로 이야기하기도 일종의 선택적 행위이다. 우리는 자신의 모든 이야기를 다 할 수는 없기 때문에 어떤 이야기를 해야 할지 어떤 이야기가 중요한지 무엇을 말하고 무엇을 건너뛸 것인지 선택해야 한다. 철학상담의 대화 과정에서도 마찬가지이다. 이야기를 듣고 있는 상담사의 반응과 물음이 그런 선택을 좌우할 수 있다는 점에서, 〈어떻게

---

89) 이 글은 린셋의 저서에 대한 아헨바흐의 추천사 중에서 인용한 것이다. A. Lindseth, *Zur Sache der Philosophischen Praxis*(2005), pp. 9-10.

들을 것인지〉는 매우 중요한 역할을 한다. 또한 내담자 자신이 하려는 모든 이야기가 질서 정연하게 준비된 것은 아니다. 듣는 자의 태도와 감지 능력에 따라 이야기는 방향을 제대로 잡기도 하고 잘못 나갈 수도 있다. 생각하지 못했으나 중요한 이야기를 발견하기도 하며, 신뢰를 느낄 때 자신의 깊은 상처를 어렵지 않게 말할 수도 있다.[90]

그렇다면 상담자의 듣는 자세에 대해 '개입하지 말고 들어라!'라는 말이, 영향을 주지 말라는 것이라면, 이 말은 성립하기 어렵다. 대화는 상호 간의 적극적 참여이기 때문이다. 물론 대화의 적극적인 참여라고 해서 상담사가 앞서나가서는 안 되며, 함께 더불어 생각하며 나가야 한다. 상담사가 앞서나갈 때 내담자는 다시 자신의 길이 아니라 남의 길에 들어설 수 있으며, 자신의 삶의 길을 잃어버릴 수 있다.

그렇다면 "올바른 청취란 무엇인지"에 대하여 단일한 방식의 답변을 주장하기는 어려워 보인다. 상담의 모든 경우에 요청되는 경청의 방법이 동일한 것은 아니기 때문이다. 나는 철학상담에서 바람직한 경청의 방법은 상담의 방법과 마찬가지로 다양성에 개방되어야 한다고 본다. 즉 때로는 적극적으로 비판적 질문을 통해 성찰을 유도하면서, 때로는 확실한 표현을 찾아 명료화를 추구하면서, 때로는 관통하는 하나의 주제를 끝까지 밀고 나가거나, 때로는 공감을 하면서, 때로는 판단중지하고 내담자의 입장에서 그 상황을 상상하

---

90) 헨리 나우웬(1972)은 "듣는 사람의 태도가 화자의 깊은 내면의 참모습을 드러나게 할 수도 있고 감추게 할 수도 있다"고 말한다. 마찬가지로 철학상담사가 세심하게 감수성 있는 지성으로 주의 깊게 경청할 때 내담자는 자신의 이야기를 올바로 정확하게 표현하고 이야기할 수 있게 된다. 그러한 이야기를 통하여 자신과 자신을 삶을 혼란 없이 담담하게 투명하고 명료하게 이해하게 되고 그런 이해만으로도 문제에 휘둘리지 않고 삶의 중심을 잡고 살아갈 용기와 힘을 얻게 된다.

거나 관찰하면서 들을 수도 있다. 경청의 방법은 획일적이 아니며, 내담자와 상황에 따라 적절한 방식을 선택할 수 있다.[91]

　비록 상담의 초기 단계라고 할지라도, 내담자가 자신의 고민을 말할 때 철학자는 수동적인 자세로 머무를 수만은 없다. 때로는 내담자가 '자신의 이야기를 발견'할 수 있도록 질문을 던지거나, 자신과 자신의 삶을 성찰할 수 있도록 지속적으로 물음을 던져야 할 경우도 있다. 철학상담이 추구하는 내담자의 이야기의 자기 발견은 새로운 시각과 관점을 요구하기 때문이다. 그렇지 않고 성찰 없이, 이전에도 되풀이해온 자신의 문제나 이야기를 계속 되풀이하는 것에 머물러서는 낡은 해석을 벗어날 수 없으며, 자신을 성찰할 수도 없고 새로운 자기 발견을 할 수도 없다. 즉 진부한 이야기의 되풀이로는 자신을 스스로 변화시킬 수 없으며 그리하여 새로운 돌파구를 찾을 수도 없다.[92]

² 자아정체성 탐색의 물음들: 자기 이해

둘째 단계는 철학적 대화 과정에서 정체성 물음을 통하여 내담자의 자아정체성을 탐색하는 단계이다.[93] 자아정체성에 기초한 철학상담

---

91) 비트겐슈타인식으로 말하자면, 철학상담에서 올바른 경청의 방법은 하나가 아니라 다양하며, 본질적인 공통의 방법이 아니라 가족 유사적인 것으로 이해하는 것이 바람직하다. L. 비트겐슈타인, 『철학적 탐구』(1969), §. 67.

92) 사실 말하고 듣는 대화의 행위는 상담을 시작하는 단계인 동시에 상담의 전체 과정을 관통하는 행위이다. 그렇다면 여기 기술한 상담사의 올바른 듣기나 바람직한 경청의 태도는 상담의 첫 단계에 한정된 이야기가 아니라, 상담 전반에 걸쳐 유지해야 하는 자세이기도 하다. 그런 점에서 상담의 네 단계가 반드시 시간적 순서를 따라 전개되는 것은 아니며 서로 중첩되거나 지속되는 것으로 보아야 한다.

93) Anett Prins-Bakker는 결혼이나 이혼상담과 같은 관계의 문제(혹은 위기)에 관한 상담

방법에서 이 단계의 활동은 매우 중요한 역할을 한다. 이 단계에서 상담자와 내담자는 자아정체성의 기본 물음들에 관하여 대화함으로써 자아정체성을 확인하고 탐색하게 된다. 자아정체성을 탐색하고 확인할 수 있는 주요 물음들은 대표적으로 다음과 같다.[94] (물론 여기에 제시된 일반적이고 추상적인 물음들은 내담자에 따라 한층 구체적인 형태를 띤 물음으로 제시될 필요가 있으며, 상담이 이루어지는 실천 과정에서 내담자의 문제 상황과 연관하여 더욱 구체적이고 세부적인 물음들로 바뀌게 된다.)

(1) 나는 누구이며, 나는 어떤 사람인가? 나를 다른 사람과 구분해 주는 고유하고 유일한 나는 누구인가? 나를 다른 사람이 아닌 바로 나로 만들어주는 것은 무엇인가? 나를 나답게 하는 것은 무엇인가? 즉 나의 고유한 정체성 혹은 개성은 무엇인가? 여기서 중심이 되는 기본적인 정체성 물음은 내담자의 욕구, 믿음, 가치에 관한 물음이다. 물론 이런 물음은 일반적 관점이 아니라 내담자 자신의 개인적 관점에서 물어야 한다.

(2) 욕구와 목표: 나의 삶의 목표는 무엇인가? 현재와 미래의 욕구

의 경우에도 내담자의 자아정체성 검토가 중요한 역할을 한다는 것을 잘 보여주고 있다. 그는 결혼상담의 6단계 모델을 제시하는데(1단계: 문제 상황에 대해 말하고 분석하는 단계, 2단계: 성격과 정체성 검토, 3단계: 내담자의 삶과 자기 이해, 4단계: 내담자의 삶의 국면 기술, 5단계: 관계에 대하여 대화하기, 6단계: 커플의 관계를 검토하고 문제를 해결하는 단계), 그중에서 자아정체성의 검토를 중요한 단계로 간주하고 있다. 여기서 그는 자아정체성 물음을 통하여 인간관계(특히 부부관계)를 조명한다. Anett Prins-Bakker(1995), pp. 137-148.

94) 여기 제시된 정체성 물음들은 앞장에서 논의한 성품 내재적 자아 개념과 '중심과 주변의 정체성 모델'에 부합하는 물음이다.

들은 무엇인가? 나의 성품 체계의 중심에 위치하는 욕구와 상대적으로 덜 중요한 주변적 욕구들은 무엇인가? 나아가 나의 삶을 의미 있게 만들어주는 중심 욕구는 무엇인가? 또는 내가 살아야 할 이유가 되는 절대적 욕구(혹은 정언적 욕구)는 무엇인가?

(3) 믿음체계: 인간과 세계에 대한 믿음, 종교에 대한 신념이나, 과학기술과 관련한 나의 믿음과 신념은 무엇인가? 또한 나의 사상적, 윤리적 태도와 신념은 무엇인가? 나아가 나의 세계관이나 인생관은 무엇인가?

(4) 나의 가치관 물음: 내가 소중히 여기는 가치들은 무엇인가? 그 가치들 중에서 가장 중요한 것은 무엇이며, 중요한 정도에 따라 가치들의 순서를 배열한다면 어떻게 되는가? (당신의 가치가 타인의 가치나 사회의 가치와 충돌할 때 자신의 가치를 유지하는 편인가? 혹은 어떻게 조정하는가?) 그리고 당신의 가치체계는 일관적인가? 가치들이 서로 충돌하곤 하는가? 당신의 성품은 일관적이고 통일적이라고 생각하는가, 간혹 그렇지 않다고 생각하는가?

(5) 타인은 나를 어떻게 생각하는가? 내가 생각하는 나와 타인이 생각하는 나 사이에 차이가 있는가? 또한 타인의 생각이 나에게 미치는 영향력은 어느 정도인가? 예컨대, 남이 싫어하면 내가 원하는 것일지라도 그 행동을 자제하는가? 아니면 자신의 판단대로 밀고 나가는가?

(6) 인간관계: 자신에게 (가장) 중요한 사람은 누구인가? 현재(혹은 과거에) 나에게 중요한 사람이나 영향력이 있는 사람은 누구이며, 그 이유는 무엇인가? 사랑하는 사람/친구/가족의 관계는 어떠한가? 친

구 관계, 배우자 관계, 가족관계, 직업이나 일로 만난 동료 관계, 참여하는 공동체의 구성원 간의 관계는 어떠한가? 자신이 관계 맺는 사람 중에서, 자신을 있는 그대로 보일 수 있는 사람이 있는가? 자신을 이해하고 믿어주며 절대적으로 믿을 수 있는 사람은 있는가? 있다면 누구인가? (경제적으로, 업무적으로) 이해관계에 있는 사람과의 관계는 어떠한가?

여기서 (2), (3), (4)의 물음들이 결합하여 욕구-믿음-가치체계를 탐색하는 가장 기본적인 정체성 물음이 된다.[95] 이 세 가지 기본적인 정체성 물음들을 통하여 궁극적으로 첫째 물음, 즉 내가 누구이며 어떤 사람인지에 관해 탐구하게 된다. 나머지 물음 (5)와 (6)은 나와 타인과의 관계에 의해 파악되는 관계적 정체성에 대한 물음이다. 내담자의 구체적인 삶과 문제 상황을 이해하기 위해서 기본적인 정체성 물음만이 아니라 그에게 중요한 사람이나 영향력 있는 사람과의 관계(부모와 가족, 친구, 연인, 동료, 상사 등의 관계)에 대한 관계적 정체성의 물음도 다루어야 한다. 나아가 그러한 상황과 연관된 사회 문화적 구조에 대한 대화도 필요하다.[96]

---

95) 나는 기본적인 정체성 물음에 대해서는, 상담을 시작하는 초기 단계에서 대화를 나누고 정체성 맵(혹은 정체성 웹)을 그려본다. 이 정체성 맵에서 시작하여, 철학적 대화가 진행되면서 더욱 유기적이고 심층적으로 자아정체성 탐색이 이루어지면 입체적인 형태의 자아정체성 모델을 얻게 된다(제1부 5장 3절 참고).

96) 철학상담에서 자아정체성 탐색을 위해서는 자신의 욕구와 소망을 자신이 속한 사회나 공동체 안에서 조명하고 검토하는 과정이 또한 필요하다. 개인의 정체성은 사회 구조나 정치 구조와 독립적으로 주어지는 것이 아니라 밀접하게 연결되기도 하기 때문이다. *개인의

이상의 정체성 물음들은 내담자 자신에 대한 물음만이 아니라 그가 맺는 타인(가족, 친구, 동료, 이웃 등)과의 관계에 대한 물음을 포함한다. 이것은 타인과의 관계나 관계 방식도 자아정체성을 구성하는 부분이 된다는 것을 보여준다. 관계 방식에 따라 사람들은 자기중심적이거나 독립적인 정체성을 갖거나 타인과의 관계를 중시하거나 관계 의존적인 정체성을 갖기도 한다. 물론 이 구분도 정도의 차이일 뿐이다. 완전히 독립적인 사람도 완전히 의존적인 사람도 존재하지 않기 때문이다. 또 모든 부분에 대해서도 동일한 방식으로 관계하는 것이 아니며, 특정 사안에 따라 독립적이거나 의존적일 수 있다.[97] 이런 것들을 이해하는 것 또한 정체성 탐색의 일부가 될 것이다.

정체성 물음을 가지고 철학적 대화를 수행하는 과정에서, 내담자는 자신이 어떤 성격/성품의 소유자이며 무엇을 지향하는지, 그리고 다른 사람들이 당신을 어떻게 생각하며 그에 대한 자신의 반응은 무엇인지 등을 성찰함으로써 자신에 대한 이해를 증진할 수 있다. 또한 당신은 삶에서 무엇을 기대하는가? 무엇을 원하고 추구하는가? 당신은 삶에서 무엇을 성취하고 싶은가? 당신 삶에서 어떤 가치들이 중요하다고 생각하는가? 즉 당신의 삶의 의미는 무엇이며, 당신은 어떤 사람인가? 이런 물음들은 일반적이고 추상적인 차원에서 제기할 수도 있고, 그들의 경험과 연관되는 더욱 구체적인 차원에서 제기할 수

정체성이 사회 문화 구조와 관련되는 방식은 제1부 6장 〈정체성의 정치학〉에서 자세히 다룰 것이다.

97) 예컨대, 어떤 사람은 친구에 대해서는 관계적/의존적이지만 가족이나 다른 사람들의 관계에서는 독립적일 수 있다.

도 있다. 철학적 대화 과정에서 상담자는 내담자의 수준에 맞추어 추상적 차원과 구체적 차원을 오가는 것을 반복하기도 한다. 특히 구체적인 문제 상황에서 자신의 고민과 관련하여 대화할 경우 심층적으로 정체성 탐색이 이루어지는 데, 고민이 되는 문제에 대응하는 자신의 태도나 느낌, 생각과 행위 방식 등이 자신의 가치관이나 정체성 원리와 연관되어 있기 때문이다.[98] 이런 정체성 물음을 통한 대화 과정은 내담자로 하여금 자신의 정체성과 자신의 삶의 철학을 조망하고 이해하도록 돕는다. 이처럼 둘째 단계의 목표는, 상담자와 내담자가 자아정체성을 탐색하는 물음들을 가지고 철학적 대화를 함으로써, 내담자가 자신이 누구이며 어떤 존재인지 이해하고 성찰하게 되는 것이다.

3 자아정체성 안에서 문제 조망: 문제 상황의 이해

상담의 셋째 단계는 내담자의 문제를 자아정체성 안에 위치시키는 단계이다. 즉 내담자가 처한 곤경이나 문제 상황을 자아정체성의 체계 안에서 파악하고 재기술하는 단계이다. 이렇게 내담자가 자신의 성품 체계(정체성)와 연관하여 자신의 문제를 재기술하는 것은 자기 이해를 토대로 자율적이고 주도적으로 문제를 해결하도록 촉구하거나 인도한다. 그것은 더는 일반적이고 제3자의 관점에서 주어지는 처방에 따르는 것이 아니라, 내담자가 자신의 정체성과 자신의 삶의 역사(혹

---

98) 이런 경우는 역방향 추상의 방식으로 정체성 탐색이 이루어지는데, 이에 관해서는 5장 3절에서 자세히 논의하고 있다.

은 살아온 전체 삶의 맥락) 안에서 문제를 바라보고 해결의 실마리를 찾는다는 것을 함축한다.

그런 점에서 상담의 셋째 단계는 둘째 단계에서 이미 준비되고 시작된다고 할 수 있다. 자아정체성 물음으로 자신과 자신의 문제를 이해하려고 시도하는 것은 동시에 자신의 문제를 정체성의 체계 안에서 바라보기 시작하는 것이기 때문이다. 그리하여 상담의 3단계는 정체성을 탐색하는 2단계와 중첩되거나 동시에 진행된다.

그런데 내담자의 정체성에 기초한 상담이라고 할 때, 그것은 내담자의 관점이나 정체성을 반성 없이 수용한다거나 검토를 배제한다는 것을 의미하지 않는다. 철학적 대화를 통해 내담자는 자신의 정체성을 탐색/이해하는 동시에, 비판적이고 창조적인 사고를 통해 자신의 문제 상황을 조명함으로써 자신의 관점에 대해서도 반성하고 평가하는 과정을 거친다. 물론 이 경우에도 내담자는 수동적으로 지시되는 방식을 따르는 것이 아니며, 비판적이고 창조적인 사고를 촉발하는 철학적 대화를 통하여 자신의 욕구와 믿음과 가치체계를 반성적으로 성찰하면서 자신의 문제를 이해하고 다루려고 노력한다.

또한 정체성 물음을 통해 자신의 문제를 조명하면서 내담자는 자신에게 중요한 사람이나 영향을 미치는 사람들과의 관계에 대해서도 성찰하게 된다. 한 개인의 정체성 안에는 타인과의 관계도 포함되기 때문에, 자아 정체성에 토대한 접근이라고 해서 다른 사람의 배려와 고려 없이 무조건 자신이 원하는 것을 선택한다는 것을 함축하진 않는다. 앞에서 살펴보았듯이, 자아정체성이란 것은 그렇게 일방적인 것도 단순한 것도 아니다. 부모와의 관계나 그 관계에서 추구하는 것 역시 내담자의 정체성과 무관한 것이 아니며, 부모를 비롯한 대인관계도 자아정체성 안에 일정한 위치를 가진다. 예컨대, 진로 선택에서 부모와 의견 차이로 고민하는 내담자가 자신의 길을 찾아가는 방법, 가족과의 갈등을 해결하는 방법, 다른 사람과 관계 맺거나 그 관계가 악화되었을 때 (예를 들어, 결혼과 이혼의 경우 등) 인간관계에 대응하는 방법 등에 있어서, 내담자는 타인과의 관계를 포함하면서 자신의 성품 체계(자아정체성) 안에서 자기 이해를 바탕으로 (자신의 삶의 목표와 가치들을 비교하거나 우선순위 등을 고려하여) 문제를 해결하거나 최종적인 선택을 하게 된다. 이처럼 내담자는 자신의 정체성 체계 안에서 가족을 비롯한 다른 인간관계를 고려하면서 자신의 정체성을 조정해 나간다. 때로는 내담자가 자신이 처한 곤경이나 문제 상황을 올바로 이해할 때, 자신의 정체성을 반성적으로 개선하거나 자신의 관점을 전환할 수도 있다.

결국 자아정체성에 기초한 철학상담 방법은, 내담자로 하여금 자기 이해(즉 내담자의 성품 체계, 혹은 자기 정체성)를 바탕으로 자신의 문제를 올바로 조명/조망하고 자신이 되고 싶거나 자신이 지향하는 바에 비추어 문제를 해결할 수 있는 시각을 찾도록 돕는다. 따라서 자아정체성 기반 철학상담은 같은 종류의 문제에 대해서도 내담자의 정체성(혹은 중심 욕구나 삶의 목표)에 따라 다양한 해결 방식에 도달할 수 있다. 그보다 내담자가 자신의 방식으로 찾아간다는 말이 더 적합할 것이다. 주어진 문제 상황은 내담자의 이해와 관점에 따라 달리 배치되거나 기술될 수 있으며, 내담자의 정체성에 따라 다른 방식의 해결이 더욱 적합할 수 있다. 그런 이유로 내담자의 자율성을 존중하는 상담의 경우에 자아정체성의 검토는 필수적이다.

이와 같이 상담의 3단계 목표는 내담자가 자기 문제의 본질이 무엇이며, 그 문제가 자신의 정체성에 비추어 어떤 의미를 갖는지 분명하게 파악하는 것이다. 그리하여 내담자가 정체성 물음에 대하여 나름대로 답변을 찾고 자기 이해에 도달했다면, 자신이 처한 문제를 자신의 중심 욕구나 자기 정체성과의 관계에 비추어 이해할 수 있으며, 자신의 관점에서 그 문제를 다루거나 검토할 수 있게 된다.

⁴ 자신의 철학으로 살아가기

넷째 단계는 내담자의 자아정체성에 근거하여 문제에 접근하거나 해결하는 단계이다. 3단계에 걸쳐 내담자가 자신의 정체성과 자기 이해를 통하여 자신이 처한 곤경과 문제를 이해할 수 있게 되었을 때, 스스로 자신의 문제 해결을 위해 최선의 선택을 하거나 실천에 옮길 수 있다. 즉 내담자가 자아정체성 검토를 통하여 자신과 자신의 문제 상황을 이해하고 그것을 철학적으로, 비판적으로 검토할 수 있게 되면 내담자는 자신의 문제를 자신의 언어로 이해하고 스스로 다룰 수 있게 된다.

3단계에 걸친 상담이 진행되고 4단계에 이르면, 내담자는 자기 정체성의 이해 안에서 자신의 문제를 기술할 수 있게 된다. 즉 자신의 언어로 이해된 진정한 자신의 문제를 인식하거나 발견하게 된다. 자신의 문제를 자신의 시각으로 기술할 수 있을 때 자신의 방식으로 다룰 수 있게 된다. 문제를 발견한다는 것은 무엇인가? 물음을 묻는 것의 목표는 단지 답을 찾는 것에 있지 않다. 자신의 문제를 발견하는 것은 세계를 바라보는 방식이자 세계를 탐구하는 방식이 된다. 즉 어떤 물음을 물을 수 있느냐에 따라 자신의 고유한 시각이 생겨나며 자신의 관점으로(혹은 자신의 철학으로) 세계를 바라볼 수 있다. 자기 물음의 발견은 자기 철학의 시작이다.

동시에 상담의 마지막 단계에서 내담자는 자신의 문제 상황에 대한 자가 진단이 가능해진다. 상담 초기에 고민하던 자신의 문제에 대해서도 스스로 진단하고 평가하게 된다. 이전에도 나름의 자기 진단은 있었지만 그것은 새롭게 다시 이해된다. 치료가 아닌 철학적 대화에서도 만약 문제의 '진단'이란 것이 의미 있다면, 아마도 그것은 상담이 끝났을 때 내담자가 자기 이해 안에서 스스로 내리는 '사후적 자기 진단'일 것이다. 그것은 '이제 비로소 자신의 문제가 이해되었다'는 것을 의미한다. 그런 점에서 '진단'이란 상담자의 몫이 아니라, 내담자 스스로 자기 이해를 통해 부여되는 것일지도 모른다. 철학상담사를 찾아온 어떤 내담자는 이미 그 사실을 알아채기도 한다. 상담을 시작하면서, "제 문제가 무엇인지는 상담이 끝나봐야 알 것 같아요"라고 말했던 내담자가 있었다. 그 말을 듣는 순간 진심으로 반가웠는데, 그는 어쩌면 철학상담이 무엇인지 정확히 이해하고 있었다는 생각이 든다. 어떤 내담자는 자신에 대해 우울증이라고 미리 진단을 내리고 (혹은 이전의 치료사에 의해 진단받았던 것을 기억하고) 찾아오기도 하지만, 철학상담이 진행되면서 (때로는 자기 철학의 성장단계에 따라) 그의 문제도 계속 변하고 또 발전해간다. 또한 우울증이라고 하더라도 그 종류와 스펙트럼은 매우 다양하다. 어쩌면 상담이 다 끝나기 전에는 그 우울증의 성격이 무엇인지 다 드러나지 않으며, 상담이 끝난

후에야 그것이 이해되기도 한다.[99)]

이처럼 문제 상황을 이해하고 자신의 문제를 발견하거나, 자신의 언어로 진단하고 평가하는 등 자기 기술이 가능하게 되었다는 것은 정체성 물음과 탐색을 통해 자기 이해와 자신의 문제 상황에 대한 성찰이 이루어졌다는 것을 의미한다. 또한 정체성 탐색을 통해 자기 삶의 이야기를 발견하는 것은 자기 삶의 역사를 바라보는 새로운 시각과 관점을 갖기 시작했다는 것, 즉 자기 삶의 철학을 준비하기 시작했다는 것을 의미한다. 이처럼 자아정체성의 이해를 통하여 자신의 철학을 가지고 삶을 주도적으로 살아가는 것, 혹은 자신의 가치와 삶의 길을 찾는 것이 바로 정체성 기반 철학상담이 지향하는 궁극적 목표이다.

이제 상담의 마지막 단계에 이르러, 정체성 기반 철학상담이 궁극적으로 지향하는 목표가 무엇인지 이해하고 나면, 내담자를 존중한다는 것의 진정한 의미가 무엇인지 드러난다. 그것은 단지 정서적으로 지지하고 공감해주는 차원을 넘어선다. 철학상담에서 내담자를 존중한다는 것은 내담자도 동등하게 자신의 철학에 따라 살아가고자 노력하는 사람으로 여기는 것이다. 그의 관점과 삶의 철학이 의미 있고 동등하게 존중받아야 한다는 것을 인정하는 것이다. 린셋이 말했듯이, 내담자를 존중한다는 것은 그를 "오직 그만이 할 수 있었던 인생 체

---

99) 필자는 톨스토이의 우울증에 대한 철학상담의 가능성을 탐구하면서, '철학적 우울'에 대해 기술한 바가 있다. 우울증의 종류는 다양하며, 유전적, 생물학적, 심리적 우울증 이외에도 철학적 우울이나 종교적 우울감을 지닌 내담자들도 있다. 그것은 동일한 종류의 우울감이 아니기에 같은 방식의 상담으로 접근할 수 없다. 또한 한 내담자의 우울증의 성격이 무엇인지는 상담이 진행되기 전에 미리 규정하기가 어려울 것이다. 김선희, 「톨스토이의 참회록에 나타난 의미의 위기에 대한 철학상담」(2010c) 참고.

험을 겪은 자로 대하는 것"이다. 또한 "진정성을 가지고 자기 삶을 이야기하는 사람이며 진지하게 자신의 삶을 이해하고자 노력하는 사람으로 대우하는 것"이다.[100] 즉 한 인생의 '놀라운' 역사(유일무이한 그 사람 고유의 삶의 역사)를 체험한 자로 대우하는 것이다. 내담자가 자신과 자신의 삶에 물음을 물으면서 철학적 대화를 지속하는 한, 그는 기꺼이 자발적으로 자신의 삶의 철학을 찾아나아가는 철학실천가라는 것을 인정하는 것이다.

자아정체성 탐색의 대화법과 저울 모델: 추상과 역방향 추상

앞의 2절에서 다룬 자아 정체성 물음은 자아의 욕구-믿음-가치에 관한 기본적인 물음과 관계적 정체성을 묻는 물음들로 이루어져 있다. 그런데 〈나는 무엇을 원하고 믿고 추구하는가?〉라는 정체성 물음은, 구체적인 문제 상황으로부터 분리되어 독립적으로 질문할 경우 추상적인 수준에서 다루어진다. 그런데 정체성 물음들을 추상적인 주제로 다룰 수도 있으나, 내담자의 고민이나 구체적인 문제 상황에 대한 철학적 대화를 통하여[101] 정체성의 원리나 가치관을 추론해나가는 방법도 있다. 사실 상담이 진행되면서 구체적인 문제들에 대한 철학적 대화를 통해 내담자의 정체성을 탐색하기 위해서는 추상적인 차원의 방

---

100) Lindseth(2005), p. 23.
101) 여기서 철학적 대화는 구체적 차원과 추상적 차원을 매개해준다.

법만이 아니라, 구체적인 사건으로부터 정체성의 원리를 추론해나가는 방법 두 가지가 모두 필요하다. 그리하여 상담 과정에서 자아정체성의 탐색은 두 가지 방향에서 이루어진다. 하나는 추상적 차원에서, 다른 하나는 구체적인 문제의 현장에서.

철학상담에서 정체성 물음을 다루는 이유는 자신의 삶이 물음이 되는 철학실천의 장 안에서 자신이 누구인지(어떻게 생각하고 어떻게 행동하는지) 성찰하고 자신의 삶을 이해하기 위한 것이다. 자기 이해를 위한 탐구는 추상적인 사고 수준에서도 이루어지지만, 구체적으로 사고하고 행위 하는 방식 안에서도 이루어질 수 있다. 그런 의미에서 두 가지 방향의 정체성 탐색은 내담자의 자기 이해를 심화하고 확장하는 중요한 방법이라고 할 수 있다.[102]

나의 정체성 기반 철학상담의 실천에서도 정체성의 탐색은 두 가지 방식으로 이루어진다. 첫째는 상담의 초기 단계에서 정체성 맵(혹은 정체성 웹)을 작성하면서 기본적인 정체성 물음을 다루는 것이다. 〈나는 무엇을 원하는지, 무엇을 믿는지, 무엇을/어떤 가치를 추구하는지〉 등의 물음을 통하여 본인이 인지하거나 의식하고 있는 자신의 욕구-믿음-가치체계를 탐구하는 것이다.[103] 이 단계에서 내담자는 자신이 이해하고 있는 자아정체성을 체계적으로 정리하고 검토해보는

---

102) 정체성 탐색은 일종의 심리성격검사와 같은 것이 아니다. 후자는 인간을 유형별로 분류하고 진단과 치료 등 어떤 방식으로 다루기 위한 검사이다. 반면에 전자는 한 인간을 독립적이고 개별적 인격으로 여기는 데서 출발하며 그러한 개별 인격을 이해하기 위한 것이다.

103) 필자는 실제 상담의 초기 단계에서 이런 방식의 정체성 탐색을 위해 정체성 맵을 사용하기도 한다.

기회를 가진다(4장 2절의 [도표1]을 참고하라).

둘째는 상담이 진전되는 과정에서 구체적인 경험과 문제 상황에 대한 비판적 사고와 분석 및 창조적 해석 등의 철학적 대화를 통하여 자신의 욕구와 가치를 추론하여 (즉 문제 상황에서 구체적인 사건에 대한 내담자 자신의 반응들, 행위와 사고와 느낌, 그리고 그 이유들로부터 자신의 가치나 행위 원리를 역으로 추론하여) 파악하게 되는 정체성이다. 이렇게 두 가지 방향에서 정체성을 검토하고 탐구하는 것은 자기 이해와 자기 정체성에 대해 더욱 심층적이고 입체적인 탐색을 가능하게 해준다. 내담자의 삶에서 일어나는 구체적인 사건에 대해 어떻게 느끼고 생각하고 행동했는지, 그리고 그 이유가 무엇인지를 비판적으로 검토함으로써 역으로 자신의 가치관을 추론하거나 추적해 들어갈 수 있다. (이는 구체적인 사건에서 추상적인 가치관을 추론해간다는 점에서 일종의 '역방향 추상'이라고 할 수 있다. 이런 대화 방식은 소크라테스 대화법의 한 모델이기도 하다.)

철학상담사들은 소크라테스 대화법에서 비판적 사고와 대화의 다양한 모델을 찾으려고 시도해왔다. 소크라테스는 대화 상대방에게 자신의 생각과 행동 및 관점을 지지하는 근거나 이유를 묻거나 개념에 관한 명료한 정의와 기준을 제시할 것을 요구하는데, 이로부터 상담사들은 소크라테스 모델의 다양한 상담 대화법을 구성해내었다. 대표적으로 레오나르드 넬슨(Leonard Nelson)은 소크라테스의 대화 모델로부터 "역방향 추상(regressive abstraction)"이라는 아이디어와 대화법을 발전시켰다.[104] 그것은 "구체적인 예에서 출발하여 그 예의 토대에 놓여있는 전제를 역으로 추적해가는 방법"으로서,[105] 구체적인 것으로부터 일반적인 이해를 발전시키거나 보편적인 것을 추상해내는 작업이다. 넬슨은 대화자들 사이에서 하나의 올바른 가치를 추구하거나 올바른 가치관으로 수렴하기 위해 역방향 추상의 모델을 사용하였다.[106]

그런데 내가 여기서 제시하는 둘째 형태의 정체성 탐색의 대화법은 구체적인 것으로부터 추상적 가치를 추론해나간다는 점에서 일종의 역방향 추상(혹은 역추상) 모델이지만, 나는 넬슨의 모델과 다른 것을 지향한다. 넬슨은 하나의 올바른 진리를 탐구하기 위한 방법으로 역추상의 모델을 사용하지만, 나의 모델은 내담자마다 고유한 자신의 가치와 정체성의 원리를 찾아가기 위한 것으로 다양한 가치관에 개방되어 있다.[107] 즉 나의 모델은 문제 상황에 대응하는 내담자의 구체적인 행위와 사고로부터 그가 추구하는 가치와 원리를 추론함으로써 자기 정체성을 탐색하고 자신을 성찰하도록 한다.([도표2], [도표3] 참고) 이러한 정체성 탐색은 개인의 자기 이해를 위한 것으로서 하나의 진리를 탐색하기 위한 것이 아니다.[108]

---

104) Schuster(1999), pp. 60-61, Jos Kessels · Erik Boers · Pieter Mostert, *Free Space: Field Guide to Conversations*(2009), pp. 36-49 참고.

105) Jos Kessels & (2009), p. 36.

106) Schuster(1999), p. 61.

107) 물론 비판적인 검토와 상호적인 대화를 통하여 자신의 가치관을 개선하거나 조율할 수 있음을 배제하진 않는다.

108) 나의 정체성 기반 철학상담은 넓은 의미의 역방향 추상과 더불어 동시에 자아 정체성의 원리로부터 문제 상황을 재조명하는 양방향 추론을 사용한다. 정체성 탐색을 위한 양방향 추론의 경우, 개인의 정체성과 문제 상황에 따라 다양한 방식의 결론에 도달할 수 있도록 개방되어 있다는 점에서, 나의 방법은 넬슨의 방법보다 더욱 역동적이며 개방적이다.

|도표2| **역방향 추상의 구조**(원뿔의 앞면=삼각 피라미드 모양)

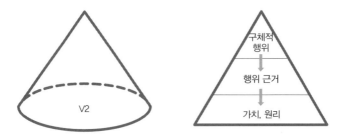

|도표3| **역방향으로 추론된 가치와 정체성 웹**(V2: 원뿔의 밑면)

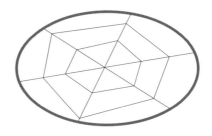

(역추상에 의해 도달한 가치와 욕구 등의 자아 정체성은 웹 모양으로 구성됨)

실제로 철학상담에서 내담자의 사고를 검토하는 철학적 대화의 과정은 많은 부분 역방향 추상으로 이루어진다. 그런데 역방향 추상이 중요한 이유는 개인마다 고민하는 문제에 대해 일반적 원리를 적용할 수 없는 상황에서, 그 대화법은 내담자의 구체적인 경험에서 출발하여 자신의 고유한 정체성을 이루는 중심 가치들에 도달하게 해주기 때문이다. 다시 말해서 일반적인 이론이나 규칙을 개인의 구체적인 상황에 적용하는 응용윤리와 달리, 철학상담 실천은 구체적인 개인의 문제 상황에서 출발하여 철학적 대화를 통하여 역방향으로 그 사람의 전제나 가치 등을 추론하고 자기 정체성을 이해하도록 한다. 이렇게 구체적 행동으로부터 역방향으로 행위 원리를 추상해나가는 철학적 대화는 내담자의 정체성이나 가치관을 탐색할 수 있는 중요한 방법이 된다.

이처럼 내가 제안하는 역방향 추상의 모델은 넬슨의 방법보다 훨씬 넓은 의미로 사용된다. 즉 나는 구체적인 문제 상황으로부터 개인의 가치관을 포함하여 정체성을 탐색하는 과정 전반을 포함하는 것으로 해석한다. 또한 넬슨의 역방향 추상의 과정이 하나의 결론에 수렴하는 것을 지향하는 것과 달리, 나의 모델은 개인의 정체성과 문제 상황에 따라 다양한 결론에 도달할 수 있도록 개방되어 있다. 실제로 어떤 구체적인 사건으로부터 역으로 추론해내는 가치들과 정체성은 내담자에 따라 달라지기 때문이다. 나아가 넬슨의 역방향 추상은 개별적 행위가 전제하는 규칙이나 원리 및 가치관에 도달하는 데서 멈추지만, 나의 정체성 기반 철학상담은 추상과 역추상의 두 가지 방향에서 입체적으로 정체성의 탐색을 추구한다. 양방향으로 이루어지는 정체성 탐색을 통해서 자아정체성에 대한 개방적이고 역동적인 탐구가 가능하다.

정체성 탐색의 첫 번째 방식([도표1] 참고)이 〈나는 무엇을 원하고 믿고 추구하는가?〉의 물음을 추상적 수준에서 다룬다면, 두 번째 방식([도표2], [도표3] 참고)은 내담자가 구체적으로 경험하는 사건들을 검토함으로써 자신의 가치와 정체성을 탐색하고 연결해나간다. 제2부 12장 정숙의 사례 중 한 부분을 통해,

어떻게 역방향 추상의 대화법이 정체성을 탐색할 수 있게 해주는지 간략하게 분석해보자.

예를 들어, ① '나는 남편에게 자주 화가 난다.' 왜 화가 났는가? ② '남편이 가사일을 돕지 않아서, 집안일에 무관심해서, 집안의 대소사에 대한 책임을 모두 떠넘겨서, 대화를 회피해서……(화가 났다).' 이렇게 화가 난 이유와 근거를 찾아가는 대화를 통해, ③ 그녀는 가족이 잘 협력하고 단란하게 지내는 이상적인 가족의 상을 소망하고 추구해왔다는 것(즉 가족애의 가치)을 알게 된다. 이 문제 상황을 검토하면서, 정숙은 자신이 왜 남편의 이러저런 행동에 대해 분노하는지 이유를 찾는 과정에서 자신이 가장 중요하게 여기는 가치가 가족애(혹은 이상적인 가족상)라는 것을 알게 된다. 이는 그녀가 남편에게 화를 내는 구체적인 사건들로부터 그 사건이 전제하는 것(근거들)을 찾고, 다시 그로부터 가족애라는 가치를 추론했음을 보여준다(① → ② → ③ 으로의 역방향 추상).[109] 그녀가 분노하고 우울한 것은 그 가치가 좌절되었기 때문이다. 또한 그녀가 직장일보다 가족을 우선시해왔으며, 언제나 직장에서의 성취보다 가족을 위한 선택을 해왔다는 것에서도 그녀의 가치관에 가족애가 중심을 차지하고 있다는 것을 알 수 있다. 그리고 '남편이 대화를 피해서, 우울하고 가슴이 답답하다.' 이로부터 남편과의 진정한 소통을 원한다는 것도 추론된다(소통의 욕구

---

109) 구체적인 형식으로 표현하면 다음과 같다. 왜 ① 인가? 왜냐하면 ② 이기 때문이다. 여기서 '② 이면 ① 이다'는 숨은 전제이다. 이 숨은 전제에 대한 비판적 검토를 통하여 자신의 행위 원리를 역으로 찾아가게 된다.

와 가치 추론). 그리고 이로부터 다시 소통과 대화가 잘 되는 단란한 가족의 이상을 추구하는 가치에 도달한다.

요약하면, 남편에게 화가 났다는 것으로부터, 왜 화가 났는지 등의 이유와 근거를 찾아가는 대화를 통해 그녀가 〈다른 무엇보다 가족애를 우선시하고 또 행복한 가족상을 추구해왔다는 가치관〉에 도달했다면, 남편에게 화를 낸 구체적인 사건으로부터 가족애라는 가치를 추론했다고 할 수 있다(역방향 추상). 동시에 그녀는 자신이 무엇을 추구해왔으며 어떤 방식으로 대응해왔는지도 알게 된다.

그런데 왜 남편에게 당당하게 요구하지 못하는가? 왜 남편과 터놓고 진솔하게 말하지 못하는가? 이런 물음을 가지고 검토한 결과, 그녀는 '집안일은 여자의 몫이다, 여자가 참아야 한다, 여자가 돈을 번다고 생색을 내면 안 된다.'는 등의 가부장제 규범과 가치를 내면화하고 있다는 것이 추론된다.

이처럼 역방향 추상의 방식으로 정체성을 탐색하는 대화를 통해 내담자는 자신의 사고방식과 행동방식에 내재한 욕구나 신념, 추구하는 가치들이 무엇인지 이해하게 된다. 그리고 철학적 대화를 통해 자신이 받아들이는 가치나 규범들, 즉 원하는 가족상, 가족애의 가치, 소통의 가치, 가부장제 규범 사이에 모종의 긴장과 갈등이 내재한다는 것도 검토할 수 있다. 이런 탐색은 계속할 수 있으며, 이러한 대화와 성찰은 자기 이해를 바탕으로 자기 문제의 실체를 바라보도록 해준다. (그 이후의 상담 진행은 제2부 12장의 사례를 참고하라.)

이처럼 상담 과정에서 내담자의 정체성 탐색을 위한 역방향의 가치 추론은 매우 중요한 역할을 한다. 그것은 구체적인 사건이나 상황에 대해 내담자가 반응하는 방식을 분석하고 검토함으로써 그의 가치관 내지 정체성을 추론하거나 대면하도록 해준다. 또한 그것은 내담자의 고민이나 문제 상황과 밀접하게 연결된 자신의 시각 또는 가치관(혹은 정체성)을 자각하거나 직시하게 함으로써 자기 성찰을 촉구하도록 해준다. 즉 내담자에게 구체적으로 일어난 느낌이나 사고 및 판단과 행위에 대해 철학적 대화를 통해 분석하고 검토함으로써 자기 정체성(즉 자신의 욕구와 가치와 신념체계)을 확인하거나 이해하게 해준다. 이러한 정체성 탐색의 과정 역시 비판적 사고와 창조적 사고로 이루어지는 철학적 대화 과정임은 물론이다.

이제 정체성 기반 철학상담에서 정체성을 탐색하기 위해 수행하는 작업을 정리해보면 다음과 같다.

첫째, 상담 초반에 자신의 욕구 - 믿음 - 가치 등에 관해 기술하고 (중심 - 주변의 정체성 모델에 따라) 정체성 맵(혹은 정체성 웹)을 그려본다. 추상적인 수준에서 일반적인 물음을 통해 자신의 자아정체성을 성찰해보는 것이다. (이 단계에서는 의식적으로 본인이 생각하는 자아정체성을 탐색한다.)

둘째, 상담 과정에서 구체적인 문제에 관한 철학적 대화를 통해 내담자가 수행한 것(즉 내담자의 구체적인 행위, 사고, 판단, 느낌)으로부터 역방향 추상을 통해 자신의 가치와 정체성을 탐색한다. (이 단계에서는 자신의 문제에 구체적으로 대응하는 사고와 행위 방식을 통해 역방향으로 추론되는 정체성을 탐색한다.)

셋째, 추상과 역방향 추상의 두 가지 방향에서 탐구하고 이해된 자아정체성을 문제 상황의 중심에 놓고 유기적으로 연결해본다. 내담자에 따라 두 가지 가치체계는 일관적일 수도 있고 상충할 수도 있으며 특징적 차이를 보일 수도 있다. 두 방향의 정체성 탐구가 유기적으로 연결될 때 한층 더 심층적인 자기 이해에 도달할 수 있다.

이상의 논의를 정리하여 그림으로 표현하면 다음과 같은 형태의 저울 모델이 된다. 그것은 원뿔 받침대 위에 둥근 상판을 얹은 저울의 모형이다[도표4].[110] 저울 모델은 두 가지 방향의 정체성 탐색을 유기적으로 연결한 모형이다. (즉 [도표1~3]을 유기적으로 연결하면 [도표4]의 저울모델이 된다.) 추상과 역방향 추상의 두 가지 방향에서 탐색한 정체성 웹은 각기 V1과 V2로 제시된다. 여기서 저울의 원형 상판(V1)은 기본적인 정체성 물음을 통해 탐색한 내담자의 욕구-믿음-가치체계를 (중심-주변의 정체성 모델에 따라) 웹/거미줄 형상으로 나타낸 것이다[도표1]. 저울의 원뿔 받침대(정면에서 보면 삼각 받침 모양의 피라미드 구조)는 구체적 행위로부터 가치관 및 정체성을 추론해나가는 역방향 추상(구체적 행위 → 근거 → 가치나 원리)을 형상화한 것이다[도표2]. 저울 아랫면의 원형(V2)은 구체적인 것으로부터 역방향으로 추론된 가치와 정체성 체계로서 V1과 대응한다[도표3].

즉 이 모델은 V1과 V2의 두 개의 정체성 웹과 V2로 향하는(즉 구체적인 행위로부터 가치를 추론하는) 역방향 추상을 상징하는 삼각 받침대

---

110) *Free Space*의 저자들이 제시한 모래시계 모델이나 넬슨의 역추상 모델과 유사하게 공유하는 부분이 있음에도 불구하고, 필자의 저울 모델은 추상과 역추상의 양방향 모델로서 정체성 기반 철학상담에서 정체성을 탐색하는 고유한 방법이라고 할 수 있다.

로 이루어져 있다. V1의 정체성은 추상적이고 정적인 반면에, V2는 구체적인 문제 상황과 연루되어 있다는 점에서 V1보다 훨씬 더 현실 반영적이고 역동적이다. (둘 사이에 차이나 갈등과 긴장이 있다는 것을 성찰하게 되면, 내담자는 그 사이에서 긴장을 해소하기 위해 일종의 조종이나 개선을 시도하게 된다.)

필자의 정체성 기반 철학상담 방법은 역방향 추상만이 아니라 동시에 기본적인 정체성 물음을 가지고 내담자의 정체성을 탐구한다는 점에서 양방향 추론 방법이라고 할 수 있다. 즉 구체적인 행위나 사고에서 보편적인 가치나 원리를 추상하는 역방향 추상(구체 → 보편)과 더불어 정체성과 가치관에 비추어 자신의 행동을 검토하는 것(보편 → 구체)을 동시에 추구한다. 또한 필자의 정체성 기반 철학상담은 양방향으로 내담자의 가치관을 추론하고 탐색함에 있어서 하나의 올바른 가치관으로 수렴하고자 시도하지 않는다. 이미 명백히 밝혔듯이 정체성 기반 철학상담에서 정체성 탐색이 지향하는 바는, 하나의 올바른 진리나 가치를 추구하는 것이 아니며, 철학적 대화를 통하여 내담자로 하여금 자신의 정체성을 검토하고 이해함으로써 스스로 자기 삶의 문제를 다룰 수 있도록 하기 위한 것이다.

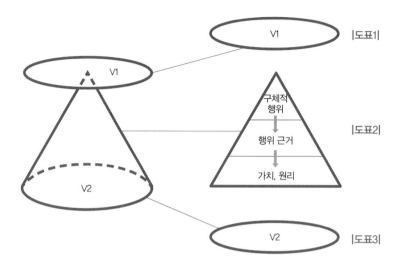

구체적
행위

행위 근거

가치, 원리

|도표1|

|도표2|

|도표3|

|도표4| **저울 모델**

V1은 기본적 정체성 물음을 통해 탐색한 정체성 웹(도표1)
이며, V2는 역방향 추상에 의해(도표2) 추론된 정체성 웹
(도표3)으로 두 방향의 정체성 탐색을 입체적으로 연결하
면 저울모델이 된다.

06

정체성의 정치학:
사회구조와 문화가치[111]

정체성의 정치학과 여성 정체성의 문제

자아정체성에 기초한 철학상담은 내담자의 자발적 설득을 중시하며 자기 정체성을 구성하는 욕구와 믿음과 가치체계에 근거한 결정을 지향한다. 그런데 여성주의 시각에서 보면, 철학상담이 내담자의 정체성을 확인하기 위해 그녀의 이유와 욕구와 감정 등에 근거할 때, 가부장제 안에서 구성된 여성 자아의 감정이나 욕구와 가치들이 과연 얼마나 믿을 만한 것인가 하는 문제가 제기된다. 가부장제 사회가 여성

---

111) 이 장에서 다룬 여성주의 철학상담의 가능성은 다음 논문들에 논의해온 것을 토대로 한 것임을 밝혀 둔다. 김선희, 「자아, 여성, 페미니즘」(2003), (2010a), (2010b), (2013a).

에게 부과하는 역할에 따른 여성 이미지나 여성의 자아상(혹은 젠더 스트레오타입)이 여성 정체성을 구성하는 데 큰 영향을 미치기 때문이다. 그런 의미에서 여성의 정체성은 자율적으로 형성된 것이라기보다 가부장제 사회에 의해 요구되거나 부과된 타율적인 특성을 갖는 듯이 보인다. 그렇다면 가부장제 사회 안에서 여성의 욕구와 가치는 진정 자신의 것이라고 할 수 있는가? 여성의 자아정체성, 혹은 자신이 믿는 정체성은 참된 정체성인가? 아니면 외부적으로 사회구조에 의해 구성된 허구적인 것인가? 그리피스(M. Griffiths)는 자아정체성이라는 것이 성별, 젠더, 인종 등 사회적 요소에 의해 영향받으며 정치적 힘에 의해 구성된다는 정체성의 정치학을 주장한다.

〈나〉라는 자아와 내가 가진 〈정체성〉은 젠더, 인종, 계급, 세계 정의, 생물학적 성의 정치학의 영향을 받는다. 다시 말해서, 내가 가진 감정들이나 내가 인지한 이유들이나 행위를 촉발하는 욕구들은 모두 대단히 정치적이다. 페미니스트 정치학은 나의 개인성이 정치적 힘에 의해 구성된다는 것과 내가 매우 개인적이라고 느끼는 것이 공적 체계의 통제에 의해 영향받는다는 것을 이해하게 해준다. 마찬가지로 그런 구성과 통제가 절대적이거나 결정적이지 않다는 것도 나는 안다. 나라는 개인과 내가 가진 정체성은 나의 것이며, 그렇게 할 수 있는 한 내가 그것을 구성하고 통제한다.[112]

112) Morwenna Griffiths, *Feminisms and the Self: The Web of Identity*(London and New York, 1995), p. 1

여기서 정체성의 정치학에 대한 여성주의 사고는 여성 정체성이 자발적으로 구성된다거나 자연적으로 주어진 본성이라는 생각을 비판하며, 〈정체성은 정치적 힘의 산물〉이라고 주장한다. 가부장제 사회구조 속에서 여성의 정체성을 구성하는 욕구와 가치체계는 가부장제 규범에 순응하도록 요구되거나 제약을 받을 수밖에 없다. 이 경우 여성주의의 딜레마는, '여성의 자아와 정체성이 가부장제의 구성물이라면 여성주의는 어디에 근거할 것인가? 즉 여성주의가 근거하는 여성 주체나 여성 정체성이라는 토대는 허구적인 것이 아닌가?' 하는 것이다.

필자가 보기에 자아정체성에 기초한 철학상담 방법이 여성주의와 만나는 지점은 '여성 정체성'의 문제에 대한 이해를 공유한다는 데 있다. 여성주의 철학상담은 (여성) 정체성의 정치학에 대한 기본명제를 수용한다. 이때 자아정체성에 기초하는 여성주의 철학상담은 여성의 정체성에 대한 여성주의의 딜레마와 유사한 딜레마를 만나게 된다. 즉 여성주의 철학상담이 여성의 정체성에서 출발하되, 그 정체성이 가부장제의 구성물이라면 여성의 진정한 자아와 정체성은 무엇이며, 여성의 진정한 욕구를 어떻게 식별하고 주장할 것인가? 나아가 여성의 정체성에 대해 참된 식별이 불가능하다면, 자아정체성에 기초하는 여성주의 철학상담은 가부장제가 구성한 여성 억압적인 정체성이나 거짓 정체성에 근거하는 것이 아닌가? 이 모든 의아심은 결국 '자아정체성에 기초한 여성주의 철학상담이 가능한가?'라는 물음으로 귀결된다.

일반적으로 정체성의 정치학에 대하여 두 가지 태도가 가능하다. 하나는 자유주의 입장으로, 여성의 정체성은 남성의 경우와 마찬가지로 각자 자신의 자유로운 욕구와 선택에 의해 형성되며 사회구조의 영향력은 그다지 중요하지 않다고 본다. 이 입장에 따르면 정체성의 정치학은 필요하지 않으며, 정체성의 형성에서 여성은 남성과 별다른 차이를 갖지 않는다. 다른 하나는 회의주의 입장으로 여성 정체성은 가부장제의 구성물에 불과하며 그것의 구조적 힘이나 정치적 힘에서 결코 자유로울 수 없다고 말한다. 이에 따르면, 진정한 정체성이란 존재하지 않기에 자신의 참된 정체성을 찾으려는 시도는 불가능한 일이 된다.[113]

그러나 필자는 이 두 가지 입장이 모두 잘못되었다고 본다. 자아정체성에 기초한 여성주의 철학상담은 정체성의 정치학에 대해 다른 가능성을 타진한다. 가부장제 사회에서 여성 정체성의 정치학이 작용한다는 것을 수용하면서도, 정체성에 기초한 여성주의 철학상담이 가능하기 위한 토대로서 여성 정체성의 진정성에 대하여 의미 있게 말할 수 있는 방법이 있다고 본다. 물론 정체성의 정치학에 따르면 (여성) 정체성은 자연 본래적이거나 본질적인 것이 아니며 또한 사회구조로부터 자유로운 것도 아니다. 그럼에도 불구하고 그러한 통제가 절대

---

113) Morwenna Griffiths(1995)는 조금 다른 각도에서 급진적 분리주의 페미니즘과 자유주의 페미니즘이 각기 정체성의 정치학에 대하여 어떻게 다른 태도를 취하는지 설명하고 있다. 즉 급진적 페미니즘은 핵심 자아가 본질적으로 여성이거나 본질적으로 남성으로 젠더화되어 있다고 보는 반면에, 자유주의 페미니즘은 자아의 핵심이 각자의 필요와 욕구에 의해 개별화되며 그것은 여성과 남성에게 동일하다고 본다. 따라서 후자의 경우에는 여성이나 남성은 없고(혹은 여성이냐 남성이냐의 문제는 중요하지 않고) 인간만이 있으므로, 정체성의 정치학은 필요 없게 된다(p. 77). 또한 전자의 경우는 젠더 정체성이 가부장제의 산물이라는 정체성의 정치학을 부정하는 셈이 된다.

적이거나 결정적인 것도 아니다. 여성정체성과 가부장제 체계가 어떻게 연관되어 있는지 이해하고 그 연관 관계를 비판적으로 검토할 수 있다면, (즉 여성주의 철학상담이 여성 정체성의 정치학을 지각하고 검토할 수 있는 기회를 제공한다면) 여성 내담자는 자신의 문제를 비판적으로 바라볼 수 있으며 그것을 해결하기 위해 자신의 정체성을 조정해나갈 수 있다고 본다. 그때 사회적 정치적 힘이 작용하는 가운데서도(물론 쉽지 않은 상황에서도) 개인은 자신의 정체성을 유지하거나 개선하면서 재정립해나가는 것이 가능하다.

그렇다면 이제 자아정체성에 기초한 여성주의 철학상담이 해명해야 할 문제는 가부장제 사회 안에서 자연 본래적 자아나 본질주의 자아 개념을 상정하지 않고도 여성 내담자의 '진정한' 정체성을 찾는 것이 어떻게 가능한지, 혹은 그것들이 변화하는 동안에도 자아정체성을 보존하는 것이 어떻게 가능한지를 보이는 것이다.

정체성의 정치학에 따르면, 특히 가부장제 사회에서 여성의 정체성이 문제 되는 이유는 여성이 가부장제 가치체계에 비추어 자신의 욕구나 가치를 평가절하하거나 자신의 진정한 욕구가 무엇인지 인지하지 못하는 경우가 많기 때문이다. 더구나 가부장제 사회에서 여성의 정체성은 그 사회가 요구하는 여성성(혹은 여성의 스트레오타입)으로 젠더화되는 경향이 있으며, 이때 가부장제 사회에 의해 외적으로 주어지거나 요구되는 '타율적' 정체성과 여성이 추구하고자 하는 정체성 간의 괴리로 인해 긴장과 갈등이 발생할 수 있다. 그 결과 가부장제 가치와 요구 사이에서 여성은 종종 자신의 욕구-가치체계(정체성)를 비일관적이거나 파편화된 것으로 경험한다. 이처럼 여성의 정체성을 이루는 욕구-믿음-가치체계 안에는 (외적으로 요구된다는 의미에서) '타율적' 정체성에 의한 갈등과 긴장이 존재하곤 한다. 또한 가족관계나 사회관계에서 여성에게 부과되는 가치와 요구들은 여성의 자기 정체성을 모순적인 것으로 경험하도록 만들기도 한다. 실제로도 적지 않은 여성이 남성 중심의 사회제도 안에서 활동하면서 여성성을 유지할 것인지, 포기할 것인지에 대해 고민하거나 심각한 딜레마에 빠지기도 한다. 때로는 극단적으로 여성성을 포기하고 남성처럼 되는 것을 택하기도 한다.[114]

이런 상황에서 어떻게 의미 있는 방식으로 여성의 '진정한' 정체성을 이야기할 수 있으며, 어떻게 철학이 여성의 정체성에 기초하여 여성 내담자의 문제를 조명하거나 해결할 수 있을까? 즉 필자가 제시한 정체성 기반 철학상담에서, 여성 정체성과 관련하여 정체성의 정치학을 어떻게 반영할 것인가? 또는 철학상담에서 여성의 정체성을 어떻게 다룰 것인가? 필자는 여성의 범주가 자연 본래적이거나 본질적인 범주가 아니라 '정치적 범주'라는 것을 논의해왔다.[115] 마찬가지로 여성 정체성 역시 주어진 것이 아니라 사회문화적, 정치적 힘에 의해 구성되거나 영향을 받는다. 즉 가부장제 문화에서 여성들은 정체성을 형성해나갈 때 소위 '정체성의 정치학'의 영향력을 벗어나기 어렵다. 그럼에도 여성 정체성이 가부장제 사회의 결정적이고 일방적인 산물

---

114) 이런 방식으로 여성 정체성의 딜레마를 경험했던 내담자의 상담사례는 제2부 8장에서 다루고 있다. 이 사례에서 가영은 여성성을 보존할 것인가, 포기할 것인가의 딜레마에 빠졌었다. 자세한 상담 과정은 제2부 8장을 참고하라.

115) 김선희, 「자아, 여성, 페미니즘」(2003), 김선희, 「다문화 시대의 여성 주체」(2010b).

이라고 할 수는 없다. 그렇다면 정체성이 정치적 산물이라는 것을 인정하면서도, (정체성은 전적으로 타율적인 것이 아니라) 어느 정도 스스로 자기 정체성을 형성해나갈 수 있는 여지가 있다는 것을 수용할 근거는 무엇일까?

이 문제와 관련하여, 필자는 정체성이란 본래적인 것이거나 주어진 것이 아니라 자신이 수행하고 추구하는 바에 따라 형성해가는 것이라고 논의해왔다. (앞에서 논의했던 '정체성의 수행성'을 상기하라!) 그렇다면 '본래적인' 여성 정체성이란 존재하지 않으며, 또한 그런 것을 묻는 물음은 거짓 물음이고 올바른 물음이 아니다. 마치 그런 본성이 있는 듯이 '여성 본성이나 여성의 정체성이 무엇인지'를 묻는 형이상학적 물음은 잘못된 물음이다. 오히려 여성 정체성에 대한 참된 물음은 '어떤 여성성을 추구할 것인가?' 그리하여 자신이 기꺼이 수용할 수 있는 '바람직한' 여성성은 무엇인가?' 하는 것이다.[116] 이런 접근은 여성 정체성에 대한 딜레마나 양극단에 빠지지 않으면서도 자신이 바람직하다고 여기는 여성성을 추구할 수 있는 모델을 제시해준다.

자아와 자아정체성은 생성의 과정에 있으며 타자와의 상호작용 안에서 상호 주관적으로 구성되는 것이다. 마찬가지로 여성 정체성 역시 타자와 상호작용하는 관계 안에서 만들어지면서 만들어나가는 것으로 보아야 한다. 그러면 자아정체성의 본질을 상정하지 않으면서도

---

116) 김선희, 『과학기술과 인간정체성』(2012), 제4장(젠더 정체성)을 참고하라. 이 논의에 의하면, 여성 정체성에 대한 참된 물음은 형이상학적 물음이 아니라 윤리적, 규범적 물음이다. 즉 우리는 여성 정체성의 문제에 대해, '어떤 여성성을 추구해야 하는가?', '어떤 여성성이 바람직한가?' 하는 물음으로 접근해야 한다.

어떻게 변화하는 자아정체성, 즉 만들어지면서 동시에 만들어나가는 자아정체성과 그것의 수정 가능성 및 개선 가능성을 말할 수 있는가? 필자는 앞(제2부 4장)에서 성품 내재적 자아의 개념에 근거하여, 본질주의를 전제하지 않고도 자아정체성의 변화 및 수정 가능성을 설명한 적이 있다. 그에 따르면, 자아의 정체성을 구성하는 성품 체계는 본질적 속성과 우연적 속성으로 구성되는 것이 아니라, 일종의 거미줄 모양으로 연결되어 있는 성품 체계의 중심적 속성과 주변적 속성(즉 성품 체계의 중심에 위치한 속성과 주변에 위치한 속성)으로 구성된다. 여기서 자아정체성의 중심을 이루는 속성은 상대적으로 안정적이며 지속성과 일관성을 지니지만 그렇다고 불변의 본질을 의미하진 않는다. 즉 한 자아의 중심을 이루는 욕구-믿음-가치들은 그를 그답게 만들어주는 속성으로 자신의 정체성을 구성하는데, 그것은 주변적 속성과 비교하여 상대적으로 자아에게 중요한 속성이긴 하지만 변화와 수정 가능성에 열려있다.

또한 성품 내재적 자아의 경우, 〈노이라스의 배〉의 비유를 통하여, 자아정체성의 수정과 개선 가능성에 대해 다음과 같이 설명할 수 있다 : 항해 중에 있는 배를 수선해야 할 때, 한꺼번에 뜯어고칠 수도 없고 수선을 포기할 수도 없다면, 배가 항해할 수 있는 기능을 유지하면서 필요한 부분들을 수선해나가야 한다. 이 비유를 정체성의 정치학에 적용해보면, 가부장제 가치체계 안에서 여성 정체성의 개선 가능성에 대해서도 유사한 방식으로 설명할 수 있다. 가부장제 사회가 구성한 여성 정체성을 있는 그대로 수용할 수도 없고 한꺼번에 버리거나 바꿀 수도 없는 상황에서, 여성은 자신의 정체성을 비판적으로 검토하고 유지하면서 수정하고 개선해나가야 하는 과제를 안고 있다. 그것은 가부장제 사회에서 정체성의 정치학(혹은 정치적인 힘)을 자각하고 (자신의 문제를 이해하고 다루기 위해) 자신의 정체성을 비판적으로 개선하거나 재조정함으로써 자신이 받아들일 수 있는 자아를 발견하는 일이기도 하다.

그런 점에서 여성주의 철학상담은 정체성의 정치학을 통해 자신의 정체성을 비판적으로 재검토할 기회를 제공해야 한다. 이것은 가부장제 사회의 요구와 가치가 개입된 여성 정체성에 문제를 제기하는 것이며, 동시에 그러한 가부장제 여성 정체성 때문에 겪는 여성의 고통이 존재한다는 것을 지각하고 인정하는 것이기도 하다. 그리하여 가부장제 역사와 사회에서 여성(혹은 가부장제가 구성한 여성성)은 어떤 존재였으며 어떤 존재이기를 강요받아왔는지 자각함으로써, 그로 인해 겪는 자신의 고통을 해결하기 위해 자아정체성을 스스로 검토하고 조율하며 재구성할 기회를 가진다. 또한 가부장제 문화가치가 지배하는 사회 안에서도 한층 더 나은 삶을 위해 나는 어떤 존재이기를 추구할 것인지 자신의 정체성을 재검토하면서 개선할 기회를 갖는 것이 필요하다.

이처럼 비판적이고 창조적인 철학적 대화는 정체성의 정치학에 비추어 자신과 자신의 삶을 조망하고 비판적으로 재검토하도록 돕는다. 자신을 성찰하고 자신의 삶을 검토하며 자신의 삶이 놓인 사회문화적 구조를 비판적으로 검토하는 것, 이것이야말로 바로 소크라테스가 추구했던 철학적 대화의 역할이며, 또한 (여성주의) 철학상담/철학실천의 중심 과제이기도 하다. 이렇게 여성주의 철학상담은 젠더 정체성의 정치학을 자기 삶에 비추어 반성적으로 검토함으로써, 자신의 사

고와 욕구가 가지는 진정성을 점검하도록 비판적인 성찰로 인도할 수 있다.[117]

마지막으로 자아정체성에 기초한 철학상담은 관계의 정체성을 포괄적으로 고려한다는 것을 지적하고자 한다. 자아정체성 기반 철학상담에서 정체성의 탐색은 타인을 배제하거나 자기중심적인 것에 머무는 것이 아니라, 타인들과의 관계에 대해서 올바로 조명하는 관계적 정체성으로 확장한다. (이런 특성은 여성주의가 주목해온 관계적 자아 개념에 대한 새로운 해석을 포함한다.) 자아정체성에 기초한 여성주의 철학상담이 내담자의 관점에서 자아정체성에 비추어 문제를 해결한다고 할지라도, 그것이 타인을 배제한 자기중심적 문제 해결이라고 오해해선 안 될 것이다. 이미 논의했듯이, 이 방법론이 근거하는 자아정체성의 개념은, 다른 사람에 대한 관심과 고려를 포함한다는 의미에서 관계적 정체성이기도 하다. 그것은 내담자의 문제 상황에서 자신의 정체성에 근거한 자율적이고 자발적인 결정을 중요시하는 한편, 그 문제와 관련된 다른 사람에 대한 관심과 배려라는 관계성을 함께 고려하는 것이다.[118] 물론 여기서 말하는 관계적 정체성이 여성 고유의 특성이라거나 여성 본래적 정체성이라는 것을 의미하는 것은 아니다. 관계적 정체성은 성차를 떠나 누구에게나 적용되는 것이며, 그것

---

117) Shlomit C. Schuster, "Philosophy As If It Matters.", Critical Review. Vol. 6. No. 4(1993), p. 587. 슈스터는 타인과 관계 맺을 때 그들을 대하는 자신의 사고와 느낌이 진정 무엇인지 검토함으로써 자신의 삶에서 마주치는 성차별의 문제에 더 잘 대응할 수 있다고 말한다.

118) 제1부 5장의 정체성 기반 철학상담 모델에서 제시한 정체성 탐색의 물음에는 관계적 정체성에 대한 물음이 포함되어 있다.

역시 정체성의 정치학에 의해 비판적 검토가 필요한 것으로 이해함이 바람직하다.

그러면 철학상담에서 관계적 정체성은 구체적으로 어떤 역할과 의미를 지니는가? 앞(1부 2장 2절)에서 소개했던 아헨바흐의 체험을 기술한 사례로 다시 돌아가 보자. 그는 자신의 체험을 통해 상담으로서의 철학실천이 일반적인 철학적/윤리적 정당화의 문제가 아니라 내담자가 각기 개별적으로 자신의 존재 자체에 근거하여 결정하도록 돕는 것이라는 점을 보여주고자 했다. 그런데 나는 그의 부인의 관점에서 그 이야기를 기술해봄으로써 여성주의 철학상담의 문제의식과 관계적 정체성의 의미를 살펴보려고 한다.

그 체험담을 읽으며 필자가 가장 의아스러웠던 점은, 그 상황에서 부인의 선택이나 생각이 왜 배제되었을까 하는 점이다. 그 상황에서 아헨바흐는 개별적인 단독자로서 그 문제에 직면하여 홀로 외롭게 대결하여 결단을 내리고 있었다.[119] 그러나 그 문제가 자신만의 문제였을까? 그 문제는 부인과 연관된 문제였으며, 오히려 임신중절이나 자연 유산의 제안을 받아들일 것인가 하는 이 문제야말로, 아헨바흐 못지않게, 일차적으로 부인 자신의 문제였다. 물론 아헨바흐가 임신중절에 동의할 것을 요구받았을 때, 부인은 환자 신분으로 책임능력 감소 판정을 받았기 때문에 부인의 거절이나 의견은 별 문제가 되지 않았다고 기술하고 있다.

―――――――――――――――

119) 실제로 아헨바흐는 키에르케고르의 텍스트를 인용하면서 자신의 결정이 합리적 일반화의 지지를 받을 수 없는 실존적 단독자의 결단과 유사하다는 것을 보여주고자 한다. Achenbach(1987), pp. 51-62.

그러나 내가 보기에, 적어도 두 가지 점에서 그는 관계적 정체성에 대한 배려와 관심을 소홀히 했다. 첫째, 부인이 환자 신분으로 심신이 허약한 상태에 있다고 하더라도 철학적 대화가 불가능한 상태인지는 분명치 않으며, 그런 대화 과정을 거쳐 부인도 스스로 모종의 결단을 하도록 돕지 않았다는 것이다. 즉 그 문제가 본인만이 아니라 또한 부인의 문제라는 것을 인정한다면, 부인의 결단을 도와주고 또한 적어도 자신의 결정을 이해시켰어야 한다. 누구도 다른 사람 대신 선택하거나 대신 설득될 수 없기 때문이다.

둘째, 설사 부인이 책임능력이 없는 상태였다고 할지라도 평소에 부인의 신념과 가치관 등을 잘 알고 있는 남편으로서는 그녀의 관점을 충분히 고려/배려하고 어떤 방식으로든 결정의 순간에 반영했어야 한다. 그런 고민의 과정이 없었다는 것은, 아헨바흐가 그 문제를 자신과 부인의 공동 문제(즉 부인과 의논해야 할 공동의 문제)로 보지 않고 오직 자신의 문제로 보았다는 것을 말해준다. 그 문제 상황에서 중대한 결정의 순간에 유아독존으로서 자신밖에 없었다.

나아가, 태아의 죽음에 대하여 산모가 받을 충격과 상실감은 심리치료의 대상이며, 심리치료제를 통하여 억제된다는 것에 동의할 수 있었는지 하는 문제가 남아있다. 진정으로 부인이 심리치료의 대상이었는지 어떤 의미에서 그런지는 또 다른 의미에서 중요한 문제이다. 부인도 그 결정 과정에 참여할 수 있었거나 혹은 그럴 수 없었을지라도, 태아를 포기해야 하는 상황이나 태아 상실의 슬픔과 충격은 단순히 심리치료의 대상이 아니다. 그것은 자신의 가치관과 인생관에 비추어 결정해야 할 문제, 즉 자신의 정체성의 중심에 놓여있는 철학실천의 문제임이 분명하다.

　이런 논의를 통하여, 나는 아헨바흐가 반여성주의자라고 비판하려는 것은 아니다. 그럼에도 여성주의 관점에서 이 문제를 짚고 넘어갈 필요가 있다. 아헨바흐는 주어진 문제 상황에서 자신의 정체성과 삶에 대한 자신의 관점과 태도 및 단독자로서의 자기 존재에 근거하여 결정하였다는 것을 인정할지라도, 부인의 정체성에 대한 관심과 배려가 충분하지 않았다는 점에서 관계적 정체성의 문제를 소홀히 했음을 부인하기 어렵다. 이것은 특히 배우자처럼 가까운 사람의 정체성에 대한 고려와 배려가 부족했으며, 그 결과 부인에게 상처를 줄 수도 있었다는 점에서 자기중심적 결정이 되어버릴 수 있다. 그는 부인의 관계와 부인의 관점과 정체성을 배려한 문제 접근이 필요했다.

　아헨바흐의 체험을 상기하면, 그는 인생의 중대하고 심각한 문제 상황에서 자신이 결정해야 할 문제를 어떤 합리적 근거에서 일반화할 수 있는 문제로 볼 수 없었다. 그러나 그것이 부인의 선택과 가치관 (혹은 정체성)을 고려하는 것을 배제할 이유가 되진 않는다. 결정의 순간에 이 두 가지는 배타적인 것이 아니며 상충하는 것도 아니기 때문이다. 즉 "관계의 정체성"을 인정하는 것이 철학실천이 강조하는 내담자의 자발적 판단에 어긋나거나 일반적인 (탈개인적) 문제로 환원시킨다는 것을 의미하지 않는다. 필자의 자아정체성에 기초한 철학상담에 의하면, 타자의 관심과 배려를 존중하는 관계적 정체성을 수용하더라도, 그것이 내담자의 자율성을 무시하거나 내담자의 문제를 일반적 정당화의 문제로 환원시키지 않는다. 오히려 여성주의 관점에서 관계의 정체성을 고려할 때, 비판적 반성을 통하여 정체성의 정치학을 지각하고 이해하는 계기를 제공할 수 있다. 그럴 경우 여성주의 철학상담은 관계적 정체성을 고려하면서도 자아정체성에 기초하여 자유로운 판단과 자발적인 설득을 위한 철학실천의 정신을 유지할 수 있다.

정체성의 정치학과 여성 감정의 문제: 분노와 우울

정체성의 정치학과 관련하여, 특히 여성의 감정은 가부장제 사회에서 올바로 평가받지 못한 채 외면되어왔다. 그 결과 (가부장제 사회문화에서) 여성의 분노와 우울 등 여성 감정에 대한 조명과 재평가는 여성주의 상담에서 중요한 문제로 제기되었다. 여기서 여성주의 철학상담의 가능성을 타진하면서 여성 감정의 문제를 살펴보려는 이유는 감정의 문제 역시 철학적 대화의 중요한 주제일 뿐 아니라, 감정의 갈등이나 혼란이 사회문화적 맥락으로 연결되는 지점이 여성주의 철학상담의 중요한 현장이기 때문이다. 또한 여성 감정의 문제가 정체성의 정치학과 깊이 연관된다는 점에서, 그 문제를 올바로 조명하는 것이 여성주의 철학상담의 가능성을 구체적으로 보여줄 수 있기 때문이다.

감정의 문제에 대한 여성주의 철학상담의 가능성은 감정의 지향성(혹은 지향적 내용)에 대한 여성주의적 해석에 기초한다. 감정의 지향성이란, 감정은 '무엇에 대한 것'으로 대상을 갖는다는 것, 구체적으로 명제로 표현되는 사고 내용을 대상으로 갖는다는 것을 말한다. 기쁨과 슬픔, 분노와 두려움 등 인간의 주요 감정들은 지향적/명제적 내용을 가지며, 그런 감정들은 인지적 평가와 검토 및 분석과 성찰의 대상이 된다. 즉 지향적 감정의 경우, 왜 그런 감정을 느꼈으며(왜 화를 냈는지) 그 감정이 정당한 것인지(화를 낸 이유가 타당한지) 혹은 어떤 사고를 전제로 한 것인지 등 철학적 사고와 대화의 대상이 된다는 것을 받아들이는 것이다.[120]

분노는 '무엇에 대한 분노'라는 점에서, 대표적인 지향적 감정이다.[121] 분노가 사고와 마찬가지로 명제적 내용을 갖는다면, 그러한 명제 내용의 타당성이나 합리성에 관하여 묻거나 평가하는 것이 가능해진다. 왜 화가 났는지, 무엇에 화가 났는지, 그렇게 화를 낸 이유가 타당한지 등을 물을 수 있다. 즉 분노의 이유나 근거를 물을 수 있으며 그리고 그 이유가 타당한지 비판적으로 검토하고 평가할 수도 있다. 동시에 자신의 분노에 대해 이유를 대면서 정당화하는 것도 가능할 것이다. 이처럼 지향적 감정의 경우에, 감정의 내용에 대한 전제나 이유를 검토하는 등 비판적으로 분석하거나 창조적으로 해석하는 것이 가능하다는 점에서 그것은 철학적 대화의 대상이 된다.

그런데 감정의 지향성에 관한 여성주의적 해석은 무엇인가? 심리치료의 한 종류인 인지치료 역시 감정의 지향성에 근거한 치료를 시

---

120) 감정의 지향성에 대한 자세한 논의는 다음 논문을 참고할 것. 김선희, 「감정의 문제에 대한 여성주의 철학상담의 가능성: 여성의 분노와 우울증을 중심으로」(2013a).

121) 예컨대, 영희가 내 책을 훔친 것에 대한 분노의 감정은 명제적 내용으로 기술된 것에 대한 감정이다. 이 경우 나의 분노의 대상은 영희의 행위 자체가 아니라 '영희가 내 책을 훔쳤다는 것'으로 기술되는 명제 내용에 대한 것이다. 만일 영희의 행위가 달리 기술되는 경우('영희가 자신의 책인 줄 착각해서 가져갔다')라면 나는 화가 나지 않을 수도 있다. 이처럼 지향적 감정의 대상은 명제적으로 기술된 내용이라는 것이다.

도한다. 그럼에도 인지치료는 감정의 문제를 개인의 인지 도식의 문제로 봄으로써 개인의 생각에 딸린 개인의 문제로 간주하는 경향이 있다.[122] 그런 접근은 감정의 지향적 내용을 개인의 좁은 맥락에 한정시킴으로써 감정의 문제를 삶의 넓은 맥락으로 연관시키는 데 실패한다. 그러면 감정의 지향성 논제를 어떻게 여성주의 맥락과 연결할 수 있는가? 즉 어떻게 감정의 지향성을 여성주의적으로 해석할 수 있는가? 그것은 감정의 (가부장제) 문화가치 연관성에 주목하는 데서 출발하여, 감정의 지향성을 개인적인 인지 도식의 틀 안에서 보기보다는 사회구조나 문화적 가치와 연관된 것으로 (즉 넓은 문맥으로) 재해석하는 것이다. 감정의 문제, 특히 가부장제 사회와 문화 안에서 여성의 분노와 우울감이 증대하는 현상이나 문제를 개인의 선택과 책임의 문제로 환원할 수 없는 사회문화의 구조적인 현상으로 보는 것이다.

감정의 지향성에 대한 여성주의적 해석은 사회문화적으로 요구되거나 내담자 스스로 내재화한 가부장제 가치가 어떻게 내담자의 분노에 대한 정당화나 올바른 명명과 표현을 가로막는지, 그리하여 정당한 분노를 왜곡하거나 억압함으로써 어떻게 여성의 분노가 화(화병)와 우울증으로 전환되는지 지각하는 것을 도와준다. 여기서 여성주의 철학상담은 감정의 지향적 내용에 대한 여성주의 시각을 포괄하는 넓

---

122) 인지치료사는 우울증과 같은 심리적 장애를 치료함에 있어서, 개인이 갖는 인지적 구조 혹은 인지적 도식(schema)에 주목한다. 개인이 가진 개념이나 견고한 인지체계는 뒤따르는 판단에 영향을 미칠 수 있고 그 개념 체계에 따라 자신의 경험을 해석하게 된다. 이렇게 하나의 개념이 구조화되면 그것은 그 개인에게 지속적으로 남아있는 인지 도식이 된다. W. Schibles, "Beck's Cognitive Theory of Emotion and Depression"(1974), pp. 171-188.

은 맥락에서 내담자의 감정과 연관된 가치체계를 반성적으로 검토함으로써 내담자 자신의 분노와 우울을 올바로 이해하고 치유할 가능성을 탐색할 수 있게 해준다.

여성주의 상담을 실천하고 있는 미리암 그린스팬은 우리 사회에 만연한 여성들의 우울증을 가부장제와 명시적으로 연관시킨다. 또한 그는 여성들에게 만연한 절망과 우울과 분노를 가부장제 남용의 사회적 결과로 보고, 여성주의 상담의 목표를 위해 여성 분노의 사회적, 정치적 원인을 이해하는 것이 필요함을 강조한다.

"여성의 분노에 대한 사회적 원인을 무시하는 심리상담은 분노를 달래는 일로 그치게 된다. 기껏해야 증상을 일시적으로 완화시키는 정도에 그칠 뿐이다. (……) 여성들에게 필요한 심리상담은 우리가 갖고 있는 분노의 개인적, 정치적 원인을 이해하고 우리 자신을 위해 그 분노를 사용할 수 있도록 도와주는 것이다."[123] (……) "결국 여성과 사회와의 관계를 이해하도록 돕는 기술이 포함되지 않는다면 (그런 상담은) 완전할 수 없다. 상담을 받는 여성들에게는 그들이 겪는 정서적 고통의 사회적 뿌리를 강하게 의식하는 것이 가장 중요하다."[124]

여기서 그린스팬은 여성의 감정과 관련하여 가부장제 문화의 정치

---

123) 미리암 그린스팬(2003), 『감정 공부』, 192-193쪽; 미리암 그린스팬(1983), 『우리 속에 숨어있는 힘』, 68쪽.
124) 그린스팬(1983), 276쪽.

적 영향력(그리하여 정체성의 정치학)을 분명히 언급하고 있다. 여기서 여성주의적 해석의 과제는 이러한 가부장제 문화가치가 어떻게 감정의 내용과 연관되어 있는지 분석하고 검토하는 것이다. 즉 감정의 지향성에 대한 여성주의적 해석이 함축하는 바는, 감정의 내용을 개인적인 것만이 아니라 사회와 문화 환경을 포함하는 보다 넓고 포괄적인 체계와 연관된 것으로 봄으로써 문화가치를 포함하는 넓은 맥락(혹은 넓은 문맥)에서 해석되어야 한다고 보는 것이다. 그리하여 가부장제 사회구조와 문화 속에서 분노와 우울증을 겪는 여성의 부정적 감정은 가부장제 문화가치와 중립적이지 않다는 것을 이해하는 것이다. 그린스펜이 지적하듯이 여성의 우울증은 어떤 의미에서 "문화적 우울증"이다. 이것이 감정의 지향성에 대한 여성주의적 해석의 핵심 요지이며, 이것을 자각하는 것이 여성의 왜곡된 감정(화병과 우울)을 치유하기 위한 여성주의 철학상담의 출발점이기도 하다.[125]

그러면 구체적으로 철학상담에서 어떻게 감정의 지향적 내용을 여성주의적으로 다룰 수 있는가? 개인 상담의 과정에서 감정과 연루된 문화가치를 어떻게 올바로 다룰 수 있는가? 즉 감정의 문제에 대해 문화가치를 포괄하는 여성주의 철학상담은 어떻게 가능한가?

---

125) 구체적인 분노의 상황에 대한 철학적 대화의 과정은 개인의 가치관만이 아니라 내담자의 구체적인 감정과 연관된 문화적 가치를 찾아내는 것을 포함한다. 또한 개인적 가치와 사회문화적 가치가 어떻게 연관되어 있으며, 어떤 방식으로 상호작용하고 갈등과 긴장을 일으키는지, 그로부터 어떤 감정이 형성되는지 등을 추론하거나 이해할 수 있다. 그리하여 여성 내담자의 감정에 대하여 철학적 대화(즉 철학상담)를 통하여 도달한 원리와 가치에서 가부장제 문화가치의 연관성을 찾을 수 있다면, 적어도 부분적으로 "여성의 우울은 문화적 우울이다."라는 여성주의 가설은 지지될 수 있다.

감정이 사회구조나 문화가치와 연관된 넓은 문맥에서 일어나는 것이라면, 즉 감정 내용이 넓은 문맥이라면, 여성주의 철학상담은 여성의 분노나 우울의 감정을 개인의 문제보다 넓은 (문화의) 맥락에서 재기술하거나 재해석할 수 있도록 도와야 한다. 즉 감정의 지향적 내용에 대한 평가와 성찰은 문화가치를 고려해서 한층 넓은 지평에서 감정을 재기술하는 작업을 필요로 한다. 넓은 맥락에서 이야기하는 것은 감정의 원인을 개인의 결함이나 문제에 두는 것이 아니라 사회문화정치의 넓은 맥락에서 다른 가치들과 연관 지어 자신의 감정을 다시 이야기하는 것이다. 개인적 경험의 이야기를 사회구조적, 문화적, 관계적 맥락의 이야기로 재기술하는 것이다. 그럴 경우 자신의 감정을 더욱 넓은 맥락에 위치시킴으로써 이해의 확장과 더불어 새로운 의미를 부여할 수 있게 된다. 그것은 여성의 분노와 우울 같은 '부정적' 감정에 대해 다른 방식으로 다시 이야기하는 것이며 새롭게 재의미화하는 작업을 수반한다.

인지치료를 비롯하여 전통적 심리치료는 분노와 절망과 우울 등의 감정을 느끼는 것 자체를 부정적으로 평가한다. 정당한 분노조차도 올바로 이해되기보다는 부정적으로 평가되기 쉽다. 그 경우에 분노와 같은 '부정적' 감정들은 억누르거나 피해야 할 것이 된다. 그리하여 여성들은 자신의 분노와 절망에 대해 자의적, 타의적으로 억압하거나 그 때문에 자기 비하의 감정에 빠지곤 한다. 가부장제 사회에서 여성이기 때문에 갖는 모든 고통이 오랫동안 누적되면서 내적 분노가 쌓이지만, 자신의 감정이 이해받지 못하고 정당하게 표현하지도 못할 때 그렇게 억눌린 분노는 화병이 된다. 자신의 감정에 스스로도 공감하지 못하게 된다.

이렇게 가부장제 문화를 살아가는 여성이 자신의 분노와 우울의 감정을 오직 개인의 차원에서 좁은 맥락으로 바라볼 때, 여성은 자신의 감정을 이해할 수 없는 정서적 딜레마에 빠지기 쉽다. 이런 딜레마를 탈출하기 위해서는 넓은 문맥에서 바라보는 것이 필요하다.[126] 즉 문화가치 연관성을 드러내는 넓은 맥락에서, 혹은 감정의 사회문화적 원인을 함께 이야기하는 정체성의 정치학을 자각하는 맥락에서 자신의 감정을 재기술하는 것이 필요하다. 이렇게 여성의 감정에 대해 비판적인 통찰을 가지고 가부장제 문화의 넓은 맥락 안에서 올바로 이해하고 재기술할 수 있을 때 자신의 감정에 관해 다시 이야기하고 새롭게 의미를 부여하는 것이 가능해진다. 이때 비로소 남의 조언이 아니라 스스로 이해할 수 있는 기술/해석을 찾을 수 있고 자신의 감정에 공감할 수 있다. 나아가 (개인의 인지체계보다) 넓은 사회 정치 문화

---

126) 그린스펀(2003) 역시 여성들의 이야기를 더욱 넓은 이야기로 다시 이야기하는 것의 중요성을 강조한다. 그는 더욱 넓은 이야기 속에서 자신을 새롭게 이해할 수 있는 사례를 제시한다. 122-124쪽 (엄마가 나에게 냉정하고 또한 나를 돌봐주지 않아서 우울하고 화가 난다는 좁은 문맥의 이야기는, 엄마는 내가 예쁘지 않아서 나를 싫어했다는 결격사유를 찾도록 만든다. 그러나 넓은 문맥으로 확장한다면 결함의 이야기는 다른 이야기로 바뀔 수 있다. 엄마가 나를 냉대한 것은 할머니가 그녀를 학대했기 때문이고, 할머니는 할아버지로부터 학대를 받았기 때문이다.) 넓은 문맥의 이야기는 개인의 결함에 초점을 두기보다는 여성들의 이야기로 확대된다. 즉 그것은 가부장제 사회제도 속에서 여성들의 고통과 슬픈 삶이 부정적 형태로 이어졌음을 말해준다. 넓은 문맥의 이야기가 비록 슬픔을 해소하지는 못할지라도, 그 원인을 개인 자신의 결함으로 보았던 자기혐오의 감정이 더는 지속되지 않도록 도울 수 있다. 다시 쓴 넓은 맥락의 이야기를 통해 엄마의 고통과 자신의 고통이 같다는 것을 이해할 수 있다면, 엄마와 새로운 관계를 시도할 수도 있을 것이다. 그리고 여성들의 고통을 넓은 문맥에서 새롭게 해석함으로써 진정한 공감을 이루거나 상호 지지하는 연대감을 가질 수도 있을 것이다.

의 문맥에서 자신의 감정을 재기술할 수 있을 때, 비로소 자신의 물음을 재규정할 수 있으며, 문제의 지평을 확장하거나 관점을 전환할 수도 있고, 문제 해결을 위한 창의적 생각이나 깨달음을 얻을 수도 있을 것이다. 이와 같이 여성주의적 넓은 문맥에서 다시 이야기하기는 자기감정의 이해와 치유를 위해 중요한 역할을 한다.[127]

  이상의 논의는 인지치료에서 전제하듯이 분노나 우울은 항상 억압해야 할 부정적 감정이거나 병리적인 것이 아니라는 것을 보여준다. 분노에도 정당한 분노가 있으며, 때로는 여성의 분노가 정당하게 인정받고 올바로 표현될 수 있을 때 오히려 우울증이나 화병에 걸리지 않고 자신의 감정을 이해하는 길이 열리게 된다. 문화적 우울에 대한 가설과 설명이 옳다면, 가부장제 문화에서 여성의 분노는 억압하거나 다스리고 통제하기보다는, 먼저 정당하게 느끼고 이해하며, 올바로 명명하고 표현하는 것이 더욱 중요하다.[128] 이 경우 넓은 맥락에서 자신의 감정 이야기를 재기술하는 것이 도움 될 수 있다. 그것은 단지 감정의 순화를 위한 것만은 아니며, 넓은 문맥의 이야기를 통해 자신의 문제 상황과 타인과의 관계를 사회문화구조의 넓은 시각에서 바라봄으로써 '진정한 공감'을 이루고 새로운 통찰을 얻기 위한 것이다. 가부장제 사회를 살아가는 여성들이 분노와 우울에 대한 넓은 문맥의

---

127) 넓은 문맥에서 이야기하기는 자신의 이야기를 다시 쓰는 것이며 자기 이야기의 새로운 발견이기도 하다. 이런 이야기는 자신의 삶에 새로운 의미를 부여해준다.

128) 제2부 12장의 사례에서, 정숙은 자꾸만 올라오는 분노 때문에 힘들어하며 화를 다스리는 프로그램에 참여하기도 했으나, 그녀의 분노는 나름대로 정당한 이유가 있는 것이었다. 그런 점에서 그녀의 분노는 억누르거나 다스려야 할 문제가 아니라 이해하고 해결할 필요가 있는 문제였다.

이야기를 통해 여성주의적 통찰을 나누고 공감대를 형성할 수 있다면, 여성들은 자기혐오에 빠지지 않고 자신의 분노에 관해 이야기할 수 있게 된다. 그런 점에서 여성의 분노와 우울에 대한 여성주의적 치유를 위해서는 그러한 분노의 사회문화적 연관성을 올바로 이해하고 여성주의적 넓은 맥락에서 재해석한 이야기를 공유하고 지지해주는 공동체가 필요할 것이다.

이처럼 여성의 감정에 대한 (문화가치의 연관성을 이야기하는) 넓은 문맥의 기술은 관계적 정체성의 맥락을 타인만이 아니라 공동체를 포함하는 사회문화적 구조로 확장해준다. 그리하여 필자가 제시한 정체성 탐색의 모델에서 관계적 정체성의 고려는 타인과의 관계만이 아니라 사회문화적 구조와 연루된 내담자의 문제 상황을 검토하는 것을 포함하게 된다. 그렇게 함으로써, 정체성 기반 철학상담은 가부장제 문화를 바라보는 여성주의 맥락을 포함하여 자기 이해의 지평을 더욱 넓은 맥락으로 확장할 수 있다. 이는 정체성 기반 철학상담이 여성을 비롯한 소수자 상담은 물론 사회문화구조와 연관된 문제의 상담에도 적용 가능하다는 것을 함축한다.

물론 앞 장에서 제시한 정체성 탐색의 대화법은 여성 감정의 문제에도 적용될 수 있다. 감정의 지향성 논제에 의하면, 감정의 내용은 사고 내용과 마찬가지로 이유와 근거, 개념 설명의 대상이 되므로, 우리의 느낌과 감정에 대해서도 "왜 그렇게 느끼는지?" 이유나 근거를 제시하도록 요구할 수 있다. 이렇게 감정의 문제는 설명과 정당화 및 비판적 검토가 가능한 철학적 대화의 주제와 대상이 된다. 그렇다면 감정에 대한 철학상담 대화에서도 정체성 탐색을 위한 역방향 추상의 모델을 적용할 수 있다. 그리하여 감정의 문제에 대해서도 정체성 기반 철학상담이 가능하며, 나아가 정체성에 기초한 여성주의 철학 상담도 가능하다. 특히 역추상의 방법으로 추론된 가치들 속에 여성 주의가 주목하는 가부장제 문화가치가 모종의 긴장을 이루며 공존하 는 경우를 관찰할 수 있다면, 여성주의 철학상담은 그 긴장관계를 다 루게 될 것이다.[129]

자아정체성에 기초한 여성주의 철학상담의 가능성

그러면 여성주의 상담을 철학적이게 하는 것은 무엇인가? 즉 여성주 의 철학상담은 어떻게 가능한가? 나아가 정체성에 기초한 여성주의 철학상담은 구체적으로 무엇인가? 여성주의 철학상담의 경우도 정체 성에 기초한 상담을 추구한다면, 그것은 구체적으로 어떻게 수행되는 가? 이제 정체성 기반 철학상담 모델과 결합한 여성주의 철학상담의 특성을 살펴보기로 하자.

정체성의 정치학을 반영하는 여성주의 관점은 내담자의 정체성을 탐색하는 철학적 대화 과정에서 정체성 기반 철학상담 모델과 결합할 수 있다. 즉 자아정체성에 기초한 여성주의 철학상담(혹은 여성주의 시각을 반영

---

129) 자신의 가치관 안에서 문화가치와 긴장을 이루는 경우로 정숙의 사례(12장)를 참고할 수 있다. 그 사례에서는 여성주의 철학상담이 추구하는 요소들—지향적 감정의 가부장제 문화가치 연관성, 여성주의 시각의 넓은 문맥에서 바라보기, 감정에 대한 올바른 표현과 자 기 이해 등—이 어떻게 드러나는지 살펴볼 수 있다.

하는 자아정체성 기반 철학상담)은 자아정체성을 탐색하는 물음들 안에[130] 여성 정체성의 정치학(또는 사회구조와 문화가치를 포함하는 넓은 문맥의 여성 이야기 등)을 자각할 수 있거나 비판적으로 검토할 수 있는 물음들을 포함한다. 즉 나는 누구이며, 나는 어떤 존재인가? 하는 물음 이외에, 나의 정체성은 어디에서 왔는가? 나의 정체성이 만들어진 사회문화적 맥락은 무엇인가? 혹은 나의 젠더 정체성은 가부장제 사회로부터 어떤 영향을 받았는가? 나는 젠더 스트레오타입에 어느 정도 강화되었거나 자유로운가? 그리고 그것 때문에 자아의 일관성이 흔들리거나 모순적인 경험을 하지는 않는가? 또한 그로 인해 겪는 고통은 없는가? 있다면 어떤 것인가? 자신의 성 역할과 자아정체성 간에 모종의 갈등이나 문제를 일으키지는 않는가?[131] 혹은 가족 관계나 사회에서 자신에게 부과한 역할은 정당한 것인가? 거기에 내재된 차별은 정당한가? 등등의 물음을 다루게 될 것이다. 나아가 이 물음들은 자신이 추구하는 인간상과 젠더의 역할 사이의 갈등을 어떻게 조정할 것인가의 문제로 연결된다.[132]

철학상담사는 이런 물음들을 통하여 내담자와 철학적 대화를 수행

----

130) 제1부 5장 2절 참고.

131) 크리스티나 벨런(C. Bellon)은 여성이 경험하는 성 역할과 정체성 사이의 갈등에 관해 기술한다. "여성 내담자는 자신의 가족에 대한 의무의 본성과 그녀가 얻을 수 있는 직장, 일, 경력이나 공부에 대한 욕구 사이에서 갈등을 느낄 수 있다." P. Raabe(2001), p. 292. 사실상 우리 현실에서 많은 여성은 첫아이를 출산하고 나서 직장으로 복귀할 것인지 고민하고 있으며, 또한 아이의 양육과 교육 문제로 인해 자기 일을 계속할 것인지 그만둘 것인지 갈등하고 그로 인해 우울과 혼란과 죄책감에 빠지기도 한다.

132) 이 물음들은 가영의 사례(제2부 8장)에서 중요하게 다루어졌던 물음이다. 그녀가 남성 중심의 조직과 직장에서 여성성을 지키는 문제에 대해 고민할 때, 젠더 정체성을 비판적으로 검토할 수 있는 물음들을 통하여 자기 문제를 올바로 조명할 수 있었다.

함으로써 내담자 스스로 자신의 정체성과 그것에 대한 정치적 영향력(혹은 사회문화적 가치체계의 영향력)을 깨닫도록 돕는다. 물론 이 물음들을 통하여 정체성을 탐색하는 과정은 내담자로 하여금 자신의 근본 문제가 무엇인지 발견하게 하기 위한 것이다. 철학적 대화의 과정을 통해 내담자는 자신이 누구이며 자신에게 진정 중요한 문제가 무엇인지 스스로 찾아가며, 또한 자신의 삶과 함께하는 (가족, 동료 등) 다른 사람과의 관계가 무엇인지도 이해하게 된다. 이러한 대화의 과정은 내담자가 정체성의 정치학을 통해 자신을 돌아봄으로써 자기 정체성을 이해하거나 재발견하는 과정이기도 하다. 그 과정에서 자신의 근본 문제를 발견하는 것은 자신의 삶을 이해하는 것이며 자기 삶에 대한 철학적 태도나 관점을 발견하는 것이기도 하다. 그리하여 여성문제로 고통받는 내담자는 가부장제 사회 안에서 자신의 상처와 직면하여 자신의 사고와 느낌을 점검하고, 비판적으로 성찰함으로써 자신의 정체성을 개선하거나 조율하려는 시도를 하게 된다. 그리고 이렇게 검토된 자신의 정체성에 비추어 자신의 문제 상황을 이해하고 자신의 언어로 재기술함으로써 주도적으로 문제에 대응해나갈 수 있는 시각을 갖게 된다.

여성주의 철학상담이 지향하는 것은 정체성의 정치학에 의해 여성 내담자의 자아정체성을 사회문화구조 안에서 재검토함으로써 자신과 자기 삶을 좀 더 넓은 맥락에서 새롭게 이해하는 것이다. 정체성의 정치학이 보여주듯이 젠더 정체성과 관련된 문제에는 개인적인 차원만이 아니라 사회구조적인 차원이 연루되어 있기 때문에, 여성주의 철학상담이 추구하는 변화는 두 가지 방향에서 함께 이루어져야 한다. 즉 내담자가 정체성의 정치학을 검토하고 이해함으로써 수용한 자아정체성의 체계에 비추어 자신의 문제를 해결하도록 돕는 동시에, 사회적 제도의 변화와 개선을 위한 정치적 행위에 참여함으로써 현재 상황을 극복하고 변화시킬 수 있도록 노력하는 것 또한 필요하다.[133]

여성주의 철학 상담의 중요한 목표 중의 하나는 여성의 자기 정체성을 사회문화적 맥락에서 재검토함으로써 창조적인 자기 정체성을 재발견하는 데 있다. 철학실천으로서의 상담은 철학적 대화를 통하여 여성 내담자의 욕구-믿음-가치와 세계관 등을 담고 있는 자아정체성을 탐색하고 재검토함으로써 자신에게 수용 가능한 자아를 발견하는 것을 지향한다. 예전의 가치들이 자신에게 고통을 주거나 더는 자신의 행복이나 좋은 삶에 부응하지 않는다면, 이전의 가치에 의문을 제기하거나 비판적으로 검토함으로써 새로운 방향을 설정하는 것이 필요하다. 한 사회에서 이미 확립된 가치라는 것만으로 그것이 우리가 따라야 할 규범이라는 것을 정당화하진 못한다. 조플링은 이를 다음과 같이 표현한다. 철학상담사는 "확립된 사회 규범이나 인습적인 진리와 같은 장애물들에 의문을 제기함으로써" 내담자를 자극하여 "나는 누구인가?"와 같은 물음을 점진적으로 깊이를 더해가며 탐구하게 만들 수 있다.[134] 즉 철학상담은 전통적 가치와 규범을 전달하거

---

133) 여성주의 철학상담은 내담자의 문제가 오직 개인 탓이라고 보는 것을 지양하며, 오히려 그 문제의 원인이 가부장제 사회의 구조와 깊이 연관되어 있다는 것을 드러낸다. 이는 가부장 사회에서 고통받는 여성의 문제를 해결하기 위해서는 개인의 변화만이 아니라 사회구조의 변화가 필요하다는 것을 보여준다.

134) David Jopling, "Philosophical Counseling, Truth and Self-Interpretation", *Journal of Applied Philosophy*(1996), vol. 13, no. 3, p. 310 ; Peter Raabe, (2000),

나 유지하는 대신 비판적 반성의 과정을 거쳐 사회가 요구하는 선입견이나 가치를 재검토하도록 도울 수 있다. 여기서 상담사는 내담자로 하여금 자신의 사고와 삶의 방식에 대한 비판적 반성을 통하여 자신의 고통을 줄이거나 더 나은 삶을 추구하기 위해서 자신의 정체성(욕구-믿음-가치체계)의 중심을 새롭게 조정해가도록 대화하는 것이 필요하다.

앞에서 논의하였듯이 여성주의 철학상담을 통해 내담자들은 가부장제 사회에서 여성 정체성의 정치학이 작용하는 역학관계를 깨달을 필요가 있다. 그렇게 함으로써 여성 내담자는 자신을 둘러싼 가부장제 환경과 가치 규범의 영향을 이해하고 또한 그러한 관계 속에서 (자신의 사고와 느낌의 진정성을 점검하고) 자신의 문제를 비판적으로 검토함으로써 주체적으로 자신의 삶을 살아가는 힘을 기르게 된다.[135] 그런 의미에서 여성주의 철학상담은 내담자가 가부장제 사회의 고정된 선입견이나 억압적인 가치규범을 극복하고 자신의 진정한 욕구와 정체성에 대한 신뢰를 회복하도록 대화하는 것이 중요하다. 그러한 대화는 여성 내담자로 하여금 정체성 정치학을 통해 자신의 정체성을 재검토하는 동시에 창조적 실험을 통하여 그것을 수정하거나 개선함으로써 자신을 재발견하도록 도우며, 그것에 비추어 스스로 문제를

1장 참고.

135) 이런 점에서 여성주의 철학상담의 모델은 여성의 문제만이 아니라, 소수 인종, 소수 민족, 동성애자 등 사회적 억압으로 인한 피해자들의 문제를 이해하기 위한 모델을 제공해준다. 다시 말해서 여성주의 철학상담모델은 소수자의 경험이 조건 지워지는 방식이나 정치적 힘을 깨닫게 해준다는 점에서 소수자의 문제를 해명하기 위한 기본 틀이 될 수 있다.

조명하고 다룰 수 있게 해줄 것이다. 물론 가부장제 사회에서 여성 정체성을 개선하고 창조하는 것은 결코 쉬운 일이 아니다. 여성의 자발적인 삶의 선택과 수용 가능한 자아를 창조적으로 발견하기 위해서는 상상력을 뛰어넘는 사고와 실천적 의지와 노력이 필요하다. 그리피스는 그것을 불가능한 꿈으로 표현하였다. 그럼에도 "불가능한 꿈을 꾸려는 의지가 중요하다. 자신을 변화시키는 것은 현재 주어진 요구와 전제들을 새로운 형태의 정체성으로 뛰어넘는 상상력의 도약을 요구한다."[136] 그렇다! 가부장제 구조 속에서 여성이 가부장제 전제들을 뛰어넘는 상상력으로 새로운 자기 정체성을 창조하는 일은 불가능한 꿈을 꾸는 것일지 모른다. 그러나 꿈을 꾸고 그것을 실현하고자 의지하며 끊임없이 그 꿈대로 살아가는 동안 꿈은 어느덧 조금씩 현실로 이루어진다. 그것이 정체성의 원리이다. 정체성은 자신이 수행하는 대로 형성되어 가기 때문이다.[137]

마지막으로 나는 정체성 탐색을 기반으로 하는 철학상담 모델에 비추어 여성주의 철학상담의 윤곽을 그려보고자 한다. 여기서 제시하는 여성주의 철학상담 역시 정체성 기반 철학상담 모델의 연장선 위에서 이해될 수 있다. 다만 정체성의 정치학에 깊이 연관되어 있는 여성 정체성의 맥락을 검토하면서 정체성의 탐색을 시도한다는 점에서 차이가 있다. 앞 장에서 필자가 제시한 정체성 탐색의 모델(저울 모델)을

136) M. Griffiths(1995), p. 191.

137) 김선희(2010a), p. 148.

토대로, 자아정체성에 기초한 여성주의 철학상담의 가능성을 다음과 같이 정리할 수 있다. 그 모델을 기본으로 가치관을 검토함에 있어서 "정체성의 정치학"을 적용한다면[138] 내담자는 자신의 개인적 가치와 문화가치의 역학관계에 대해서 자각할 수 있으며, 또한 그 관계 안에서 자신의 문제 상황을 더욱 정확하게 이해할 수 있게 된다. 그리하여 정체성 탐색 모델에서 역방향 추상으로 얻어지는 정체성 및 가치체계 (V2)는 사회문화적 구조가 반영되거나 사회문화 가치와 연루된 자신의 가치와 정체성을 검토할 수 있다는 점에서 추상의 방법으로 얻어지는 V1보다 넓은 문맥을 지향한다. 그리고 V2와 V1을 상호 조정하면서 자신의 정체성 맥락을 확장하거나 재정립하게 된다. 이처럼 자아정체성을 탐색하는 추상과 역추상의 철학적 대화법은 넓은 문맥의 이야기를 통하여 내담자의 문제 상황을 사회문화구조적으로 바라볼 수 있도록 돕는다는 점에서 여성주의가 지향하는 관점이나 가치와도 잘 부합하는 상담 모델이라고 할 수 있다.[139]

---

138) "정체성의 정치학"에 의하면, 정체성은 사회문화적 요소에 의해 영향을 받으며 부분적으로 정치적 힘에 의해 구성된다는 점에서, 여성 정체성은 가부장제 문화의 가치체계와 연루되어 있다. 김선희(2010a) 참고

139) 이 주제와 연관된 구체적인 사례들은 제2부의 상담사례들에서 만날 수 있다. 특히 가영의 사례와 정숙의 사례는 여성 정체성의 문제와 가부장제 문화가치가 연루된 경우로서 여성주의 철학상담의 조명이 필요한 경우라고 할 수 있다.

자아정체성 기반 철학상담의 사례

07

철학상담의 사례를
어떻게 기술할 것인가?

 제2부는 이상에서 제시한 자아정체성 기반 철학상담의 정신과 방법에 따라 철학적 대화로 수행했던 상담의 사례들을 본격적으로 다루기 위한 장이다. 철학상담의 사례들을 다루기에 앞서, 나는 철학상담의 사례를 어떤 방식으로 기술할 것인가에 관해 이야기하는 것이 필요하다고 본다. 철학상담의 자료들은 축적되었지만 이것을 하나의 사례로 기술하고 발표하는 일은 별개의 독창적인 작업으로 여겨진다. 그렇다면 철학상담의 정체성에 대한 논의만큼이나 철학상담의 사례를 기술하는 방식에 대해서도 충분한 논의가 필요한 것 같다. 하지만 아쉽게도 그런 논의는 활발하게 진행된 적이 없다. 그러면 철학상담의 사례를 어떤 방식으로 기술하는 것이 바람직한가? 상담사례를 기술하기 위해 상담 과정에서 기록한 자료들을 차례대로 제시하거나,

내담자와 주고받은 대화들을 있는 그대로 나열하는 것은 바람직하지도 않고 충분하지도 않을 것이다. 또한 그것이 철학상담 사례에 대한 적합한 기술이라고 하기도 어려울 것이다. 그 작업은 한 개인의 삶이 담긴 고민과 이야기가 손상되지 않으면서도, 그가 어떤 문제 상황에 있었고 그로부터 철학적 대화를 통하여 어떻게 나름대로 자신의 가치와 자기 삶의 길을 다시 찾아가게 되었는지 드러낼 수 있어야 할 것이다.

나는 철학상담의 사례를 기술하는 몇 가지 모델을 확인하였으나 그리 만족스럽지 못했다. 미국의 철학상담사 메리노프는 몇 저서에서 철학상담의 많은 사례를 소개하고 있으나, 그 책에서 다루고 있는 상담사례들은 문제 중심으로 분류한 후 매우 간략하게 기술되어 있다.[1] 그 모델은 응용윤리에 가까운 모델로서 문제별로 조언이나 충고 및 대안을 제시하는 방식을 취하고 있다. 철학상담이 내담자의 고민이나 문제를 다룰 때에도 그 사람의 삶의 맥락을 중요시한다는 점을 상기한다면, 그 모델은 철학상담의 정신과 철학적 대화의 깊이를 담기에는 조금 부족하다는 생각이 든다.

피터라베의 경우는, 상담사례에서 철학적 대화가 갖는 비판적 사고의 특성이 어느 정도 드러나있으며, 그 점에서 나의 철학상담 대화법을 공유한다고 생각한다. 그의 상담 모델에서 독특한 것은 〈철학교육〉을 상담의 중요한 단계로 간주하는 것이다. 심지어 그것이야말

---

1) 루 메리노프, 이종인 옮김, 『철학으로 마음의 병을 치료한다』(해냄, 1999); 메리노프, 김익희 옮김, 『철학상담소』(북로드, 2003).

로 여타의 심리상담으로부터 철학상담을 구분해주는 중심 특성이라고 주장한다.[2] 교육의 내용은 논리학이나 비판적 사고 및 철학 사상에 관한 것을 포함하고 있다. 필자는 철학교육이 필요하다는 것에 동의하지만, 그것이 어떤 방식의 교육인지에 대해서는 주의가 필요하다고 생각한다. 철학상담의 과정에서 진행되는 교육이라면, 필자가 주장해온 철학적 대화의 방식으로 (즉 철학실천의 방식으로) 수행되는 것이 바람직하다. 그렇지 않다면 철학교육은 또한 철학 이론이나 방법론의 전달에 머무를 소지가 있다는 점에서 철학실천의 역할을 기대하기 어렵다. 즉 그러한 교육조차도 철학적 대화의 과정을 통하여 내담자가 스스로 자신의 문제에 대해 철학적으로 숙고하는 방법을 터득하게 되는 것이 중요하다는 것이다.[3]

샬로밋 슈스터의 저서에 등장하는 철학상담 사례의 기술방식에는 좀 독특한 점이 있다. 그는 철학상담에서 내담자와의 대화를 기억하며 사례를 기술하였는데, 그것을 "기술적 담화(descriptive narratives), 혹은 철학적 서사"라고 규정하고 있다.[4]

"사례연구에 비유되는 나의 이야기들은 내담자와의 대화를 기억하

---

2) 피터 라베(2001), 제4장 참고.

3) 철학상담이 끝난 후, 대부분의 내담자는 '철학적 사고력이 향상되었다'는 자기평가를 하곤 한다. 이러한 사고력은 독립적으로 철학교육을 할애하지 않더라도 철학상담 과정에서 자신의 문제에 대해 사고하는 철학적 대화를 통해 길러지는 것이라고 생각한다. 철학적 대화 자체가 비판적 사고력이나 창조적 사고를 구현하는 특성을 갖기 때문이다.

4) S. C. Schuster(1999), p. 22. 슈스터는 자신의 사례-이야기가 기술적 담화라는 점에서 대부분의 임상적 사례연구와 다르다고 주장한다.

여 기술한 것이다. 이 이야기들이 대부분의 사례연구와 다른 점은 이 이야기들이 기술적 담화라는 사실이다. 그것들은 나의 철학실천에서 일어났던 사건들에 대한 주관적이고 가공적인 기록들이다. 개인적 상황들을 비밀로 유지하기 위해 허구적인 속성들이 추가되었다. (……) 그러나 (……) 내가 보여주는 대화의 내용, 통찰력, 아이디어들은 진정한 경험과 철학적 진리를 반영하고 있다. 개인적 이력의 사소한 것들과 사회적 환경들은 이야기에 대한 가감을 통해 변화되었다. 그러나 이야기의 도덕은 동일하게 남아있다."[5]

슈스터는 철학상담 대화에 대한 〈기술적 담화〉는 일종의 〈철학적인 전기적 담화〉이며 "철학적 서사 쓰기"라고 생각한다. 철학적 서사 쓰기는 철학적 기억들에 관한 글쓰기이며, 철학실천에서 내담자들과 나눈 철학적 대화의 기억들에 관한 기록이기도 하다. "철학실천에서 철학적 서사를 쓰는 것은 삶의 모든 상황을 통합하는 활동으로서 철학하기와 관련 있다."[6] 또한 슈스터는 R. 노직을 인용하면서, 그러한 작업은 철학적 대화를 나누고 있는 방문자의 철학적 초상화를 그려낸다고 본다.[7] "나는 (방문자와의 대화에 대한) 모든 서사가 방문자의 초

<hr>

5) 같은 책, pp. 21-22.

6) 같은 책, p. 121.

7) Robert Nozick, *The Examined Life: Philosophical Meditations*(New York: Simon and Schuser, 1989), 김한영 옮김, 『무엇이 가치있는 삶인가?』(김영사). *노직에 의하면, "삶에 대한 철학적 명상은 이론이 아니라 초상화를 그려낸다."(p. 5) 그것은 또한 철학적 초상화를 그리는 것이기도 하다. 예를 들어, 플라톤의 작품은 하나의 이론이라기보다는 "철학 자체로서 소크라테스라는 인물"의 철학적 초상화를 그린 것이다. Schuster(1999), p. 22.

상이라고 생각한다. 초상화들은 묘사된 사람에 대해 많은 세부사항과 감정들을 전달할 수 있다. 그러나 아무리 초상화가 생생하고 참되다 할지라도 초상화가의 기술과 시각을 통해 그 윤곽이 드러날 수 있다. (……) 이 책의 둘째 부분(즉 상담사례 부분)의 초상들은 세션에 대한 나의 기억에 의존하며, 과학적이고 객관적인 관찰이나 테이프와 비디오 기록들이 아니다."[8]

이런 의미의 기술적 담화나 철학적 서사는 경험과학의 임상 사례나 객관적 데이터에 근거한 엄격한 과학적 연구와 구별된다. 내담자의 삶에 대한 철학적 대화와 성찰을 통해 그려내는 한 개인의 삶의 초상화는 개인의 임상 기록이나 심리학 이론과도 구별된다. 초상화는 과학적 지식을 제공하기보다는 그 주인의 삶의 역사와 그 삶이 묻어나는 내면을 보여준다. 노직은 이를 다음과 같이 표현한다.

"성찰된 삶을 사는 것은 자화상을 그리는 것과 같다. 후기 자화상들 안에서 우리를 내다보는 렘브란트는 단지 그렇게 생긴 어떤 사람이 아니라, 용기를 내어 자신의 그런 모습을 보고 아는 사람이다. 그의 자화상은 그가 자신을 알고 있다는 것을 보여준다. (……) 그의 그런 모습은 아주 의도적으로 자신을 우리에게 보여줄 뿐 아니라, 우리도 정직하게 자신을 알 수 있기를 참을성 있게 기다려준다."[9]

8) 같은 책, p. 123.

9) R. 노직, p. 6.

상담사례를 다루는 슈스터의 방식은 기술적 담화, 전기적 담화, 철학적 서사 쓰기, 철학적 초상화 그리기 등으로 표현된다. 이런 방식의 사례 기술은 한 개인의 전체 삶의 맥락 안에서 삶의 문제를 바라본다는 점에서 철학적 자기 성찰을 지향하는 철학상담의 정신과 부합하는 부분이 있다. 또한 철학상담은 어떤 특정 문제만을 다루기보다 그 문제가 놓인 한 사람의 정체성과 삶을 묻고 다룬다는 점에서[10] 내담자의 전체 삶을 통합적으로 성찰하는 철학적 서사와 잘 들어맞는 측면이 있다.

철학상담이 한 개인의 삶을 물음의 대상으로 삼는 것이며, 내담자의 삶에 관해 묻고 성찰하며 철학적 대화를 나누는 것이라며, 슈스터의 사례 기술 방식은 한 사람의 이야기 안에서 전체 삶을 손상하지 않고 구현하려는 시도라는 점에서 중요한 시사를 해준다. 그럼에도 불구하고, 슈스터의 기술적 담화는 내담자의 내러티브에 초점을 두다 보니 내담자의 삶의 문제에 접근하는 철학상담의 방법과 역할이 잘 드러나지 않았다는 아쉬움이 있다. 즉 내담자가 고민하는 문제가 어떤 점에서 철학상담의 대상이며 또 어떻게 철학적으로 그 문제를 다루거나 해결했는지가 잘 드러나지 않는다. 하지만 철학상담사례 기술에서 그러한 부분은 빠트리거나 생략할 수 없는 중요한 부분이다.

그리하여 나는 〈적어도 철학상담사례를 기술하는 방식은 내담자의 문제나 고민이 철학적으로 어떤 문제인지(혹은 어떤 의미에서 철학적 문제인지), 그리고 무엇이 그 상담을 철학적인 것으로 만드는지 명시적으로 보여줄 수 있어야 한다〉

---

10) 필자의 〈자아정체성에 기초한 철학상담 방법〉의 정신은 이 점을 반영해준다.

고 본다. 기본적으로 이 두 가지, 즉 문제의 철학적 성격과 상담방법의 철학적 특성은 철학상담의 방식에서만이 아니라 상담사례의 기술에서도 드러나야 하는 핵심적인 요소라고 보기 때문이다.[11]

여기서 필자는 내담자가 제시하는 문제를 놓고 대화하면서 내담자가 자신의 정체성(욕구-믿음-가치체계의 중심)과 가치체계 안에서 자신의 문제를 어떻게 위치 지우며 명료화하고 해결해나가는지, 또한 철학적 대화 안에서 철학 사상과 실천적으로 만나는 것이[12] 내담자의 사고에 어떤 영향과 자극을 주며 그리하여 어떻게 문제 해결의 실마리를 찾도록 했는지에 대한 평가를 포함하는 방식으로 상담사례를 기술할 것이다. 기본적으로 철학적 대화(비판적 사고와 창조적 해석을 구현하는 철학적 대화법)의 성격을 드러내는 방식으로 상담사례를 기술하되, 위에서 언급한 상담의 모델을 반영하는 방식들을 함께 사용할 것이다.

그리고 이러한 분석 방법과 더불어 슈스터가 시도했던 내담자의 삶의 서사가 드러나는 기술적 담화를 포함시킬 것이다. 내담자의 고민과 연관된 삶의 다양한 주제들에 대한 철학적 대화와 성찰은 자신의 삶의 역사를 검토하고 이해하는 과정이며, 그러한 삶의 서사는 하나의 초상화를 그리는 일이기도 하기 때문이다. 결국 내담자의 삶에 대한 철학적 대화로서 철학상담은, 내담자의 관점에서 보면 자신이 살

---

11) 내가 철학상담의 출발점으로 제시한 첫째 명제를 상기해보면, 이것이야말로 철학상담의 중심 특성이라는 것을 알 수 있다.

12) 이와 관련된 방법론으로 제1부 3장 2절에서 〈철학적 사고실험 모델〉에 대해 간략하게 제시하였다.

아온 삶의 모습이 담긴 '자화상을 그리는 것'이기도 하다. 그리고 그렇게 자신의 자화상을 그려내는 것은 용기를 내어 자신이 살아온 삶을 대면하여 바라보고 이야기했으며 자신을 이해하게 되었다는 것을 의미한다.

마지막으로 언급할 것은, 내담자의 사생활을 보장하기 위해 개인의 신원이나 이력을 변경하거나 약간의 가공을 하였다는 점을 밝혀둔다. 이런 변형에도 불구하고 대화의 내용이나 접근 방식, 그리고 철학적 통찰과 아이디어 등은 진정한 경험과 진실을 반영하고 있다. 비밀유지를 위해 허구적 속성들이 추가되거나 변경되었으나, (슈스터가 언급했듯이) "이야기의 도덕은 동일하다."

08

가영의 사례:
삶의 의미, 갈등과 딜레마 속에서 파편화된 삶

가영(가명)은 지인을 통하여 나를 소개받았다고 하며 긴 편지를 보내 왔다. 그는 처음부터 자신의 문제를 철학적 문제로 생각하여 철학상 담사를 찾아온 경우였다. 편지에는 자신의 문제라고 생각하는 것들이 나름대로 정리되어 있었다. 그녀가 제시하는 문제들은 대인관계에서 겪는 일련의 갈등, 가치관의 혼란, 삶의 의미 문제 등 철학적 문제라 고 생각되었기에, 우리는 예비 만남을 가졌다.

　그녀는 자신의 문제 상황을 이야기했다. 그는 자신의 삶이 너무나 힘든데 왜 살아야 하는지 모르겠으며, 자신의 문제는 넓게는 삶의 의 미를 찾고자 하는 실존적 문제라고 하였다. 그는 자신의 삶이 온통 갈 등 투성이로 보였다. 부모를 비롯한 가족 간의 갈등으로부터 남자친 구와의 갈등, 직장에서도 상사와의 갈등 등 대인관계가 온통 갈등으로 점철되어 사는 것이 힘들다고 했다. 대인관계에서 발생하는 갈등만이 아니라, 심지어 자신이 하는 일들 사이에서도 배타적인 선택을 강요하는 듯한 갈등의 갈림길에 서거나 딜레마에 빠지곤 했다. 그녀의 직업은 지구대에 속한 구조대원인데, 그 일은 남성 위주의 조직사회에서 이루어지며 그곳에서 여성은 없는 듯이 다뤄지거나 무시되곤 하였다. 진지하게 동등한 동료로 대우받지 못할 뿐 아니라, 남성 위주의 거대한 조직문화의 벽 앞에서 어떻게 대응하고 처신해야 할지 몹시 힘들고 난감하기만 하다.

가영은 사회구조의 거대한 벽 앞에서 개인으로서 어떻게 대응할 것인지의 문제만이 아니라, 또한 남성 중심의 조직 안에서 여성으로서 어떻게 살아남을 것인지의 문제도 매번 자신을 혼란에 빠트린다고 하였다. '대부분 남성들로 이루어진 직장 안에서 남성화되기보다 어떻게 여성성을 유지할 것인지'가, '어떻게 여성성을 포기하지 않고도 살아남을 수 있는지'가 또 다른 고민이기도 하다. 그리고 여성성에 대해서, 한편으로는 부정적으로 느껴지면서도 다른 한편으로는 포기해선 안 될 것 같은 이중적인 사고를 갖고 있어서 혼란스럽다. 이런 생각은 직장 안에서 여성으로서 어떻게 행동하고 처신해야 할지 판단하기 어렵고 혼란을 일으킨다. 그런 상황에 부딪히다 보니 자주 갈등이 일어나고 가치관에 혼란이 생기곤 한다. 또한 얼마 전부터 구조대원으로 일하면서 심리상담을 공부하고 있는데, 이 두 가지 일이 몹시 힘들다 보니 둘 사이에서도 갈등과 문제를 일으킨다.'[13] 그녀의 이야기를 정

13) 상담사례에서 내담자의 말을 직접 인용하는 경우에는 인용부호(큰따옴표나 작은따옴

리해보면, 그녀의 문제는 삶의 의미를 찾는 근본적인 문제로부터 사람들과의 (부모, 남자친구, 직장동료와 상사 등) 관계에서 일어나는 갈등의 문제, 일 사이의 갈등, 여성 정체성의 혼란, 남성조직의 사회구조적 문제, 가치관의 혼란 등 주요한 철학적 문제들의 집합체로 보이기까지 하였다. 그녀가 이야기하는 문제들은 그녀의 삶 안에서 복합적으로 얽혀있는 듯이 보였다. 상담사에게는 어려우면서도 도전적일 수도 있는 문제였다.

그녀가 제기하는 문제들이 비교적 분명한 주제들을 갖고 있었기 때문에, 우리는 주제별로 대화를 해나가기로 하였다. 각 주제에 대해 자신의 문제가 명료해진다면, 그리고 그것들이 자신의 삶 안에서 어떻게 작용하고 있으며 유기적으로 어떤 연관성을 가졌는지 이해할 수 있으면 자기 삶의 전체 맥락 안에서 자신의 문제 상황을 조망할 수 있을 것이다.

나는 철학상담에 대한 이해를 위해 그녀에게 철학적 대화 방법 등을 간략하게 소개해주었으며 어떤 방식으로 진행할 것인지도 얘기하였다. 또한 철학적 대화를 통해 자신의 정체성을 탐색하고 그것에 기초하여 자신의 생각과 문제를 비판적으로 검토함으로써 스스로 문제를 이해하고 다룰 수 있도록 돕는다는 것을 간략히 설명하였다. 오직 철학적 대화로 진행하며 (심리상담사로서 그녀가 알고 있는) 심리적인 기제는 다루지는 않는다는 것도 언급하였다. 그는 그런 방식의 상담을 수용하기로 하고, 상담횟수는 10회기(1회 60~70분 내외) 만남으로

표)로 표시하기로 한다.

결정하였다.[14] 우리는 3달 정도에 걸쳐 10회 만나는 동안, 철학적 대화로 그녀의 문제들을 하나씩 분석하고 토론하며 검토해나갔다.

첫 만남: 상담의 목표와 철학상담을 찾은 이유

가영은 30대 초반의 여성으로 지구대에 속한 구조대원으로 일하면서 대학원에서 심리상담을 공부하는 학생이기도 하다. 그녀의 인상은 단아하고 자기 생각을 솔직하고 직선적으로 표현하는 여성이었다. 그러면서도 그녀는 지속적으로 갈등에 휩싸여 고단하고 힘든 삶을 살다보니, 자신의 삶이 이해되지 않고 파편화되거나 무의미하게 생각되었다. 그녀의 표현을 따르면 "내 삶은 갈등과 투쟁의 연속이고, 힘은 들지만 아무런 결실도 없으며, 파편화된 삶을 이해할 수도 없고 아무 의미도 찾을 수도 없다"는 것이다. 이렇게 삶이 힘들고 무의미한데, "힘든 삶을 왜 살아야 하는지 모르겠으며, 내 삶이 문제투성이로 보일뿐 삶의 의미를 찾을 수 없다"는 것이다.

나는 철학상담을 찾게 된 동기나 이유가 무엇인지 물었다. 가영은 구체적으로 몇 가지 이유를 제시하였다. '나는 좀 더 나은 삶을 살기

---

14) 나는 철학상담의 기간을 보통 10회로 정하고 시작한다. (나에게 10회기는 '장기 상담'에 속하며, 단기 상담은 5회나 2~3회로 끝나기도 한다. 단기 상담과 10회의 장기 상담은 예비 만남에서 정한다.) 나는 정신분석이나 심리치료와 같이 몇 개월에서 몇 년에 걸쳐 이루어지는 장기 상담을 선호하지 않으며, 10회에 걸친 만남에서 집중적인 대화를 통해 상담을 마무리하는 것을 목표로 하고 있다.

위해 심리상담 공부를 하고 있는데, 심리상담 지도교수는 삶의 의미를 물으면 왜 그런 물음을 묻느냐고 하면서 그 물음을 묻는 것 자체를 문제라고 보는 것 같다. 나는 왜 사는지 모르겠고, 삶의 의미를 찾고 싶은데 심리 영성 상담에서는 그 문제가 다루어지지 않고 그렇다고 내 안에서 그 물음이 해소되지도 않는다.' '나는 여전히 왜 살아야 하는지 삶의 의미를 찾고 싶다. 삶의 의미 문제는 (심리상담에서는 꺼리지만) 실존적 문제로서 철학상담의 문제라고 생각했다.'

둘째로, 그는 심리상담을 받은 적도 있지만, 자신의 경험으로는 심리치료가 상처 입은 감정을 다독여주는 역할은 할지라도 이성적인 문제는 해결하지 못한다고 느꼈다. '심리상담은 이성을 건너뛰고 감정에만 초점을 두는 경향이 있다. 심리상담이 감정을 다루는 것에 치우치다 보니, 심리상담을 받을 당시에는 위로를 받지만 돌아서면 문제는 그대로 남아있다. 이성적으로 보는 것이 부족하고 통합적인 상담이 안 되는것 같다.' '이성을 건너뛰고 감정을 다독이는 것만으로는 문제가 해결되지 않는다. 반면에 철학상담은 (삶의 의미 문제에 대해서도) 이성적 접근을 한다고 생각하였고, 지금 나에게 필요한 것은 이성적으로 통합된 상담이라고 생각하였다.'

셋째, 특히 심리상담은 사회구조의 문제를 전혀 건드리지 못한다는 한계를 느낀 반면에 철학상담은 이런 문제를 종합적으로 다룰 수 있다고 판단했다는 것이다. 그리고 자신의 문제를 사회구조적으로 연관된 철학적 문제로 이해하고 있었다. '심리상담 치료는 개인의 문제만을 다룰 뿐 사회구조나 조직의 문제에 대해서는 다루지 못한다. 철학상담은 그 문제를 어떻게 다루는지 기대를 하고 오게 되었다.'

심리상담과 비교하여 철학상담의 역할에 대해 이런 정도의 이해를 갖고 있는 것은 대단한 일이었다. 그녀는 심리상담 공부를 하고 동시에 심리상담도 받으면서, 경험적으로 심리상담의 영역에서 어떤 점이 부족한지 잘 알고 있었다. 나는 철학상담을 받으려는 가영의 동기에 대해 공감하였고, 철학상담이 이성적 사고를 중요시하며 사회구조의 문제를 통합적으로 바라보도록 검토한다는 것도 인정하였다. (제1부 6장의 '정체성의 정치학' 부분을 상기해보면, 정체성 기반 철학상담은 사회문화구조의 문제에 대해서도 비판적으로 검토하고 고려하는 상담이라는 것을 알 수 있다. 가영과의 상담에서도 우리는 사회조직과 구조의 문제를 깊이 있게 다루었다.)

가영이 철학상담을 통해 도달하려는 목표는 삶의 이유나 의미를 찾는 것이다. 자신의 문제로 제시된 많은 것들이 해결되기를 바라지만 궁극적으로는 자신의 삶이 살만한 것이라고 긍정할만한 의미를 찾고 싶다는 것이었다. 특히 (남자친구와 직장 상사와의) 갈등의 문제를 해결하고 싶고, 또 남성 위주의 직장에서 여성성을 지키면서 직장생활을 성공적으로 해내고 싶은 목표를 제시하였다.[15]

---

15) 상담 초기에 설정한 이 목표는, 상담 전과 비교하여 상담 이후에 도달한 결과를 평가할 수 있는 기준이 된다. 물론 상담을 시작하면서 제시한 상담 목표는 자신의 문제가 변화함에 따라 변하기도 한다. 즉 상담을 시작할 때의 목표와 상담 후의 목표가 일치하기도 하고, 때로는 자신의 문제가 바뀌거나 새롭게 발견될 경우 다른 방식으로 목표가 조정되기도 한다.

정체성 맵을 통한 가치관 확인

상담 초기에 나는 기본적인 정체성 물음을 통하여 내담자의 정체성 맵을 그려본다(제1부 5장을 참고하라). 이것은 필자의 자아정체성에 기초한 철학상담에서 내담자의 정체성 탐색을 위한 기본적 물음을 탐구하는 것이다. 그 정체성 물음은 내담자의 욕구, 믿음, 가치에 관한 물음으로, 정체성의 중심을 이루는 것이 무엇인지 탐색한다. 물론 이런 방식의 정체성 탐색은 초기에 추상적으로 다루어지는 것인 만큼, 상담 과정의 대화를 통해 구체적인 문제 상황 속에서 자기 삶의 맥락과 관련지어 드러나는 가치들과 유기적인 연관성을 찾아가는 것이 필요하다.

정체성 물음을 통해 가영의 정체성과 가치관을 알 수 있었다. 그녀는 대인관계에서 지속되는 갈등과 혼란으로 힘든 삶을 살아오면서도 약자에 대한 사랑과 연민을 키워왔다는 것을 알 수 있었다. 상처와 고통 속에서 오히려 약자를 배려하는 선한 가치관을 형성해온 점을 긍정적으로 볼 수 있었다.

특히 약자에 대한 사랑은 동물과 여성들에 대한 연민으로 드러났다. 구조대원으로 활동하면서 가난하고 열악한 처지에 있는 사람들을 만나게 되면서 그들에게 연민을 갖게 되었고, 실제로 가치관이 변하는 과정도 확인할 수 있었다. (이 부분은 가치관 사고실험을 통하여 나중에 다시 확인이 된다.) 그녀는 동물을 무척 사랑한다. 버려진 개나 고양이에게 남의 눈을 피해서 몰래 먹이를 갖다 주기도 하고, 또 집으로 데려와 기르기도 한다. 여성과 사회적 약자와 동물은 모두 주변의 소외된 약자라는 공통점을 갖고 있다. 그녀는 의식하지 못했지만, 이러한 약자에 대한 연민과 사랑이 그녀가 심리상담 공부를 시작한 계기가 되었다. 대학원에서 여성주의에 눈뜨게 되었고 그런 의식을 가진 공동체에 속하여 토론하며 공감을 키워가기도 하였다. 그녀의 가치관 중에서 중요한 것은 에코 페미니즘(생태 여성주의)으로서 지구와 생태계의 돌봄에 관심을 두고 있다. 특히 그는 동물에 대한 보호와 배려심이 강하며(가영은 동물을 생태적 약자로 보고 보호해야 한다고 생각한다.), 이는 여성과 사회적 약자에 대한 배려와도 연관되어 있다. 그녀의 욕구와 신념과 가치관 등 자아정체성을 탐색해가면서, 그녀는 힘든 삶 속에서도 (자기중심적 사고에 빠지거나 이기적으로 살기보다는) 주변의 어려운 사람들과 약자에게 연민과 관심을 키워나가며 좋은 삶을 위해 노력해왔음을 알 수 있었다.

물론 삶의 갈등 문제를 해결하기 위해서 가치관 내의 일관성이나 아직 정리되지 않은 부분들을 비판적이고 반성적으로 검토하는 것이 필요할 것이다. 또한 상담을 통하여 (실타래처럼 엉킨 갈등과 문제들의 매듭을 풀기 위해) 자신의 정체성과 가치관을 탐색하면서 전체 삶의 맥락 안에서 문제들 간의 유기적 연관성을 찾는 것도 중요할 것이다.

직장에서의 갈등 문제: 남성 중심의 조직과 사회구조의 문제

가영은 자신의 많은 문제 중에서도 주변 사람들과 갈등하는 문제를 먼저 다루고 싶어 했다. 대인관계의 갈등이 자신을 가장 힘들게 하는 문제였기 때문이다. 처음에는 남자친구와의 갈등 문제로 이야기를 시작했으나, 곧이어 직장 내에서의 상사와 동료들 간의 갈등 문제가 중심 주제가 되었다.

가영은 4~5년가량 지구대에 속한 구조대원으로 일해왔다. 공채로 취업이 되었으나 그 직업의 특성상 남성 중심의 조직사회에서 여성이 설 자리는 거의 없었다. 여성할당제로 들어오긴 했으나, 그 조직에서 여성들의 위치는 매우 열악하였다. 더구나 육체적으로 힘든 일이고 야근을 자주 해야 하기 때문에 여성은 배제되기 일쑤였다. 승진을 하기 위해서는 연줄이 필요하고 문제가 있더라도 직장 상사의 뜻을 거슬러선 안 된다. 이 조직에서 어떻게 당당하게 내 역할을 해낼 것인지, 또한 공정하지 못한 체제에서 어떻게 살아남을 것인지가 문제였다.

직장에서 그녀가 부딪히는 문제는 남성 위주로 돌아가는 조직, 상사와의 갈등과 처신, 여성성을 지키는 문제 등 한두 가지가 아니었다. 그녀의 문제는 두 가지로 정리할 수 있었다. 우선 (1) 남성 위주의 조직사회에서 여성으로서 당당하게 자신의 위치를 찾는 것이 중요한 문제였다. 즉 공정하지 못한(여성 배제적이고 편파적이며 때로는 연줄에 의해 승진이 이루어지는 등) 조직사회에서 어떻게 자신의 목표를 실현할 것인가? 혹은 어떻게 당당하게 내 역할을 해낼 것인가? 어떻게 살아남을 것인가? 그리고 또 하나의 문제는 (2) 남성 조직 안에서 남성화되기보다 어떻게 여성성을 유지할 것인가?

첫째 문제는 사회구조적인 문제로서 자신의 정체성 및 가치관과 연관하여 비판적 숙고와 성찰을 거쳐 조정이 필요한 문제이다. 개인과 사회구조의 관계는 철학상담에서도 중요한 주제이다. 사회구조와 사회의 도덕, 관습, 문화와 그것의 문제점을 비판적으로 검토하지 않는다면 개인이 좋은 삶이나 선한 삶을 살기는 어려울 것이다. 그리하여 내담자 자신의 삶의 철학을 찾아가도록 추구하는 철학상담은 개인의 삶 자체가 사회구조의 문제와 독립된 것이 아니라는 것을 강조한다.

두 번째 문제가 가영에게는 더욱 심각한 문제로 대두되었다. 그녀는 남성 위주의 직장에서 여성으로서 어떻게 처신해야 할지 난감할 때도 많았고 더구나 따를만한 여성의 롤 모델이 없었다. 그러던 중 그녀가 따르던 여성 선배 중에 남성조직 안에서도 '승승장구 승진하며 잘 나가던 분'이 어느 날 갑자기 사표를 내고 그 직장에서 떠나버렸다. 그 선배는 자신의 여성성을 포기하고 남성처럼 행동하면서 (남성보다 더 남성적인 행동방식으로) 그 조직문화에 적응해왔었다. 그는 떠나면서 '나처럼 되지 말라'고 당부하였다. 자신은 '이 조직에서 적응하고 살아남기 위해 여성성을 포기하고 마치 남성처럼 행동해왔지만 다 소용이 없더라'고 말하며 지금은 그런 행동방식을 후회한다고 하였다. 남성보다 더 남성적이었던 여자 선배의 결말에 그녀는 충격을 받았다.

그 선배의 말을 들으며 자신은 그 선배처럼 여성성을 포기하진 않겠다고 생각했으나 또한 자신에게는 여성성에 대한 부정적인 감정도 짙게 배어있었다. 그녀는 여성성을 포기하고 싶진 않지만 동시에 여성성을 부정적으로 바라보는 이중적 태도를 가지고 있었다. 그것은 가부장적인 아버지의 행태에서 비롯된 것이었다.

'어릴 적에 아버지는 전형적인 가부장적 권위를 가진 사람으로 엄마를 수시로 폭행하였다. 엄마를 무시하고 폭행을 일삼고 함부로 대하거나 일방적으로 화풀이를 하곤 하였다.' (이런 집안 분위기 속에서 가영은 어릴 적에 장시간 동안 울음을 그치지 않아 울보라고 불렸으며, 그녀의 표현에 의하면 '소아우울증' 증상을 가지고 있었다고 말했다.) '반면에 엄마는 순종적이고 아버지의 폭력에 체념하듯 소극적으로 대응하였다.' 그걸 보면서 자라온 가영은 엄마처럼 살지 않겠다고 다짐했다. 엄마처럼 살 거라면 결혼도 하지 않을 것이고 아이도 낳지 않겠다고 다짐했다.

그런 부모를 보면서, 가영은 남성에 대해서는 인간적으로 덜된 존재라는 부정적 인식이 싹텄다. 엄마는 연민의 대상이면서도, 종속적이고 체념적인 엄마를 볼 때면 가엽고 또 부당하다는 여성주의 의식이 생겼다. 동시에 엄마처럼 살지 않겠다는 부정적 감정도 짙게 남아 있었다. "가부장제 여성으로 사느니 차라리 여성이기를 포기하겠다."고 생각하였다. 가영에게 엄마로 표상되는 여성은 결코 긍정적 존재가 아니었다. 가영에게 물론 엄마는 무조건 지지해주는 분이다. 온화한 성품의 좋은 엄마이지만, 그렇게 살아온 엄마의 인생이 참 아깝다는 생각을 떨치지 못한다.

10년 전부터 엄마와 아버지의 관계는 변화되었다. 특히 아버지의 성격이 많이 변했으며, 성장한 자식들을 의식하면서 폭력적 행태도 많이 없어졌다. 부모는 서로 화해하고 어느 정도 관계가 좋아졌지만, 가영의 상처는 해결되지 않은 채 그대로 남아있다. 나쁜 쪽으로 형성된 남성상은 아버지의 영향이며, 특히 아버지가 연상되는 남자를 보면 공격적이 되고 감정 조절이 잘 안 된다. 그러다 보니 남성과의 관계에서 지혜롭게 대처하지 못할 때가 많다. 지금은 헤어졌지만, 권위적인 옛 남자친구와의 관계에서도 그런 문제가 있었다. (가영은 그런 점에서 지금의 남자친구는 예외적이라고 평가했다. 그와 언쟁을 벌이거나 소통하는 방식에서 문제가 있을 때도 있긴 하지만, 기본적으로 그를 신뢰했다. 가부장적 권위를 내세우지 않고 합리적으로 대화하려는 그의 성품이 둘의 관계를 오래 유지하도록 해준 것 같다고 했다.)

가영의 이야기를 들으면서, 가영은 여성성에 대한 이중적인 생각으로 혼란에 빠진 것을 알 수 있었다. 직장 여자 선배처럼 남성화되지 않고 여성성을 유지하고 싶다는 것과 동시에 가부장적인 아버지와 엄마의 관계에서 형성된 여성성에 대한 부정적 인식 사이에서 진정 자신이 원하는 게 무엇인지 혼란스러웠다. 그리하여 여성성을 유지할 것인지 포기할 것인지 갈등하면서도 어느 것도 자신이 원하는 것은 아니라는 점에서 그녀는 여성성(혹은 여성 정체성)의 문제에서 딜레마에 빠지고 말았다. 물론 가영은 남성 중심의 직장에서 어떻게 살아남을 것인지 자신도 남성들처럼 행동해야 할지 고민하던 당시(1~2년 전), 대학원에서 여성주의 공동체를 만나면서 여성성을 포기하는 것이 해결책은 아니라는 생각을 하게 되었다. 그러나 여성성을 지키는 문제는 여성성에 대한 부정적 인식으로 인해 다시금 자신을 딜레마에 빠뜨렸다. 부정적으로 생각되는 여성성을 왜 지켜야 하는지 혼란스러워졌다.

여성성의 딜레마[16]

가영에게 여성성, 혹은 여성 정체성의 문제는 대단히 복잡하게 얽혀 있는 문제였다. 여성성에 대한 그녀의 사고는 직장에서의 처신 문제, 가치관의 문제 (혹은 대학원에 진학한 후에 싹튼 에코 페미니즘의 사고), 가부장적 아버지와 순종적 엄마의 관계에서 형성된 여성성에 대한 부정적 인식 등과 연관되어, 여성성을 둘러싼 문제들이 그녀에게 모두 함정처럼 보였다. 여성성에 대한 부정적 인식이 남아있는 상태에서 왜 여성성을 지키고자 하는지도 혼란스러웠다.

나는 여성 정체성에 대해 (미리 규정하지 않고) 생각해볼 물음들을 제시하면서 함께 대화를 시도하였다. 가부장제 사회구조와 문화가치에 대한 비판적 검토도 병행하였다(제1부 6장 참고). 먼저 그녀의 경험에 근거하여 생각해보도록 질문을 하였다. 여성성에 대해 긍정적으로 생각하는 점은 무엇인가? 또 부정적으로 생각되는 점은 무엇인가? 여성성을 위협받았던 경험은 무엇인가? 여성성에 대한 편견이나 주어진 규정을 떠나 생각할 수 있는 질문을 던지자 그녀는 그 질문에 관해 자신의 경험과 가치관에 근거하여 생각하기 시작하였다.

여성성에 대한 긍정적인 면은 모성과 생명 창조, 동물 사랑, 돌봄, 연민, 포용성, 감싸주는 배려 등이라고 하였다(이 특성들은 앞에서 살펴본 정체성 맵에서도 드러났듯이 그녀가 추구하는 가치들이라는 것을 알 수 있다). 여성성에 대한 부정적인 측면은 과거에 임신중절을 했던 경험

---

16) 이 문제와 관련하여 제1부 6장 〈정체성의 정치학〉의 논의를 참고하라.

과 연관되어 있었다. 그 당시의 경험으로 임신 가능한 여성 몸에 대한 혐오와 더불어 여성 몸으로 상징되는 여성성을 부정하게 되었다고 했다. '여성 몸이 마치 정신이 없는 물질 덩어리로 인식되었다.' (그 후 대학원에서 생태 여성주의 의식이 생기면서 여성 몸에 대한 부정적 생각은 조금씩 바뀌었고, 지금은 여성을 몸과 마음의 통합적 존재로 이해하고 수용하고자 하며 여성성에 대한 긍정적인 측면을 찾고자 노력하는 중이다.) 더구나 여성의 몸을 생각하면 과거 남자친구의 책임회피 등이 연상되면서 남성에 대한 분노가 함께 나타났다. 거기다가 과거 엄마의 삶이 떠오르면서 가부장제 여성성에 대한 부정적 인식도 더해졌다.

우리는 여성성에 대해 계속 대화하면서 여성성의 규정에 대해 비판적인 검토도 해나갔다. 그녀가 생각하는 여성성은 무엇인지, 가부장제가 규정하는 여성성은 무엇인지, 그러면 여성성이란 누가 정하는 것이며 고정불변의 것인지, 자연적으로 주어진 본성인지, 등의 물음으로 기존의 여성관에 대해 사고의 확장과 전환을 시도하며 대화하였다. 그녀는 〈여성성〉이란 것을 누가 정했으며, 그 근거가 무엇인지 물었다. 이처럼 그녀는 이미 비판적인 시각에서 철학적 물음을 던지기 시작했다. 나는 가영에게 자신이 되고 싶은 인간상과 여성상에 대해서도 묻고 대화하였다.

이런 토론을 통해 우리는 여성성에 대해 새로운 접근이 필요하다는 것에 동의하게 되었다. 여성성에 대한 기존의 물음 대신 새로운 물음을 다시 묻는 것이 필요했다. 가부장제가 규정한 여성성이 본성적으로 (혹은 자연적으로) 주어진 것이 아니라면, (마치 그런 본성이 있는 듯이) 여성성이 무엇인지 묻는 것은 잘못된 전제에 근거한 거짓 물음이다. 이 거짓 전제에 근거하여 〈(이미 주어진 여성성이란 것이 있기라도 한 것처럼) 그 여성성을 유지할 것인지, 포기할 것인지〉 고민하는 경우 우리는 해결할 수 없는 딜레마에 빠지게 된다. 그것은 (여성성에 대해 부정적으로 규정하는) 여성 억압적인 정체성이기 때문에 그것을 따르는 것도 문제이고, 그렇다고 여성성 자체를 포기하는 것도 문제의 해결이 될 순 없기 때문이다. 그렇다면 여성성에 대한 참되고 진정한 문제는 '바람직한 여성성이 무엇인지'를 묻는 것이다. 즉 〈나는 어떤 여성성을 추구할 것인지, 어떤 여성성이 바람직한 것인지〉 묻는 것이 올바른 물음이 된다. 이 물음을 물을 수 있을 때, 가영은 자신의 딜레마와 혼란에서 빠져나올 수 있었다.

우리는 거짓 물음에 사로잡혀서는 안 된다. 삶이 고통스러울 때 우리는 많은 경우 잘못된 물음의 답을 찾고 있는 때가 많다. 거짓 물음은 우리의 삶을 왜곡시키면서 삶의 덫을 만들기도 한다. 철학상담에서 내담자의 문제가 특히 사회구조적인 문제와 연루되어 있을 때, 자신의 삶과 가치관을 성찰함으로써 올바른 물음을 새롭게 찾아 나서는 탐색이 필요하다. 때로는 올바른 물음이 자기 삶의 등불이 될 수 있다. 그것은 사고방식을 전환함으로써 삶의 방식을 바꿀 수 있는 용기를 주기 때문이다.

그녀는 〈여성성을 포기하는 것〉과 〈여성성을 지키는 것〉 사이의 선택의 갈림길에서 딜레마에 빠져있었다. 그러나 새로운 차원에서 올바른 물음을 물을 수 있을 때 그 딜레마는 사라지게 되었다. 진정으로 우리가 관심을 두고 추구해야 할 중심 문제는 (주어진) 여성성을 보존할 것인지 포기할 것인지가 아니라, 〈어떤 여성성을 추구하고 실천할 것인가〉이기 때문이다. 이러한 문제의식을 자각할 때에만 이중 딜레마에서 벗어나 자신이 걸어가야 할 방향을 찾기 시작할 수 있다. 물론 그것이 만만한 일은 아니라는 것이 분명하지만, 더는 혼란 때문에 고민하는 일은 그치게 된다.

이제 가영에게는 단지 여성성을 지키는 것 자체가 문제가 아니라, '어떤 여성성을 지킬 것인지'가 중요한 문제라는 것을 알 수 있었다. 이 문제는 자신의 가치관에 비추어 바람직한 여성성, 지키고 싶은 여성성, 이상적으로 추구할만한 여성성 등에 대해 숙고하도록 해주었다. 이렇게 여성 정체성의 문제는 자신의 가치관의 문제와 연결된다. 그리고 자신이 추구하는 인간관이나 가치관에 부합하는 여성성을 추구하게 될 것이다. 〈필자의 자아정체성 기반 철학상담의 정신에 비추어 말하자면, 자신의 가치관과 정체성에 따라 자신이 어떤 사람이 될 것인지 하는 큰 맥락 안에서 자신이 어떤 여성이 될 것인지를 선택하고 그에 따른 여성 정체성을 추구하고 실천하는 것이 중요하다.〉

사회구조의 문제도 이와 유사하게 이야기할 수 있을 것이다. 앞절에서 가영이 고민했던 첫째 물음으로 돌아가 보자. 사회구조/남성조직 안에서 여성으로서 어떻게 대응하고 현명하게 처신할 것인가? 남성 위주의 조직사회에서 어떻게 당당하게 자신의 위치를 찾을 것인가? 정체성 기반 철학상담에서 이 문제는 자신의 정체성과 가치관에 비추어, 내담자가 사회구조에 어떤 태도로 접근하고 어떤 방식으로 대응할 것인지 길을 찾는 문제이다. 사회구조의 문제는 그것에 단순히 순응하거나 포기하거나 대항하는 길만이 있는 것이 아니라, 내담자 스스로 비판적 검토와 숙고된 판단에 따라 자신의 정체성과 가치관을 조율하고 조정해나가는 문제이다. 즉 그것은 사회구조를 비판적으로 검토하는 동시에 자신의 좋은 삶을 위해 선택한 방식으로 지혜롭게 살아가는 문제이다. 가영의 경우에도, 자신의 정체성과 가치관에 대한 탐색과 이해를 통하여 자신을 더욱 깊이 이해하게 되었을 때, 그녀 앞에 벽으로 보였던 남성조직의 사회구조 안에서도 어떻게 행동하고 처신할 것인지 자신의 주관이 서게 되었다. 그리고 두 번째 문제인 여성성의 문제에 제대로 대처할 수 있게 되자, 그녀는 경직된 직장분위기도 부드럽고 유머러스하게 이끌었으며 또 당당하게 행동하고 자신을 표현할 수 있게 되었다. 무엇보다도 경직된 사고에서 벗어나니 주변 사람들과도 자연스럽게 소통하고 대하는 것이 예전처럼 어렵지는 않았다.

가치관의 검토 및 변화 과정 인식

쇼펜하우어는 인간들이 추구하는 가치의 범주를 세 가지로 분류하였다. 소유(돈), 명예, 존재(자족적 가치)의 가치가 그것이다. 오늘날 사람들이 추구하는 가치들은 무수히 많다고 할 수 있지만, 이 세 가지는 시대와 장소를 불문하고 인류가 보편적으로 추구해왔던 가치에 속한다는 점에서, 우리는 이 세 가지 가치를 기준으로 자신의 가치관을 성찰해보기로 하였다. 가영의 가치관은 무엇이며, 타인과 갈등을 일으키는 가치관의 차이가 무엇인지, 또한 가영의 가치관이 어떻게 변화해왔는지에 관해 대화하였다. (이 주제는 내담자의 문제 상황에 따라 각기 다른 방식으로 성찰하도록 이끈다.)

　가영의 경우는 자신의 가치들 사이의 갈등만이 아니라 자신과 타인의 가치관 차이에서 발생하는 갈등에도 혼란을 느꼈던 만큼, 자신의 가치관에 대한 성찰과 더불어 가치관의 변화와 질서를 바라보는 것이 중요하였다. 그녀는 쇼펜하우어의 세 가지 기준에 비추어 자신의 가치관을 바라보기 시작하자, 자신의 가치관의 변화가 인식되었다.[17] 그녀는 지금 어떤 가치를 중요하게 생각하는지 언제부터 그랬는지, 과거에 중요하다고 생각했던 가치는 무엇이며 지금과 차이가 있다면 무엇인지 가치관의 변화에 대해서도 대화하였다.

　가영은 예전에는 돈을 벌기 위한 안정된 직장이 중요하다고 생각했었다. 돈만을 추구한 것은 아닐지라도 안정적인 삶을 살기 위해서는 돈이 중요하다는 생각에 취업에 대한 압박감이 심하였다. 그래서 대학에서 전공을 선택할 때에도 취업에 유리한 경영학을 선택하였다. 또한 엄마의 삶을 보면서, '경제적으로 독립해야 남자에게 속박 받지 않는 삶을 살 수 있다'고 생각했으며 그만큼 경제적 독립에 대한 욕구가 강하였다. 그리고 취업을 하고 나서는 계급과 명예를 중시하는 조직 문화에 적응하다 보니, '계급과 자신을 동일시할 만큼 명예와 지위를 추구하였고 취업 초기에는 승진 공부에 매진하기도 하였다.' 쇼펜하우어의 기준으로 보면, 그 당시 가영의 가치관은 돈(소유)과 명예와

---

17) 여기서 우리는 쇼펜하우어의 세가지 가치 범주에 의해 자신의 가치관을 검토하는 〈가치관 사고실험〉을 수행하였다.

지위가 중심이었다.

그러나 직장에 들어가 3년이 지나면서 그리고 구조대 일을 통해 사회적 약자들을 만나면서 이런 가치관에 저항하는 신호들이 나타나기 시작했다. 당시에 가영은 두 번의 수술로 건강이 악화되었고, 또 구조대원의 일을 하면서 부딪쳐야 했던 사건들(자살, 폭행, 성폭력, 강간, 폭력적으로 대응하는 사람 등)을 경험하고 대응하면서 그 일에 대한 부담과 두려움과 무력감이 지배했었다. 자신감이 줄어들고 만성피로감에 시달렸으며 제대로 대응하지 못할 때마다 남자 동료들이 던지는 비난의 시선에 강박적으로 경직된 행동을 하곤 하였다. 그 시기에 가영은 자기 삶의 전환에 결정적인 계기가 되었던 사건을 만나게 되었다. 초등학생 성폭력 사건이 일어났는데, 한 소녀가 보안이 허술한 집에 혼자 있다가 성폭행을 당하였다. 가영은 그 어린 학생을 병원에 데려가는 일을 맡게 되었는데, 병원에서는 아이로부터 혈액과 피의자의 정액을 채취하였고 아이에게 사후 피임약을 먹였다. 초등학생이 그 과정을 겪으면서 눈물을 흘리자 부모는 야단을 치면서 아이에게 책임을 전가하는 것을 목격하였다. 가영은 연민이 생겼지만 아무런 위로도 할 수 없었다. 그 사건이 미결로 처리되자, 가영은 법의 한계를 느꼈다. 법은 사회적 약자를 보호할 수 없었으며 억울한 사람을 대변하지도 못했다. 아무 잘못도 없는 어린아이가 이런 고통을 받는데 아무것도 해줄 수 없었다. 그녀는 근본적인 치유책이 무엇인지 고민하게 되었고, 이 아이처럼 상처받은 사람들(법의 사각지대에 놓인 사회적 약자)에게 직접 도움을 주는 일을 하고 싶다는 생각이 들어 상담 공부를 선택하게 되었다. 지구대에서 법적으로 보호받지 못하고 사각지대에 놓인 열악한 여성 피해자들을 만나게 되면서, 그들에게 무언가 직접 필요한 도움을 주기 위해 상담에 관심을 갖게 된 것이다. 바로 그 이후 가영은 상담대학원에 진학하였으며, 그곳에서 심리학을 공부하며 심리치료와 명상을 시작하였다.

이 과정에서 그녀의 가치관이 변하게 된 것도 알 수 있었다. 어릴 적에는 가난 때문에 돈이 없으면 무력하다는 생각에 돈의 가치를 중요하게 여겼다. 그리고 학생 시절에는 외모에 집착하여 강박적으로 다이어트를 하기도 하였다. 당시에는 돈과 외모가 중요한 가치였다. 그러나 지금은 돈의 한계를 설정하게 되었고, 외모에 대한 집착도 줄었으며 존재적 가치에 더 많은 관심을 기울이게 되었다. 고통받는 사람들에 대한 상담과 치유, 봉사, 여성과 동물과 약자에 대한 돌봄과 배려 등 사랑과 봉사의 가치가 더 중요하게 생각되었다. '약자와 여성과 동물의 권익과 보호를 위해 일하거나 상담을 통해 위로를 주고 도움이 필요한 사람들을 위해 봉사하며 살고 싶다'는 그녀의 가치관은 분명 좋은 방향으로 긍정적인 전환을 이루었다.

이렇게 자신의 가치관이 돈과 명예에서 상담과 봉사로 바뀌게 되자, 가영은 주위 사람들에 대한 자신의 시선은 물론 그들을 평가하고 이해하는 방식도 달라진 것을 깨닫게 되었다. 예전에는 돈이 없거나 지위가 낮은 사람을 비하하거나 평가절하하는 경향이 있었으나(당시에는 지위와 계급이 곧 그 사람과 동일하다고 생각했으므로) 지금은 그런 사람에게 오히려 연민의 정이 생기고 위로하고 치유해주고 싶다는 생각이 든다는 것이다.

우리는 이러한 가치관의 변화를 검토하면서, 그녀가 직장에서 그

조직의 논리에 휩쓸리지 않고 지위와 명예 중심의 가치에 저항하면서 오히려 사회적 약자를 위해 상담 공부라는 새로운 돌파구를 찾으며 가치관을 전환하게 된 것을 높이 평가할 수 있었다. 자신의 힘든 삶의 과정에서 도달한 선택과 전환에 대해 이런 평가와 해석을 할 수 있게 되자, 가영은 상담 공부를 시작한 일(그리고 상담대학원에 진학한 일)에 대해 오늘 '처음으로 잘한 일'이라는 긍정적 평가를 하게 되었다고 말했다. 자신의 상담 공부에 대해 주위에서는 모두 못마땅하게 생각했다. 집에서 부모는 차라리 승진 공부를 하거나 직장에 충실하지 왜 밖으로 나도느냐고 질책하고, 직장에서는 왜 쓸데없이 그런 일을 하느냐고 비난하는 등 모두 부정적으로만 평가하였다.

하지만 이제 가영은 이 힘든 구조대의 경험이 자신의 가치관을 좋은 방향으로 인도했다는 것을 깨닫게 되었다. 이 직업에서 했던 일들을 통해 가영은 성숙해지고 자기중심적인 가치관을 깨뜨리면서 이타적으로 남을 동정하고 배려할 줄 아는 쪽으로 가치관이 전환되었다. 가영은 '이 일이 아니었으면 자기중심적으로만 살았을 것이고 상담 공부를 할 생각도 못 했을 것이다. 그렇게 생각하니, 이 직업이 처음으로 고마워진다.'고 고백하였으며, 이런 생각은 가영에게 커다란 자긍심과 더불어 중요한 사고의 전환을 가져다주었다.[18]

---

18) 이런 사고의 전환은 가영에게 학교와 직장 사이에서 갈등하던 상황에 대해 올바른 해석을 부여해줌으로써 자신의 삶을 새롭게 이해하는 중요한 계기가 되었다. 이 주제는 제1부 1장 2절(창조적 해석을 구현하는 철학적 대화)에서 자세히 다루었으므로, 그 부분을 참고하라.

대인관계에서 발생하는 가치관의 갈등 재조명

사실 이 주제는 가영과 상담하는 전 과정에서 지속적으로 제기되었던 문제이다. 여성성의 문제에서도, 남성조직문화 또는 사회구조의 문제에서도, 자신의 가치관을 유지하는 문제에서도 대인관계에서 발생하는 갈등과 충돌의 문제가 항상 따라다니고 있었다. 그래서 가영은 자신의 '삶이 갈등 투성이, 혹은 갈등의 연속'이라고 호소하였다. 남성조직 안에서의 자신의 여성성과 가치를 유지하는 것, 여성성에 대한 인식 사이에서 오는 갈등과 혼란, 직장에서 동료나 상사와의 갈등, 자신의 가치관 내에서의 갈등과 혼란, 남자친구와의 소통방식이나 가치관의 차이에서 오는 언쟁과 갈등, 가부장제 아버지와 엄마의 관계와 가정환경, 학교와 직장 사이에서의 갈등 상황 등 그녀가 호소하는 갈등은 삶의 곳곳에 잠복해있는 것 같았다.

가영은 남들과의 관계에서 가치관의 차이로 인해 갈등이 연속되어 힘들어했다. 그녀에게 갈등을 일으키는 '가치관의 차이'는 생각의 차이, 생각하는 방식의 차이, 행동방식의 차이 등을 포함하는 매우 넓은 의미로 사용하고 있다는 것을 알 수 있다.

▶▷ 그녀는 대인관계에서 가장 중요시하는 사람을 현재의 남자친구라고 하였다. 상담의 첫 회기에도 남자친구와의 갈등 문제에 대해 가장 먼저 대화하고 싶어 했다. 가영에게는 1년 정도 사귄 남자친구가 있는데, 그는 30대 후반의 사회학을 전공한 남성이었다. 최근에 그와 자주 다투곤 했는데 주로 "대화방식"이 문제의 원인이 되었다. 그들은 의사소통 방식의 차이로 자주 다투거나 언쟁을 벌이곤 하였다.

가영에 의하면, 남자친구는 논리적이고 이성적이지만 자신은 그 부분이 좀 약한 편이다. 그런데 언쟁이 생길 때마다 남자친구가 자신을 너무 감정적이라고 평가해버리면 위축이 되고 대화는 단절된다는 것이다. '대화에서도 항상 논리적으로 밀리고, 말로는 이길 수 없지만 왠지 부당하거나 억울한 느낌이 든다. 언쟁하게 되면 항상 내가 문제이고('넌 너무 감정적이어서 문제야') 그 이유가 내 탓으로 귀결되어버린다'는 것이다. 그리고 공정한듯하지만 남자친구가 '자기 위주의 방식을 강요하고 자기 논리를 내세우며 방어하면 자신은 바보가 되는 느낌이 든다.'

이성적인 친구와 감성적인 친구 사이에 생각하는 방식의 차이가 있을 수 있으나, 나는 이성이 항상 옳고 감성이 항상 틀린 것은 아니며 감정에도 진실이 있을 수 있다고 얘기하면서, 대화방식의 차이보다 둘 사이의 문제가 있다면 솔직하게 인정하고 대화하려는 자세가 더 중요하다고 말해주었다. 그녀는 이 말에 동의하면서, 자신의 감정이 솔직하게 무엇을 말하려는지 탐색해보기로 하였다. '감정적'이라는 평가는 부정적으로 생각되지만, 감정 자체가 부정적인 것은 아니며, 감정에도 이유나 목적이 있으므로 이해와 평가를 할 수 있다. 그런 점에서 우리는 자신의 감정에 대해서도 성찰이 필요하다.[19] 감정에도 진실이 있을 수 있다는 말은 그녀에게 자신감을 주었으며, 그 후로 가영은 감정적이라는 비난을 받더라도 위축되기보다는 감정에 들

---

19) 김선희(2013a) 참고. 우리는 감정에 대해서도 이해와 평가를 할 수 있다는 것에 대해 대화하였다.

어있는 메시지를 찾아 당당하게 표현하려고 노력하게 되었다.

그런 갈등에도 불구하고 가영은 현재 남자친구를 좋아하고 신뢰하고 있다는 것을 알 수 있었다. 그녀는 현재의 남자친구에 대해 말할 때 옛 남자친구와 비교하는 경향이 있었는데, 가부장적이고 권위적인 옛 남자친구에 비해 현재의 남자친구를 좋게 평가하였다. 현재의 남자친구는 자신이 싫어하는 전형적인 가부장제 남성성을 갖지 않았다는 점을 특히 긍정적으로 평가하였다. 강압적으로 지시하기보다 합리적으로 생각하고 이성적 토론을 즐기는 점도 좋아했다. 하지만 친밀해지고 요구하는 것이 많아지면서 자신을 좀 더 이해하고 공감해주기를 원하지만, 지나치게 논리적이고 이성적인 대화방식으로 밀어붙이는 것 때문에 자주 다투곤 한다. 남자친구는 자신에게 감정적이고 비논리적이라고 비난하고, 자신은 공감이 부족하다고 비난하는 식이다. (예전에는 감정적이라고 비판하면 주눅이 들었지만, 이제는 감정 자체가 부정적이라고 보지 않으며, 자신이 느끼는 감정 안에서 진실을 찾으려고 노력하고 상대에게도 요구할 수 있게 되었다. 그럼에도 대화방식의 차이에서 오는 문제에는 별다른 변화가 없었다.) 이렇게 대화방식 때문에 효과도 없이 계속 다투다가, 최근에는 서로 한발 물러서서 상대방을 이해하려고 노력하고 지켜보면서 조금씩 바꿔나가기로 약속하였다.

▶▷ 직장에서 동료들이 일하는 방식도 마음에 안 든다. 구조대 일이 긴급성과 신속성을 중요시하다 보니, 눈앞에서 벌어지는 일들만 해결할 뿐 뒷일에는 관심들이 없다. '마치 눈앞에서 문제가 사라지는 것이 목표인 듯 행동하며, 제대로 일을 처리하지 않고 다른 부서로 일을 떠넘기다 보니 실제로 문제는 눈덩이처럼 불어나곤 한다.' 안전과

사명감은 상실되었으며 '자판기식 법 적용'에 환멸을 느끼곤 한다. 피해자와 가해자의 이야기를 제대로 들어보지도 않고 대충 틀에 따라 법을 적용하여 사안별로 분류한 후 담당 부서로 넘겨버린다. 정상인과 비정상인을 분류하고 비정상인의 말은 들을 가치도 없다고 생각한다. 사실 조금만 귀 기울여서 이야기를 들어보면 도리어 문제가 잘 해결될 텐데, (인력이 부족하다는 핑계로) 들으려는 의지도 없이 일을 기계적으로 처리해버리는 것이 관행처럼 되어버렸다. 사람들의 이야기를 들으려는 자신의 행동이 오히려 비난의 대상이 되곤 한다. 결국 해결되는 일은 아무것도 없고 자판기식으로 법을 적용할 뿐이다.

▶▷ 또 직장에서 상사와의 갈등은 끊이지 않는다. 이 문제는 가영이 겪는 직장생활의 위기 중의 하나이기도 하였다. 그 상사는 자신의 직위에 맞지 않게 능력이 부족하고 결단력이 없을 뿐 아니라 소심하고 매사에 불안해한다. 한마디로 리더십이 부족하다. 주어진 일들이 제대로 되지 않을까 봐 불안하다 보니 아랫사람들에게 일일이 간섭하고 잔소리하거나, 시킨 일을 잠시도 기다리지 못하고 잘 진행되고 있는지 강박적으로 반복하여 확인하고 또 확인한다. 팀원들은 그런 상사를 인정하지 않고 무시하며, 그러다 보니 상사는 더욱 강압적으로 나오면서 분위기가 매우 경직되어 있다. 가영은 소심하고 불안해하면서도 강압적으로 지시하는 상관과 일을 하는 것이 고역이었으며, 어떻게 이 조직에서 자신의 가치관을 포기하지 않고 살아남을 것인지 고민이 되었다.

▶▷ 또 하나는 생명의 가치 또는 동물 사랑에 대한 자신의 가치와 직장에서 바라보는 남의 시선 사이에서 일어나는 갈등이다. "나는 동

물보호가로서 채식을 하며, 버려진 동물을 돌보고 있다. 직장 건물 뒤편에 집 없는 고양이들에게 먹이를 주고 있는데, 직장 상사는 주변이 지저분해진다고 그만두라고 지적하고, 동료들도 비난의 눈초리를 보내거나 이상한 사람 취급을 한다. 나는 남의 시선 때문에 숨어서 몰래 그 일을 하다가, '왜 용기를 못 내지?', '왜 그들에게 반박하지 못하지?' 하고 자문을 하게 된다." 가영은 그들에게 반박하지 못하는 것을 반성하면서, 고양이들을 더 적극적으로 도와주지 못하는 것이 미안하기도 했다. 생명을 존중하고 동물을 보호하려는 자신의 가치관을 실천하는 일이 (그것을 비난하는) 남의 시선 때문에 억압된다는 것에서 오는 내면의 갈등이 있다.

　　그러면 철학상담을 통하여 이런 갈등은 해소되었는가?

　　우리는 가치관의 차이로 빚어지는 대인관계의 여러 가지 갈등에 대해, 어떤 가치들이 타인과의 관계에서 갈등을 일으키는지 하나씩 검토하였다. 결국 다른 개성(정체성)을 가진 개인들이 만나서 가치관이나 사고방식의 차이로 강하게 부딪칠 때 (그 긴장과 갈등이 우리를 힘들게 하겠지만) 어느 한편이 일방적으로 승리하는 일은 거의 없다. 결국 서로 다른 가치관 사이에서 어떻게 대응하고 조율할 것인지의 문제가 중요해진다. 다만 적어도 자신이 진정 원하는 것이 무엇인지, 또 가장 중요하다고 생각하는 것이 무엇이며 어떤 삶을 원하는지에 대한 자기이해가 명료하다면, 갈등 상황에 대응하기가 훨씬 쉬울 것이다. 갈등이 일어나자마자 혼란에 휩싸이는 것이 아니라 차근차근 대응해나가는 것이 가능해진다.

상담이 진행되면서 가영은 이미 갈등을 다루는 법을 터득해나가고 있다는 것을 알 수 있었다. 가영은 아직도 아버지를 다 이해하지는 못하지만 아빠에 대한 증오심이 예전보다 많이 줄어들었다고 했다. 물론 요즈음 아버지는 거의 '자아를 죽이고 사시기 때문에' 예전의 강압적이고 권위적인 모습이 거의 남아있지 않으며, 때로는 측은한 마음이 생기기도 하였다.

남자친구와의 관계에서도 기본적인 신뢰를 바탕으로 일단 언쟁을 중지하고 기다리며 조금씩 바꾸도록 노력하는 것도 문제를 해결하는 중요한 방식이 되었다. 그리고 자신이 격정에 휩싸여 공격적이 되는 것은 어릴 적 가부장제 아버지의 폭력과 과거 남자친구에게 받은 배신과 상처가 작용하고 있다는 것을 알게 되면서 조금씩 태도를 바꾸어나갔다. 남성에 대한 기본적인 불신으로 공격적이 되거나 수동적으로 회피하는 경향이 있었으나, 권위를 내세우지 않고 자신을 이해해주는 현재의 남자친구에게 마음을 열기 시작하였다. 남자친구와의 사이에서 문제가 생겼을 때, 예전에는 분노가 폭발하거나 공격과 회피로 대응했지만 최근에는 점차 문제를 상의하고 소통하면서 해결하려고 노력하게 되었다. (가영은 실제로 상담이 끝날 무렵, 그 남자친구를 자신의 평생 반려자로 받아들이고 결혼하기에 이르렀다.)

상사와의 갈등 문제도 (자신의 직장에 대해 긍정적으로 생각하게 되면서) 마음의 여유를 갖게 되니 새로운 대응이 가능해졌다. '날마다 조급하게 쪼아대는' 직장 상사에 대해, 상담사로서 그 사람의 행동을 살펴보니 그런 성격에 대한 연민이 생기고 어느 정도 이해할 수 있었다. 그러면서 또한 그런 성격의 문제를 부드럽게 유머로 지적하거나, 그것이 주변 사람들을 힘들게 하고 오히려 일의 능률도 오르지 않는다는 것을 조언할 수 있었다. (가영은 상담대학원 2년 차가 되면서 상담 실습을 하고 있는데, 상담사의 눈으로 보니 그분이 좀 안돼 보이기도 해서 부드러운 방식으로 때로는 유머를 섞어 조언해보았다. 그런 행동에 대해 싫어하는 기색은 없어서 요즘 조금씩 대화를 시도하기도 한다.) 물론 상사 자신이 하루아침에 변할 수는 없고 그런 성격이 잘 고쳐지지는 않을지라도, 상사가 그녀의 대화에 마음을 열고 조언을 거절하지 않는 것과 그런 경직된 분위기를 조금씩 바꾸도록 이끌어가는 것도 그 상황에서 그녀가 할 수 있는 중요한 역량임이 틀림없었다. 상사는 별로 달라지지 않았지만, 가영 자신도 그 문제가 이제 예전만큼 답답하거나 힘들지는 않게 되었다.

무엇보다도 중요한 것은 학교와 직장 사이에서 혼란을 느끼며 갈등하던 문제가 모두 해소되었다는 것이다. 직장에서는 학교에 다니는 걸 비난하고 학교에서는 직장에 다니는 걸 비난하는 분위기에서 가영은 양쪽 다 붙들고 어쩌지 못하는 고통과 혼란에 빠졌었다면, 이제 그는 학교(상담 공부)와 직장 두 가지가 자신에게 분리되지 않은 것이었음을 알게 되면서 이 혼란에서도 벗어날 수 있었다. '이 직장이 아니었다면 상담 공부도 생각할 수 없었을 것'이며, 동시에 상담 공부를 통하여 이 직장에서 자신이 어떻게 대응해나갈지 길을 발견했기 때문이다. 이 두 가지는 겉으로 드러난 것처럼 갈등관계가 아니라, 그녀가 더욱 나은 삶으로 나아가기 위해 상호보완적인 역할을 했던 셈이다. 이전에는 직장일이나 학교에서의 상담 공부 어느 것에도 가치를 부여하지 못했었지만, 이제는 그것이 자신의 삶에서 얼마나 소중한 것이었는지 깨닫게 되었다. (이러한 자각은 자신의 삶이 고통 중에서도 선한 가치를 찾아가고 있었다는 자긍심을 불러일으켰다.) 가영은 이런 시각에서 자신의 삶과 선택에 대해 창조적으로 해석할 수 있게 되자, 자신을 둘러싼 많은 일에 대해서도 새로운 방식으로 바라보고 평가하기 시작했다.[20]

그러자 더 큰 변화는 직장에서 일어났다. 가영은 그 변화를 이렇게 말했다. "처음엔 왜 이 직장에 들어와서 매일 욕을 먹고 하기 싫은 일을 하는지 너무나 괴롭고 죽고 싶다는 생각뿐이었는데, 지금은 이런 힘든 과정이 성장하고자 하는 나의 욕구를 자극하고 진정한 나의 길로 인도하는 밑거름이 되었다고 생각해요. (……) 출근하면 억지로 웃고 있었는데, 지금은 먼저 인사를 건네고 웃는 일이 많아졌고, 나를 힘들게 하는 사람도 있긴 하지만 나름대로 의사표현도 하고 자신 있게 내 목소리를 내기 시작했어요." 그녀는 자신이 원하던 대로 남성 위주의 조직사회에서 나름대로 자신의 위치를 찾아가고 있었다.

나아가 가영은 사회구조에 대응하는 방식과 마찬가지로 자신의 가치관을 실천하는 것과 그것에 대한 비난의 시선 사이에서 스스로 조율하는 방법을 찾게 되었다. 그것은 자신의 가치를 실현하기 위해 감당할 수 있는 용기와 역량의 문제이며, 때로는 주변의 비난을 무릅쓰고라도 어느 정도 자신의 가치를 추구할 수 있는지 고민하고 결정해

---

20) 이와 관련하여 철학상담에서 창조적 해석의 역할에 관해서는 제1부 1장 2절을 참고하라. 창조적 해석은 비판적인 자기 성찰을 통하여 이루어진다. 이처럼 자신의 문제 상황에 대해 통찰을 부여하는 창조적 해석을 할 수 있을 때 삶의 곤경에서 해방될 수 있다.

야 하는 문제라는 것을 이해하게 되었다.[21] 남의 비난에도 불구하고 그 가치를 실천할 것인지 또 그 비난이나 불이익을 얼마나 감당할 수 있는지도 판단해야 할 것이다. (그 판단에 따라, 그들과 논쟁을 벌일 수도 있고, 몰래 행동할 수도 있고, 양해를 구할 수도 있고, 때로는 포기해야 할 때도 있을 것이다.) 결국 가영은 자신의 가치관(약자 사랑과 동물보호 등)에 따라 버려진 동물들을 돌보기 위해 남의 비난이나 불이익을 어느 정도 감수할 용기도 낼 수 있게 되었다. 그녀의 삶이 분명히 어느 정도 그녀의 이해와 자율적 통제 안으로 들어오고 있는 것이다.

가영은 상담의 회기를 진행할수록 철학적 대화에도 익숙해졌으며, 이미 중요한 물음들을 묻기도 하며 자기 이해를 확장해나갔다. 자신의 가치관이나 정체성을 탐색하면서 자기 이해와 성찰이 깊어지자, 이러한 문제들에 대응하는 방식에 대해서도 편안해지거나 자신감을 갖게 되었다. 갈등이나 충돌 자체가 문제가 되거나 그 때문에 곧바로 감정적으로 혼란에 빠지는 것이 아니라, 어떻게 대응할지 숙고할 여지를 갖게 되었던 것이다. (자신이 최대한 할 수 있는 부분들을 실행하고, 때로는 논쟁하거나 부드럽게 요구하기도 하면서) 훨씬 혼란이나 불안 없이 선택하고 실천할 수 있게 되었다. 그리고 이런 갈등 상황들 속에서

---

21) 우리는 자신의 가치관에 따라 살고자 할 때 얻는 것과 잃는 것이 있으며, 그때 무엇을 지킬 것인지, 자신에게 더 중요한 것이 무엇인지 비판적 성찰이 필요하다. 자신의 선택에 따라 치러야 할 대가가 무엇이며 그것을 어느 정도 감당할 수 있는지도 고민해야 할 것이다. 가치관은 그냥 지켜지는 것이 아니라 때로는 도전을 통하여 내면화되고 강화되기 때문이다.

도 결국 자기 삶의 목표를 찾아 상담사의 길로 인도되었다는 것을 깨닫게 되었다.

자신의 삶을 성찰하는 사고실험

상담의 마지막 주제로 가영과 함께 그녀의 삶을 조망하고 이해하기 위한 몇 가지 사고실험을 해보기로 하였다. 가영은 자신의 삶의 목표와 의미를 찾고 싶다는 강한 실존적 욕구가 있었으므로, 자신의 삶을 성찰할 수 있는 사고실험을 통하여 대화를 나누었다. 특히 니체의 영원회귀 사고실험은 가영을 사로잡는 부분이 있었는지 집에서도 혼자 계속 실험해보았다고 했다.

　니체의 영원회귀 사상은 우리의 삶이 똑같은 방식으로 영원히 반복된다는 것을 말한다.[22] 가영은 자신의 삶이 똑같이 계속 반복된다고 생각하니 끔찍하다는 느낌이 들었다고 한다. 끔찍하고 답답하며, 그렇게 살고 싶지 않다는 생각과 더불어, 주위 사람들에게 못되게 한 것이 떠올라 미안한 감정도 들었다고 했다. 자신은 어릴 적부터 불안과 짜증과 화가 많았는데, 엄마, 아버지, 동생, 예전의 남자친구에게 짜증을 내거나 분노를 폭발하기도 했다. 여성으로 태어나 가부장적 가정 분위기에서 억압되며 살다 보니 반항적인 기질이 되었고, 자신의 분노 때문에 개별적으로 상처를 준 사람들도 있었다. 그들에 대한 미안

---

22) 영원회귀 사고실험의 구체적인 방법에 대해서는 필자(2011a)의 논문을 참고하라.

한 감정과 동시에 피해의식이 가미된 반항과 분노의 감정을 양면적으로 가지고 있음을 알게 되었다. (그런 양면적 감정의 피해자로 특히 과거 남자친구에 대한 기억이 떠올랐으며, 그가 자신을 일방적으로 상처 준 것이 아니라 자신도 역시 그에게 심한 상처를 주었다는 것을 상기할 수 있었다. 그리고 그 친구가 자신에게 진심으로 잘해준 일들도 기억이 났다. 이제 가영은 '미움과 증오가 사라지면서 그를 진심으로 용서할 수 있게 되었고, 그러고 나니 이제 정말 그 사람과의 인연이 정리되었다'는 생각이 들었다.)

가영은 영원회귀 사고실험을 통하여 어릴 적 자신을 만날 수 있었고 어릴 적 상처와 우울한 감정들이 되살아났다. 그동안 고통을 감당하기 어려워 '의도적으로' 잊었던 기억들도 되찾게 되었다. 그녀는 어릴 적 기억을 찾아낸 것이 자신에게 도움이 되었다고 했다. 예전엔 결코 말할 수 없었던 것들을 드러내어 말할 수 있을 만큼, 상담을 통하여 자신이 힘을 얻었다는 것을 자각할 수 있었다. 그것을 드러냄으로써 어린 시절의 고통(소아우울증의 증상)이 조금씩 치유되거나 감소되는 것 같았다. 적어도 그것에 의해 억압되기보다 스스로 조절하고 감당할 수 있을 만큼 자신감을 얻게 되었다.

이런 대화를 통해 가영은 상담 과정에서 탐색하고 검토했던 문제들을 자신의 전체 삶의 맥락에서 재조명해볼 기회를 가질 수 있었다. 지나온 삶만이 아니라 미래에 기대하는 삶에 관해서도 이야기하였다.

마지막으로 어떤 삶을 살고 싶은지, 자신이 그리는 만족스러운 삶에 대해 가영과 대화를 나누었다. 가영은 경제적으로는 기본적인 것이 충족될 정도이면 좋고 그럴 수 있는 직업이 필요하다고 했다. 무엇보다 그는 사람들과 상호작용하며 봉사할 수 있는 보람 있는 삶을 그리고 있다. 그녀에게 그런 삶은 상담사로 살아가는 것이다. 지금 하고 있는 구조대의 일에 대해서는 경시하던 태도에서 고마운 직업이라는 생각으로 바뀌긴 하였으나, 육체적으로나 건강 등의 여건상 자신의 평생 직업으로 생각하진 않는다고 했다. 언젠가는 좋은 상담사가 되어 상담 센터를 설립하고 거기서 사람들을 상담하고 그들의 상처를 위로할 수 있는 삶을 살고 싶다는 꿈과 목표를 갖게 되었다.

그리고 가영은 동물과 살아있는 것, 생명이 있는 것에 대해 애정이 있었던 반면에, 어린 시절부터 (가부장적이고 폭력적 가정 분위기, 옛 남자친구의 무책임감, 친구의 배신, 고압적인 직장 상사나 동료 등등) 신뢰할 만한 사람을 만나지 못하다 보니 사람에 대한 애정을 갖기 어려웠다. "사람은 나를 배신해도, 동물은 배신하지 않는다는 생각과 동물이 사람보다 낫다는 생각이 강했다. 사람들로부터 배신 당하고 상처를 받다 보니 사람에 대한 이해나 상호 소통에 어려움을 느껴왔다. 그래도 상담 공부가 인간에 대한 이해를 높여주고 인간에 대한 부정적 관점을 바꾸고 보완해주는 것 같아서 좋다. 특히 여성이나 사회적 약자에 대한 관심이 더 생기게 되어 좋다." 그리고 보니 가영에게 상담은 가치관의 변화를 가져다주었을 뿐 아니라 인간에 대한 긍정적 사고를 갖게 해준 점에서도 소중한 임무를 해왔다고 할 수 있다. 앞으로 상담사가 되어 좋은 삶을 살고 싶은 가영에게 상담 공부는 참으로 소중한 인연이며 기회였다고 생각된다.

그리고 상담이 끝날 무렵, 가영의 가치관이 바뀌자 놀랍게도 직장생활의 목표도 바뀌었다는 것을 알게 되었다. 그녀는 승진하는 것보다 그 직장의 문화를 바꾸는 것, 즉 가치 변화에 이바지하는 데 더 큰 목표를 두게 되었다. 처음엔 남성조직사회에서 승진하며 잘 살아남는 것이 목표였는데, 지금은 높은 계급이나 승진보다 남성조직의 문화를 바꿔보고 싶다는 원대한 목표로 바뀌었다. 이제 가영이 추구하는 것은 "여성이면서 한 인간으로 존중받는 문화와 그런 직장분위기에서 일하고 싶다."는 것이다.

그리고 가영은 이런 변화를 통하여 도달한 상태를 이렇게 표현하였다. "이 상담을 통해서 얻은 가장 중요한 것은, 제가 가야 할 방향을 확실히 재확인하고 그렇게 살 용기가 생겼다는 점이에요. 막연하고 안개 같던 나의 가치와 소망이 좀 더 분명해졌고, 실패하거나 좀 늦춰지더라도 그렇게 살겠다는 용기가 나서 참 좋아요."

가영의 편지: 상담을 돌아보며

우리는 처음 계획한 대로 10회기에 걸쳐 상담을 마무리할 수 있었다. 상담을 마무리하며 가영에게 상담의 전 과정을 돌아보고 스스로 정리와 평가를 해보기를 요청하였다.[23] 상담이 끝난 후, 상담사는 당연히 상담을 정리하고 상담 결과에 대해 평가하거나 반성적인 성찰을 거치겠지만, 그런 작업은 내담자에게도 필요한 일이라고 생각한다. 특히 자기 이해와 자기 탐구를 중요시하는 철학상담의 경우, 상담에 대한

---

23) 나는 상담이 끝나면 상담의 결과를 평가하기 위해, 나의 평가와 내담자 자신의 평가를 함께 참고하여 상담을 정리해본다. 내담자가 자신의 문제를 이해하게 되었을 때, 자신의 말로 핵심을 더욱 잘 정리하는 것을 볼 수 있다.

내담자의 반성적 성찰과 평가는 자신에게도 도움이 되는 것임이 틀림없다.

상담이 끝나고 나서 며칠 후 가영은 편지를 보내왔다. 상담사로서 필자가 분석한 자료와 비교해보는 것도 의미 있는 일이라고 생각하며 그 내용의 일부를 소개해본다.

〈10회기 상담을 돌아보며〉

지난 10회기 철학상담으로 얻은 게 참 많았습니다.

크게 두 가지인데요. 가야 할 방향이 정해지니 가치 없게 느껴지던 삶이 다시 생명력을 얻게 되었네요. 신기하게도……. 같은 시기에 심리상담도 같이 받아서 더 비교됐던 것 같아요.[24]

첫째로, 저에 대한 성찰을 여러 방면으로 해서 좋았습니다. 가정사, 직장일, 나의 꿈…… 등. 모든 게 제각기 따로 분열되어 있었는데 상담을 통해 저의 관심사(여성과 자연)를 재확인하고 의미 없게 느껴졌던 저의 역사가 하나로 엮어지는 듯한 느낌을 받았습니다.

아! 그때는 이래서 내가 이런 선택을 했고 힘들었구나, 그땐 힘들었지만 꼭 겪어야 했던 경험이었구나 하는 생각이요.

심리상담에서는 꿈 분석과 일어나는 감정 위주로 문제를 다뤄, 개인적인 영역에 한정되었고 개인에게 영향을 미치는 조직문화, 사회구조는 소홀히 해 문제를 통합적으로 보기보다는 치우친다는 생각을

---

24) 당시 나는 이 사실은 알지 못했다. 평소에 나는 두 가지 종류의 상담을 동시에 받는 것을 추천하지 않는다. 다만 가영의 경우는 심리상담 대학원 졸업 과정에 심리상담을 받는 것이 수업 일부로 포함되어 있었다.

많이 했습니다. 제가 괴로워하는 문제는 불합리한 구조 때문에 생긴 것이었는데, 백날 상징이니 꿈이니 하는 것은 너무 추상적이라 구체적인 현실에서는 도움이 안 됐던 거죠…….

둘째로, 아주 어릴 때부터 사는 게 힘들다, 왜 사는지 모르겠다고 하며 삶의 목적과 의미를 찾지 못해 마음속 한구석이 항상 공허하고 모든 게 다 소용없이 느껴졌는데, 상담을 통해 제 관심사와 앞으로 나아갈 방향을 잡으니 제 삶이 의미 있을 수도 있겠다는 생각이 들었어요. 내 안에 끊임없이 충돌했던 가치들의 우선순위가 어느 정도 정해졌고 어떤 부분은 조금 양보하고 포기할 수 있겠다고 생각했죠. (……)

◇ 상담 후기를 보면, 가영은 살아오면서 자신의 삶이 조각조각 분리된 채 조화를 이루지 못하고 안팎으로 불일치하거나 갈등의 연속으로 파편화된 느낌이었지만, 상담을 통해 그 조각들이 자신의 삶 안에서 의미 있게 하나의 전체 역사로 연결되는 것을 경험할 수 있게 되었다. 의미 없이 여겨지던 고통과 경험들도 전체 삶 안에서 어떤 역할과 의미를 부여받게 되면서 자신의 삶을 이해하고 수용할 수 있게 되었다. 그리고 힘든 고통과 상처에도 불구하고 그것을 토대로 약자와 생명을 사랑하는 마음을 키워왔고 자신의 가치관을 선한 방향으로 전환해왔다는 것을 깨닫게 되었으며, 그 결과 자신의 삶의 의미와 방향을 찾을 수 있게 되었다.

가영을 생각하면, 갈등과 문제투성이의 삶이라 할지라도 그녀는 자신의 삶에 대해 투쟁적일 만큼 온힘을 다해 살아왔다는 것을 알 수 있다. 자신의 삶에 대해 그런 진심 어린 노력이 있었기에 그는 약자에 대해 남다른 시선과 관심을 가질 수 있었으며, 자신이 의식하지 못했을지라도 그녀의 삶의 역사는 그렇게 선한 방향으로 나갈 수 있었다고 생각한다.

09

미연의 사례:
꿈의 메시지, 삶의 활기를 찾고 싶은 소망

나는 모든 내담자를 기억한다. 그들은 모두 인상적이고 대단한 삶을 열어 보였고, 그 안에 놓인 자신의 고통과 문제에 용기 있게 대면했던 이들이다. 그중에서도 미연은 나에게 더욱 각별한 내담자로 기억된다. 미연은 내가 철학상담 프랙티스를 시작한 지 얼마 되지 않았던 시기에 갑자기 나를 찾아왔으며, 그녀와 대화를 나눈 첫날 나는 그녀의 삶 앞에서 전율을 느꼈던 기억이 난다. 그녀와의 만남은 몇 달에 걸쳐 드문드문 이루어졌음에도 불구하고, 만날 때마다 극적인 사건을 경험한듯하였다. 그 당시 나는 철학과에서 비트겐슈타인에 관한 강의를 하고 있었는데, 수업 중에 꿈에 대한 비트겐슈타인의 언급을 간략하게 다룬 적이 있었다. 비트겐슈타인은 프로이트의 정신분석과 자유연상에 대해 비판적이었는데, '꿈은 무의식적 실재를 보여주는 것이 아니라 우리의 삶에 영감을 주는 그림과 같다'는 독특한 주장을 하였다. 이 강의를 마치고 날이 어두워졌을 때, 미연이 연구실로 나를 찾아왔다.

그녀는 요즘 자주 이상한 꿈을 꾸곤 하는데 오늘 수업시간에 꿈의 주제를 다룰 때 자신의 꿈이 무언가 의미가 있는 듯 보였다는 것이다. 자신은 꿈의 상징이나 정신분석에 관심이 있는 것은 아니지만, 요사이 똑같은 꿈을 반복해서 꾸다 보니, 왜 그런지 또 그것이 무슨 의미인지 궁금하다며 얘기를 나눌 수 있는지 물어왔다. 나와 꿈 이야기를 나누고 싶다는 미연의 말에 처음에는 약간 당황이 되었지만, 나는 들어보기로 하였다. (대학에서 강의하다 보면 학생들을 면담하거나 상담할 경우는 종종 있지만, 상담을 원하는 것이 아니라 꿈에 관해 이야기하고 싶다는 미연의 말에는 잠시 망설였던 것도 사실이다.) 당시에만 하더라도 나는 철학상담 과정에서 내담자의 꿈을 다루는 것을 의식적으로 피하고 있었다. 꿈은 정신분석이 전문적으로 다루는 주제라는 생각이 지배적이었으며, 나 역시 그런 생각을 인정하는 듯 철학상담은 내담자의 꿈을 다룰 필요가 없거나 심지어 다루지 않는 편이 낫다고 생각했다. 꿈은 비합리성의 영역인 반면에, 철학상담의 대화는 무엇보다 이성적 숙고를 토대로 하기 때문이다.

하지만 미연과의 만남은 이런 생각이 잘못이라는 것을 깨닫게 해주었고, 철학상담에서 꿈을 다룰 수 있는 방법이 무엇인지 진지하게 고민하도록 해주었다. 이를 계기로 나는 꿈에 대한 철학적 물음들을 탐색하게 되었다. 그 후 본격적으로 꿈에 대한 철학적 분석의 가능성과 방법을 탐구해왔으며, 이제는 어느 정도 실천 가능한 철학적 꿈 분석 방법론을 마련하고 실천할 수 있는 단계에 이르렀다. 한 내담자와의 만남이 내 연구에 새로운 주제와 방향을 제시해주었던 것이다.

미연의 꿈에 관한 대화를 시작으로 그녀는 나의 내담자가 되었다. 꿈 이야기를 하다가 개인상담으로 연결된 것은, 꿈의 메시지가 미연의 심각한 상황에 대해 도움과 상담을 요청하고 있었기 때문이었다. 미연의 꿈은 의식하지 못했던 자신의 문제를 바라보도록 해주었고, 상담의 기회로 이끌어주었다. 그녀의 꿈은 자신의 문제를 직시하고 진실을 외면하지 말라고 지속적으로 경고하고 있었으며, 그런 꿈의 해석과 대화를 통하여 미연은 자신의 삶을 다시금 성찰하면서 자신의 삶에 대해 진지한 태도로 대면할 수 있었다. 그리고 그녀는 잃어버린 자신의 삶을 찾아가기 위해 노력할 수 있게 되었다. 비트겐슈타인의 말대로 꿈이 그녀의 삶에 영감을 주었을 뿐 아니라, 제대로 자신의 삶을 살기 위해 진실을 피하지 말라는 메시지를 전해주었다. 우리는 정신분석적 방법이나 어떤 심리적 기제도 이용하지 않고, 오직 철학적 대화를 통하여 미연의 꿈과 대면하고 성찰할 수 있었으며 꿈의 메시지를 찾을 수 있었다. 이것은 오직 철학적 대화로서 꿈의 해석을 시도한 최초의 사건이며 철학적 꿈 분석 방법론의 단초가 된 사건이기도 하였다.[25]

---

25) 물론 철학상담에서 꿈을 다룬 예는 슈스터의 철학적 정신분석으로 거슬러 올라갈 수는 있다. 그러나 슈스터는 내담자의 꿈에 대해 탈정신분석적 해석을 시도하고 있으나, 꿈 분석의 철학적 방법론을 구체적으로 제시하는 데는 관심이 없는 듯하다. 그런 의미에서 이 사례는 '철학적 대화로서 꿈 분석', 혹은 '철학적 꿈 분석'으로 명명할 수 있는 꿈의 분석을 수행한 첫 시도라고 할 수 있다. 철학적 꿈 분석의 방법론에 대한 논문으로는 김선희, 「꿈에 대한 철학적 분석의 가능성: 철학상담에서 어떻게 꿈을 다룰 수 있는가?」(2013b)을 참고하라.

이 상담을 상기해보면, 놀랍게도 미연의 꿈속에는 문제의 상황, 원인, 해결의 방향까지 제시해주는 모든 비전이 들어있었다고 생각된다. 상담을 진행하면서 미연은 철학적 대화가 보여주는 꿈의 의미가 자신의 문제 상황을 대단히 명료하게 보여주고 있었다는 것을 깨달을 수 있었다. 그러한 꿈의 메시지는 철학적 자기 성찰의 방향을 이끌어 주었으며 철학적 대화의 촉진제가 되었다는 점에서 철학상담에서 중요한 역할을 하였다.

꿈의 철학적 대화: 진실을 바라보라는 꿈의 메시지

미연은 명문대학교 3학년에 재학 중인 여대생이다. 처음 그녀를 만났을 때, 약간 냉담해 보이기도 하고 또 불안해 보이면서도 왠지 표정을 잘 읽을 수 없는 얼굴을 하고 있었다. 눈빛은 약간 불안한 듯 흔들렸지만, 질문의 핵심을 잘 이해하며 대화는 어렵지 않게 이어나갈 수 있었다.

미연은 내 연구실로 들어서자마자, 자신의 꿈 이야기를 하기 시작했다. '최근에 이런 꿈을 반복해서 여러 번 꾸었어요. 똑같은 꿈을 계속 꾸는 이유가 뭘까요? 비트겐슈타인 같은 철학자는 이 꿈의 의미에 대해 뭐라고 하나요?'(물론 비트겐슈타인은 꿈에 대한 단편적인 관심은

이 꿈의 사례는 다음 논문에서 간략히 다룬 적이 있다. 김선희, 「철학적 꿈 분석 방법론을 적용한 상담사례와 그것의 실천적 적용」(2014b).

있었지만, 아쉽게도 구체적으로 꿈을 분석하는 방법을 제시한 적은 없는 것 같다.) 그 당시에는 나 역시 꿈을 분석하는 구체적인 방법을 갖고 있지 않았으므로, 평소에 철학상담 프랙티스에서 하듯이, 그 꿈을 주제로 미연의 삶을 성찰할 수 있도록 질문을 이어나가면서 철학적 대화를 시도하였다.[26] (결국 그런 대화 방법을 구체적인 모델로 체계화한 것이 이후에 필자의 〈철학적 꿈 분석 방법론〉으로 발전하게 된다.)

미연의 꿈 내용은 다음과 같았다.

> 무언가를 사달라고 떼쓰는 어린애처럼 나는 엄마에게 무언가 해주기를 바라면서 드러누워서 소리 지르고 울면서 떼를 쓰고 있다. 그런데 그 모습이 어린아이 적 나의 모습이 아니라 지금의 큰 내 모습이다. 다 큰 어른의 몸으로 아이처럼 바닥에 뒹굴며 엄마에게 떼를 부리고 반항하며 소리를 지르고 있다. 그러나 엄마는 내 행동에 아무런 반응도 하지 않는다.

이 꿈은 하나의 장면이지만 매우 구체적이고 인상적인 내용을 담고 있다. 그리고 이 꿈에는 미연과 엄마 두 사람이 등장하고 있으며, 둘

---

26) 내가 미연을 만났을 당시는 철학적 꿈 분석이라는 아이디어를 생각해본 적이 없었으나, 한 시기에 똑같은 꿈을 여러 번 반복해서 꾸는 것이나 꿈의 내용에서 매우 생경하고 강렬한 느낌을 받았기 때문에 이 꿈을 무시할 수 없었다. 그때 꿈 분석 방법에 대한 아무 사전 지식이나 전제 없이 오직 철학적 대화로 이 꿈에 접근하였으며, 그 결과 이 꿈은 상담 진행의 중요한 열쇠가 되었다. (이것이 필자가 철학적 꿈 분석에 대한 연구를 시작하게 된 동기가 되었다. 미연과의 만남은 나에게 꿈의 주제에 대한 철학적 탐구에 자극을 주었다는 점에서 매우 소중한 인연으로 기억한다.)

의 행동이나 태도에서 보여주는 자세가 매우 뚜렷한 이미지와 메시지를 표현하고 있기도 하다. 나는 꿈의 장면에 대해서 궁금한 점들을 질문하면서 대화해나갔다.

꿈의 장면은 떼를 쓰는 광경이 떠오를 정도로 굉장히 구체적이고 실제적이다. 다만 다 큰 어른이 된 미연이 어린애처럼 행동하는 것이 기이해 보인다. 나는 미연의 행동도 기이하지만 그런 고통스러운 행동에 대해 아무런 반응을 하지 않는 엄마의 행동이 더 의아했다. 미연은 평소에 엄마를 어떻게 생각하고 있는 걸까? 나는 먼저 미연에게 엄마와의 관계가 어떤지, 그리고 실제로 그런 방식으로 행동하는 편인지 물었다. 그런데 미연의 답변은 뜻밖에 꿈의 내용과 전혀 달랐다. 미연은 엄마와의 관계를 "이상적"으로 표현하고 자신을 위해서는 무엇이든 헌신하는 분이라고 하였다. 미연은 엄마와의 관계가 좋은 편이며, 평소에 대화도 많이 하고 친구처럼 다정하게 지낸다고 했다. 또 자신도 엄마에게 떼를 쓰는 일이 없고 문제가 있으면 항상 대화로 풀어나간다고 했다. 오히려 꿈속의 자기 행동이 평소와 전혀 달라서 당혹스럽기까지 하다는 것이다. 미연의 말에 따르면, 엄마는 그녀에게 헌신적이고 다정하며 대화가 잘 통하는 이상적인 관계로 보였다. 정말 꿈의 내용과는 정반대가 아닌가! 물론 꿈은 반대로 나타나기도 하지만, 이 꿈의 내용은 단지 그렇게 보기에는 석연치 않은 부분이 있어 보였다. 미연의 꿈은 그녀가 무언가를 간절히 호소하고 있음에도 엄마는 그것을 완전히 외면하고 있다는 메시지를 반복하여 전달하는 듯 보이기 때문이다.

그리하여 나는 그녀에게 '헌신적으로 자신을 사랑하는 엄마'에 대해 구체적으로 이야기해볼 것을 요청했다. 하지만 몇 가지 질문으로 대화를 시작하자마자, 그녀는 엄마와의 관계에 대한 (알고 싶지 않았던) 진실을 금방 알아차렸다. 미연은 어릴 적부터 반항 한번 하지 않고 '고분고분' 부모님의 기대에 따르면서 살아왔다. 엄마는 자신의 앞날을 위해 도움이 되는 일이면 모든 것을 다 해주었다고 한다. 그리고 미래가 탄탄대로가 되도록 모든 준비를 다 갖춰줄 테니 그녀에게는 지시하는 대로 잘 따라주기만을 바랐다. 엄마가 알아서 다 해주었고 자신은 그대로 따르는 것이 '착한 딸'이 되는 길이었다. '나는 반항 한번 못하고 부모의 뜻을 헤아리면서 그 말을 따라야 했어요.' 엄마는 강제력을 쓰지 않고도 자신이 잘 따르도록 설득하거나 조종하는 능력을 가졌다고 했다. 처음에는 거부하다가도 결국에는 엄마의 뜻대로 움직이게 되었다.

사실 엄마에 대해 이해받지 못한 심정은 꿈속에 그대로 드러나있다. 그것은 꿈의 장면에서 세부적으로 엄마의 모습과 반응과 행동 등에 대해 질문했을 때 그녀의 답변에서 짐작할 수 있는 것이었다. '꿈속에서 떼를 쓰는 동안 엄마의 구체적인 모습이나 표정은 어떠했나요? 시선은 어디에 있었나요?' '엄마는 나를 바라보지도 않고 그렇다고 뒤돌아서지도 않고, 팔짱을 낀 채로 엇비스듬히 나를 비켜 서있고 시선은 딴 곳에 두고 있었어요.' 꿈은 그녀가 힘들다고 호소할 때마다 엄마가 보이는 냉담한 태도를 반영해주고 있었다. 엄마는 무표정, 무반응, 무감각한 얼굴이다. 미연은 힘들다고 고통을 호소하지만 엄마는 듣는척할 뿐 진심으로 공감해주지 않는다. 울부짖으며 소리 질러보아도, '팔짱을 낀 채로 사선으로 비스듬히 돌아서있는 엄마', '정면으로 바라보지도 않고 자신의 시선을 외면하는 엄마'의 태도는 참으로 냉정하다. 꿈에 보이는 엄마의 태도는 어쩌면 실제로 미연이 엄마에게서 느끼는 냉정함을 반영하는 듯했다. (미연은 끝까지 엄마를 거역하면 자신을 버릴지도 모른다고 생각하고 있기 때문이다. 엄마는 자신을 위한다고 하지만 자신을 진정 이해하거나 공감하려고 하지 않는다. 엄마의 생각만을 밀고 나가며 자신에게 요구할 뿐이다.)

미연은 처음에 말문을 여는 것에 굉장히 힘들어했으나 엄마에 대해 말하기 시작하자 놀랍게도 봇물이 터지듯이 이야기가 쏟아져 나왔다. 미연은 뭔가 자신이 너무 힘들고 병들고 있다는 것을 느끼면서도 그동안 이런 말을 누구에게도 터놓고 이야기해본 적이 없다고 했다. 더구나 엄마에 대해 이런 말을 하는 것은 처음이었으며 마치 죄를 저지르는 느낌을 받았다. 엄마는 어떤 고민이 있어도 자신 외에는 친구에게도 고민을 털어놔서는 안 된다고 주의를 시켰기 때문에, 자기 고민에 대해 말을 해본 적이 없고, 이런 말을 하는 것 자체를 어려워했다. 또한 그녀 안에서도 혼란과 갈등이 일어나 이 상황에 대한 정확한 인지나 판단이 서지 않았다. 엄마 말을 듣다 보면 자신은 분에 넘쳐서 그러는 것 같기도 하다가, 엄마가 나를 조종하고 통제해왔다는 생각이 들기도 한다.

미연은 의식적으로는 '엄마는 나를 사랑하며 나를 위해 모든 것을 희생하고 헌신하는 분이니 엄마의 뜻을 거절하거나 반항해선 안 된다'고 생각한다. 한편 (꿈이 드러내는) 무의식에서는 다른 목소리가 들린다 : '엄마는 자기 뜻대로 나를 조종하려고 할 뿐 나의 고통에는 무관심하다. 나의 힘든 상황을 모른 채 외면한다. 듣고는 있으나 아무런 공감도 해주지 않는다.'[27] 미연은 엄마에 대해 두 가지 대립하는 생각으로 혼란스럽지만, 꿈 분석을 통하여 꿈의 메시지를 이해할 수 있었다. 꿈은 명료하게 진실을 말해주고 있었다. 문제의 진실을 회피하지 말고 직시하라고 경고하고 있었다. '너의 고통을 모른척하면 안 된다. 엄마와의 관계에서 너의 문제를 직시하고 해결해야 한다!' 미연의 꿈은 엄마와의 관계에서 〈진실을 바라보라〉는, 즉 〈너의 문제를 직시하라〉는 경고의 메시지를 보내고 있었다. 엄마는 미연을 위한다는 명목으로 (어릴 적에는 강압적으로 대학생이 되어서는 온건한 방식으로 조종과 설득을 하면서) 그녀의 행동과 삶을 통제해왔다. 어쩌면 미연은 이미 알고 있었음에도 그 진실이 두려워 그것을 인정하고 싶지 않았는지 모른다. 하지만 꿈은 자기 기만에서 빠져나오라고, 너의 고통을 밀쳐두면 더욱 힘들어질 것이라고 여러 차례 경고의 메시지를 보내고 있는 것이다.

미연의 문제

미연은 꿈의 대화 이후에 자신의 고통과 문제를 털어놓았다. 자신의 문제는 무력감과 아무 감정도 못 느끼는 것이라고 하였다. 자신은 오

---

27) 이런 대립적인 생각이 혼재하는 이유는 무엇일까? 우리는 차마 인정할 수 없는 진실이나, 대면하고 싶지 않은 진실이 있을 때 자기 기만에 빠지게 되는 것 같다. 엄마가 나를 위해 그토록 애쓰고 있는데 〈엄마가 내 고통에 무관심하거나 나를 고통스럽게 한다〉는 것은 받아들이기 어렵지 않은가!

래전부터(대학에 들어오기 이전 고교 시절부터) 삶의 무력감에 빠져있으며, 아무런 감정도 느끼지 못하는 상태가 되어버렸다고 했다. 슬픔 이외에는 감정이입이 전혀 안 되며 모든 일에 감정이 일어나지 않아 삶이 무감동하고 무감각하며 무덤덤하다는 것이다. 기쁜 일도 놀라는 일도 없고 아무런 감정 반응도 없어서 주위 사람들로부터 감정을 못 느낀다는 지적을 받을 정도이다. 심지어는 뇌에 이상이 있는지 확인하기 위해 뇌 촬영을 한 적도 있었는데, 병원에서는 뇌의 감정 부위에 이상이 없는 것으로 나타났지만 자신의 무감정/무감동 상태는 계속되었다.

미연은 이런 엄청난 이야기를 아무렇지 않게 쏟아내고 있었다. 이미 꿈 이야기를 통하여 엄마에 대한 심정을 다소 털어놓은 후라 그런지, 자연스럽게 엄마가 자신을 어떻게 키웠는지 말하기 시작했다. 어린 시절에 미연은 무척 똑똑하고 집안 식구의 기대를 온몸에 받으면서 자랐다. 부모님은 교육열이 매우 높아서 자신을 최고로 만들기 위해 모든 노력을 아끼지 않았다. 교육열이라고 말하기에는 사실 고압적이고 강압적인 양육과 교육의 연속이었다. 그녀는 부모님이 시키는 대로 반항 한번 하지 않고 고분고분 따라야 했다.

엄마는 '완벽주의자'였고 자신에게 거는 기대가 매우 컸으며 예능을 비롯하여 좋다는 것은 모두 시켰다. 자신에게도 무엇이든 완벽하게 해내도록 요구하였고 항상 최고가 되어야 했다. 그리고 교내외의 이름 있는 중요한 상을 받거나 스펙을 갖추기 위해서라면 모든 시도를 다 하였다. 아버지는 이중적이었는데 외부적으로는 매우 온화하고 열린 성격으로 관용을 중요시하는 듯 보이면서도, 집안에서는 가부장적이고 무척 권위적이었다. 또 말로는 자유롭게 알아서 하라고 하면서도 당신 뜻에 어긋나는 선택에 대해서는 용납하지 못하고 암암리에 거부하는 태도를 표시하였다. 그래서 '나는 거부 당하지 않기 위해 엄마와 아빠의 진짜 뜻이 무엇인지 헤아리면서 그걸 따라야 했어요.'

물론 엄마는 딸에게 헌신했고 모든 것을 아끼지 않았으나, 미연의 편에서 보면 실제로 감정이 다 메말라버리고 피폐해진 것도 모를 정도로 미연을 강압적으로 때로는 회유적으로 통제해왔다. 미연은 한 번도 (부모의 뜻과 다르게) 자신이 원하는 것을 선택해본 적이 없다고 했다. 어릴 적부터 공부와 진로를 비롯하여 세세한 모든 것이 부모의 계획대로 추진되었고 자신은 항상 그것을 실천해나가도록 압박을 받아왔다. 물론 성취도 따랐기 때문에 오히려 그럴수록 엄마의 강압적 교육은 더 설득력을 갖고 추진되었다.

미연은 엄마가 시키는 대로 그렇게 살다 보니, 어느 순간 자신이 무얼 원하는지 모르게 되었고 삶의 무력감을 느끼며 우울해지기 시작하였다. 더구나 아무런 감정도 생생하게 느끼기 어렵고 무감각해지기 시작했다. 뭔가 심각한 문제를 느끼고 엄마와 대화를 시도해보아도 엄마는 '그런 건 성장통이고 다 지나갈 테니 엄마가 시키는 대로 미래를 준비하며 열심히 공부하라'고만 했다.

물론 미연에게도 엄마와의 위기는 한 번 있었다. 고3 때 대입 준비를 하기 위해 논술 공부를 하면서 주체적으로 판단하는 것을 배움에 따라, 그런 공부가 자신의 주관에 따라 생각할 수 있는 기회를 주었던 것 같다. 그때 자신의 주체적 사고와 부모의 강압적인 양육방식이 부닥치면서 갈등을 일으키고 혼란의 시기를 보낸 적이 있다. 그때 (부모에 대한 저항 때문인지) 자신을 통제할 수 없을 만큼 분노가 폭발하여 정신과 치료를 받았던 적이 있다고 털어 놓았다. 그 당시 그녀는 5개월 정도 강하게 우울증을 앓고 치료를 받았는데, 그 이후로 조금 약화되긴 했으나 지금까지도 7~8년째 지속적으로 강하거나 약한 우울증 상태에 빠져 있다고 했다.

또한 미연은 고교 시절의 몇 가지 일들 외에는 중학교 시절까지 아무런 기억도 하지 못했다. 중요한 사건들은 물론이고 사소한 일들도 전혀 기억나지 않는다고 했다. 그녀는 부분적으로 기억을 잃은 상태이다. 그녀는 기억을 다 잊어버리는 것으로 자신의 고통을 덮을 수밖에 없었다. 이런 문제들을 털어놓으면서 미연은 남에게 이런 이야기를 해본 것은 처음이라고 약간 흥분되어 말했다. 엄마는 고민이 있어도 다른 사람에게 털어놓는 것을 싫어했기 때문에 누구에게도 이런 말을 한 적이 없었고 할 수도 없었다. 혼자 감당할 수 없어 무력감을 느끼고 잊어버리는 것으로 덮어버렸던 것이다.

대학에 들어오고 나서 엄마의 간섭이나 강요는 줄어들었으나 미연의 무력감과 우울증은 나아지지 않고 계속되고 있다. 대학에는 들어왔으나(자신은 고3 이전까지 워낙 공부를 잘해왔기 때문에 고3 들어 공부를 제대로 못 했어도 대학에 합격하는 것은 어렵지 않았다고 한다), 무력감에서 벗어날 수 없어 학업을 제대로 하기 어려울 정도이다. 대학 3학년이 되었으나 그동안 제대로 수업을 듣거나 공부를 한 적이 별로 없다. 가끔 학교에 수업을 들으러 오긴 하지만 거의 집에서 잠을 자거나 무기력한 상태로 지낸다. 삶의 의욕은 상실되고 이렇게 무기력한 상태로 대강대강 생각 없이 살아가고 있다는 것이다.

자신의 고통을 외면하는 엄마

미연은 고3 때 엄마의 강압적인 양육방식에 반항하다가 통제할 수 없는 분노와 우울증으로 정신과 치료를 받았던 것을 기억하였다. 고3 기간의 절반을 우울증 치료를 받은 것이다. 나는 그 이후에 엄마의 태도가(혹은 엄마의 양육방식이) 달라졌는지, 혹은 엄마와의 관계가 어떻게 변했는지 물었다. 그 사건 이후, 엄마는 무엇을 강요하거나 강제적으로 시키려고 하기보다 대화를 많이 시도하면서 내 생각도 들어주려고 노력하셨다. 또 엄마의 입장에서 생각해보기를 청하시거나 호소하기도 하였다.

'하지만 생각해보면, 엄마는 그 사건 후에는 강압적이지는 않았으나 온건한 방식으로 또다시 나를 통제하려고 했다. 예전만큼 강하게 요구하지는 않지만 조용한 말로 끊임없이 회유하고 결국에는 당신이 원하는 방향으로 끌고 가셨다. 대화를 하긴 하지만 엄마의 결론은 이미 결정이 났고, 대화란 그것에 반대하거나 의문을 제기하는 자신을 설득하는 과정에 불과하다.' (엄마랑 대화는 하지만, 실제로는 진정한 대화가 아닌 것 같다). '내가 아무리 힘들고 고통스러워해도 엄마는 자신의 생각을 포기하지 않고 그것이 모두 나를 위한 것이라고 말한다. 엄마는 예전과 달라진 것 같지만, 강요하는 방식만 바뀌었을 뿐 실제로 변한 것은 전혀 없었다.' 그녀의 무력함과 우울함은 더 깊어만 갔고 대학에 진학한 이후에도 나아지질 않았다. 가끔 엄마와 대화할 때, 자신의 힘든 상태를 이야기하면 '미안하다, 다 내 잘못이다'라고 말하면서도 엄마는 바뀌지 않는다. 근본적으로 달라지는 것은 없다. 또 '미안하다, 그래도 너를 위해서 그런 것이니 이해해 달라'는 말을 들으면, 미연은 더는 할 말이 없어진다. '이런 무력감이 몸과 행동에 배어 있는데도 엄마는 나의 이런 증상들을 모른체하신다. 엄마는 아직도 내 말을 진정으로 귀담아듣지 않는다. 다 지나갈 거라고 위로 아닌 위로를 하며, 다시 내 삶에 대해 엄마의 계획을 말씀하신다. 예전과 다른 점은 강압적이지 않고 회유적이라는 차이밖에는 없다. 나를 조종하고 설득하려는 점에서는 변한 게 없다.'

이렇게 무력하게 지내던 중에 미연은 그런 꿈을 반복하여 꾸게 되었다. 그리고 지난번 자신의 꿈을 분석하면서 자신과 자기 삶, 그리고 자신의 성장 과정에 대해 되돌아보고 깊이 생각하면서 이해를 심화해 나갔다. 〈자신이 살아온 삶과 엄마의 양육방식에 대해 여러 가지 측면에서 많이 생각하게 되었다. 엄마에게 이런 우울감과 무력감을 아무리 호소해도 일시적인 성장통이고 다 지나갈 것이라고만 할 뿐, 정말 내 고통을 이해하지 못하고 공감하지 못한다. 꿈속의 모습 그대로이다. (삶의 의욕을 잃고 허우적대며 살고 있지만) 엄마는 아직도 나를 놓아주지 않는다. 엄마는 내 '성장통'이 끝나길 기다리고 있는 것 같다. 그때가 되면 다시 착한 딸이 되어 엄마의 기대를 충족시켜줄 것이라고 기대하는 걸까? 그런데 내가 정신을 차리게 되면 다시 엄마 방식대로 나를 몰아칠 것이라는 걸 알기 때문에 나는 더 무기력함에서 빠져나오지 못하는 것 같기도 하다. 때로는 대강대강 생각 없이 살면 엄마도 나를 포기하지 않을까, 어쩌면 자유롭게 살도록 놔두지 않을까 생각되기도 한다.〉

자신의 삶에 대해 숙고하던 중 여기에 생각이 이르자, 꿈은 자신의 고통을 외면하는 엄마의 모습을 뚜렷이 보여주었지만, 또한 미연도 자신의 고통을 외면해왔다는 것을 깨닫게 되었다. 어쩌면 미연도 자신의 기억을 잊어버리는 것으로 엄마처럼 자신의 고통을 외면해버린 건 아닐까! 엄마에게 반항하고 고통스럽다고 소리 지르기보다는 기억에서 지워버리고 무력하게 대강대강 사는 것으로 포기해버린 건 아니었을까? 그런데 꿈은 그녀의 고통스러운 모습을 보여주면서 너의 고통을 바라보라고, 너의 고통을 외면하면 안 된다고 경고하고 있었다. 이처럼 '꿈은 나의 고통을 나 자신도 외면하고 있었다는 것을 깨닫게 해주었다.' 그리고 이런 깨달음에 이르자 미연은 자신의 꿈과 대화하고 소통하면서 자신에 대해, 그리고 자신의 문제에 대해 더 깊이 성찰하는 기회를 얻게 되었다.

'삶의 활기를 찾고 싶어요!'

자신의 꿈을 성찰하고 나서, 미연은 엄마만이 아니라 '나 자신도 내 고통을 외면해왔다'는 것을 깨달았고 그 순간 새로운 자각이 찾아왔다. 그리고 미연은 자신이 지금에 와서 왜 이런 꿈을 꾸게 되었을까를 곰곰이 생각해보다가, 변화를 향한 자신의 욕구를 발견하게 되었다.

미연에게 〈삶의 활기를 찾고 싶다〉는 너무나도 소중한 자각이 찾아왔다. 그녀는 이제 자신도 이런 상태에서 벗어나고 싶다는, 무력감에서 벗어나 활기를 찾고 싶다는 욕구가 생겼다. 미연은 우울증이 찾아온 이후 처음으로 이런 생각이 들었다고 했다. 이렇게 살 수는 없다는 생각이 들었다. (이것이야말로 그녀가 꿈에서 찾은 진정한 통찰이고 깨달음이었다!)

미연은 비록 꿈속이지만 지금껏 한 번도 시도한 적이 없는 엄마에 대한 반항을 해보았으며, 또 꿈속에서 처음으로 원초적 형태의 '유아적인 떼쓰기'로 반항을 하는 자신을 발견하고 새로운 자극을 받았다. 그것은 삶의 활기를 찾고 싶은 자신의 숨은 욕구의 표현이라고 생각되었다. 현실에서는 아직도 표현할 수 없는 저항을 꿈속에서나마 시도하기 시작했다고 이해하였다. 이런 자각이 들자, 미연은 자신의 성장 과정을 다시금 비판적으로 돌아보는 계기를 갖게 되었다. 분명 거기에 문제가 있었다! 왜 단 한 번도 자신의 의지대로 살아보지 못했을까!

그녀는 자신의 문제를 꺼내어 거리를 두고 좀 더 객관적으로, 그리고 더욱 깊이 성찰하며 이해하기 시작했다. 자기 이해가 생기고 자신의 문제를 객관적으로 보기 시작하자, 그녀는 엄마에 대해서도 지금까지와는 다른 방식으로 이해할 수 있게 되었다. 엄마의 삶도 바라보게 되면서, 엄마에 대한 넓은 맥락의 이야기를 기술할 수 있게 되었다.[28] 엄마는 결혼 후, 할머니에게 인정을 받지 못하고 고부갈등을 겪

---

28) 제1부 6장 정체성의 정치학과 관련하여 넓은 맥락 이야기를 참고할 것.

으며 힘든 시간을 보냈다. 가부장적이고 엄격한 시댁에서 엄마는 자녀의 성공적인 교육을 통해 자신의 위치를 확고히 하고자 했다. '내가 공부를 잘하는 것이 유일하게 엄마의 자존심을 지켜주었다. 엄마를 타박하는 할머니도 나의 성적이 좋으면 엄마를 인정해주었다. 어쩌면 엄마의 교육열은 엄마가 가부장제 체계에서 존재감과 자존심을 느끼며 살아내는 방식이었던 것 같다.' 미연은 어렸지만 그런 엄마에 대한 연민이 있었던 것 같다. 엄마와 할머니의 관계(엄마를 인정하지 못하는 할머니)나, 집안에서 엄마의 노고와 힘든 상황을 어렴풋이 알기에 엄마의 요구를 거절하기도 어려웠던 것 같다. 엄마가 당신의 처지를 호소하면 자신도 엄마가 원하는 대로 알아서 행동할 수밖에 없었다. (어떤 면에서 '엄마는 그걸로 나를 회유하고 조종하면서 결국 나를 당신이 원하는 대로 하도록 만들기도' 하였다.)

미연은 엄마와의 관계에 대한 넓은 문맥 이야기를 통해, 엄마의 삶도 안타까운 점이 있다는 걸 인정하게 되었다. 처음에는 엄마를 원망하고 증오했지만 이젠 연민이 생기기도 하였다. '엄마는 나에게 왜 그랬을까?' 또 '나는 왜 엄마의 요구에 한 번도 저항하지 못하고 그대로 따랐을까?' 조금은 이해되는 부분도 있었다.

어릴 적부터 부모의 통제와 조종을 받으며 살다 보니, 언제부턴가 미연은 자기 삶의 모든 것이 결국 부모의 뜻대로 될 거라는 자괴감이 들기 시작했다. 또한 부모의 뜻을 따를 때 최소한 어느 정도의 수준에 이르는 결과(사회적 지위와 평가 등)를 얻을 수 있다는 것도 알고 있었다. 자기 뜻대로 했을 때 결과는 불확실하며, 그만한 성취를 얻기도 힘들 것이라는 자신감 저하의 문제도 있었다. 물론 그 문제를 모두 감당하기에는 그녀는 어려웠다. 하지만 나이가 들어서도 그런 결과에 기대어온 자신에게도 문제가 있다는 걸 깨닫게 되었다. 이것을 깨닫게 되자 미연은 자신의 문제와 더불어 자신이 가야 할 길이 보이기 시작했다.

미연은 자기 꿈과의 대화를 통해 더 깊이 더 멀리 나아갔다. 꿈의 메시지에 비추어 그것을 계속 새롭게 변형시키면서 놀라울 정도로 깊은 숙고와 성찰에 들어갔다. 여기서 꿈은 실체나 진리를 찾는 차원이 아니라, 자기 성찰을 돕는 동반자와 같은 구실을 해주었다. 자신과 자기 삶에 대한 진심에 어긋나지 않는 한 어떤 생각이든 성숙하게 발전시키면서 자기 이해를 깊게 해주었다.

부모의 뜻대로 살 것인가, 내 의지대로 살 것인가

미연은 지금까지 내면에서 갈등하던 생각의 혼란이 걷히기 시작하자, 자신의 문제를 꺼내서 객관적으로 볼 수 있게 되었다. 이제 자신의 진정한 문제를 대면하고 숙고하기 시작했다. 미연은 자신 앞에 놓인 두 가지 길을 보면서, 자신이 가야 할 앞길이 보이기 시작했다. '하나는 부모의 뜻을 따르는 길이고, 다른 하나는 나의 뜻을 찾는 길'이라고 했다. 그리고 두 가지 길을 놓고 비교하고 검토하는 등 자신이 가야 할 길에 대해 냉정하게 성찰하였다. 이런 방식으로 진지하고 냉정하게 자신의 문제를 바라보는 것도 처음이었다.

그녀는 철학적 대화를 하면서 문제를 명료화해나갔다. 그녀는 자신의 삶이 어떠해야 하는지, 어떤 삶을 추구할 것인지 진지하게 묻고 있었으며, 그녀가 찾은 문제만으로도 그녀의 삶이 주체적으로 시작되고 있음을 알 수 있었다. 두 가지 길 사이에 서서 비교하고 분석도 하고 비판적으로 검토하기도 하였다.

첫째, 부모의 뜻대로 살 것인가? : "이 경우 나는 무력한 과거의 틀에서 벗어나지 못할 듯하다. 부모가 지시하고 만들어주는 삶을 사는 것은 어떤 의미로는 안정된 사회적 지위를 얻고 그것이 주는 안락함은 있겠지만, 내 삶은 다시는 없을 것이다."

둘째, 나의 의지대로 살 것인가? : "이 경우 내가 진정 원하는 게 무엇인지 아직 잘 모른다는 것이 가장 어려운 문제이다. 한 번도 내 뜻대로 해본 적이 없어서 잘할 수 있을지 걱정이 되기도 하고 약간 자신감이 떨어지기도 한다. 그리고 엄마의 패배감이 걱정되기도 한다. 이런 문제에도 불구하고 이번 기회에 내 삶을 찾지 못한다면, 나는 남이 정해주는 대로 살게 될 것이다."

미연은 지금까지처럼 부모의 뜻대로 살다가는 물질적 안락함은 얻겠지만 평생 무기력한 삶을 살게 될 것이라는 생각에 이르렀다. 그러자 그녀의 선택은 분명해졌다. 즉 자기 삶의 활기를 찾기 위해서는 아무리 어려움이 있어도 자신이 원하는 삶을 찾아가야 한다고 생각했다. 그녀가 두 가지 길을 서로 대적하는 배타적인 방식으로 바라보는 이유는 엄마와 아버지의 강한 의지와 완고함을 잘 알기 때문이었다. '부모의 뜻에 따라 살지 않는다면 자신은 집을 떠나야 할지도 모른다'고 생각한다. 그녀의 오빠가 그랬던 것처럼! (오빠는 부모의 강압적인 교육방식에 반항하여 집을 나가버렸다. 그리고 부모도 오빠를 자식으로 생각하지 않는다. 그래서 미연은 부모를 거역하면 자신도 오빠처럼 버려질지 모른다고 생각해왔다.) 또한 적당히 타협하며 제3의 길을 찾는 것으로는 부모의 의지에서 벗어날 수 없다는 생각이 들기도 했다. 어느새 미연은 그만큼 단호해졌으며, 부모의 손에서 벗어나 자신의 삶에 책임지려는 의지도 강해졌다.

미연은 이제 문제를 보는 시각이 넓어지고 여유도 생긴 게 분명했다. 어느 길이든 예전처럼 고통스럽지는 않았으며 자신이 감당할 수 있을 것 같았다. 이제 그녀는 어린아이가 아니었다. 자신의 방식대로 삶을 주도할 수 있는 용기도 생기기 시작했다. '부모의 뜻과 달리 내 뜻대로 해나간다면 부모님이 나를 외면할 거라는 두려움도 있었지만, 내가 감당해야 하는 것과 감당할 수 있는 것에 대해서도 차분하게 생각해보았으며, 내 삶의 활기를 찾기 위해 그것을 감수하고 시도할 용기가 생기기 시작했다.'

그녀는 여전히 엄마를 사랑하지만(그리고 비록 가부장제 문화에서 할머니와의 관계에서 힘들게 살았던 엄마를 이해하는 부분도 있지만), 이제 다시는 남이 정해준 방식으로 살아선 안 된다는 것을 깨닫게 되었다. '내 삶을 자포자기해선 안 된다는 자각이 들었고, 이제 절대 과거와 같은 방식으로 남이 정해준 삶을 살지 않겠다'고 다짐했다. 앞으로 '내 힘으로 내 의지대로 살고 싶다'는 생각이 간절하였다. 이런 생각을 하며 앞으로의 삶의 계획을 세우다 보니, 그녀는 삶의 무력감이나 무기력함에서 어느 정도 벗어나고 있는 것을 느낄 수 있었다. 미연은 자기 삶에도 어떤 가능성이 보이고, 그 길을 찾을 수도 있을 것 같았다.

내 길을 가기 위한 준비

그리고 나서 얼마 후 미연을 다시 만났을 때, 그녀에게는 예기치 않은 변화가 있었으며 그녀의 삶을 억누르던 문제가 새로운 계기를 만나게 되었다. 그동안 미연의 부모에게 가치관의 변화가 일어나는 획기적인 사건이 있었다. 아버지가 이른 나이에 갑자기 은퇴하게 되면서 우울증을 앓게 되었다. 그런데 그 과정에서 아버지는 가치관의 큰 변화를 겪었으며 삶의 의미를 재고하게 되었다고 한다. 아버지는 커다란 심경의 변화를 겪었으며 사고방식과 삶의 태도도 변하였다. 당신의 평소 생각에 회의가 오면서 미연에게는 개방적인 태도로 바뀌었다. 예전처럼 당신의 생각을 관철하려고 하기보다, 딸의 생각을 이해하려고 노력하고 '하고 싶은 일이 있으면 후회 없이 해봐라', '너 하고 싶은 일을 해봐라'라고 말씀해주셨다고 한다. 아버지의 변화와 더불어 엄마도 함께 변했으며, '네가 원하는 것이 있다면 그 길을 가거라! 말리지 않겠다'고 하셨다. 미연은 자신의 길을 선택하는 것에 따른 무거운 짐을 예기치 않게 덜게 되었다. (이렇게 우리의 앞날은 또 알 수 없는 일이기도 하다.)

미연은 부모님의 갑작스러운 변화가 당황스러울 정도였다. 하지만 부모와 크게 부딪치거나 관계를 해치지 않고도 자신이 주도하는 삶을 살 수 있게 되어 참 다행스러운 일이었다. 이미 결심한 일이긴 했으나, 부모님이 예전처럼 강하고 완고하기보다는 심약해 보여서 안돼 보이기도 했다. 그런 부모를 바라보며 부모의 위치에서도 삶을 바라볼 기회를 갖게 되었다. 또 요즘에 아이들을 가르치는 과외 봉사를 하고 있는데, 그 일로 부모의 위치에서 아이들을 바라보게 되면서 부모님의 행동에 대해 조금은 이해하는 부분이 생기기도 하였다. 아이들에게도 보상과 벌의 기준과 규칙은 필요하다고 생각되었다. 다만 그것이 강압적이고 고압적이며 과도했던 것이 문제라는 것도 알 수 있었다.

　미연은 이제 실패하고 좌절하는 일이 있더라도 자기 길을 가보겠다고 더욱 굳게 다짐하게 되었다. 미연은 자신의 의지에 따라, 자신이 원하는 삶을 살기 위해서는 경제적으로 독립하는 것이 필요하다고 생각했다. 그녀는 우선 취업을 하기로 마음먹고, 공무원 시험 준비를 하기로 했다. '공무원이 내 적성인 것 같다, 스스로 생활비를 벌고 경제적 독립부터 시작해보겠다'며 미연은 조금씩 자신의 삶을 주체적으로 그려보기 시작했다. 이렇게 미연은 삶의 무기력함에서 벗어나, 자신의 길을 가기 위한 준비를 하나씩 해나가게 되었다.

10

수영의 사례:
자기 소신, 자존감과 자존심 사이에서

수영(가명)은 주관이 뚜렷하고 자기 소신이 강한 십 대 중반의 중학생
이다. 그런데 수영은 대인관계에서 자기 소신대로 행동할 때마다 상
대방과 언쟁과 싸움을 벌이거나 불편한 관계에 놓이게 되었다. 자기
소신대로 행동하는 것이 대인관계에서 문제를 일으키곤 하였다. 즉
자신이 옳다고 생각하는 대로 행동하는데, 집에서는 엄마를 비롯한
가족들과 언쟁을 벌이고 학교에서는 친구들과 싸움이 벌어지기도 한
다. 선생님들과의 관계에서도 문제를 일으키기는 마찬가지였다. 그러
다 보니 수영은 주위의 분란을 일으키는 문제아라는 평가를 받게 되
었다. 선생님들 사이에서도 수영의 행동을 거론할 정도로 심각한 상
황에 놓이기도 했다.

　수영은 자신이 옳다고 생각하는 것을 실행할 뿐인데, 이렇게 주변

에서 자신에 대해 문제 삼는 것 때문에 힘들어했다. 그녀는 교무실에서까지 문제 삼을 정도로 좋지 못한 평판을 듣다 보니, '이렇게 살아도 괜찮은가' 하는 삶의 위기를 느끼기도 하였다. 그렇다고 남들의 평판 때문에 자기 소신을 굽히는 것은 옳지 않다고 생각했다. 하지만 주변의 좋지 못한 평판을 듣다보니 지금처럼 남들과 충돌을 일으키는 일도 피하고 싶었다. 그런데 남들과 문제를 일으키지 않으려면 그들의 생각에 맞추거나 타협해야 하고 그리하여 자기 소신을 포기해야 한다는 생각에 이르자, 수영은 딜레마에 빠지고 말았다. 남들과 분쟁을 일으키지 않기 위해 (소신을 포기하고) 타협할지, (남들과 타협하지 않고) 소신을 지킬지, 둘 중에 하나를 선택해야 하는 문제로 갈등했다. 사실 수영은 '자기 소신을 포기하고 싶지도 않고 남들과 분란을 일으키고 싶지도 않은데', 그녀에게는 이것이 딜레마였다.

우선 상담은 수영의 딜레마의 성격을 분석하는 것에서 시작했으며, 그 딜레마를 다른 형태의 문제로 바꿀 수 있었다. 즉 그 문제는 "상대방의 입장을 배려하면서 어떻게 현명하게 자기 소신을 표현할 것인가?" 하는 것이었으며, 사실 이것이 수영에게 중요한 문제였다. 상담이 진행되면서, 자기 소신을 표현하는 방식의 문제만이 아니라, 그가 말하는 〈자기 소신〉이 무엇인지에 관하여 분석하고 토론하는 것이 문제 해결의 중요한 열쇠가 되었다. 사실 전자의 문제는 표면적인 문제이며, 후자의 문제야말로 수영에게 깊은 성찰과 반성이 필요한 심층적인 문제였다. 수영이 생각하는 '자기 소신'에 대한 집중적인 철학적 분석과 검토를 통하여 수영은 자신의 문제를 올바로 직시할 수 있었다.

결국 수영이 지키고자 했던 '자기 소신'은 자존감과 자존심의 두 가지 의미가 혼용된 것임을 알게 되었다. 즉 그녀가 소신을 지킨다는 생각으로 분란을 일으킨 것은 두 가지 의미 사이의 혼란에서 비롯된 것이었다. 이 개념의 분석을 통하여, 그가 자기 소신에 어긋나는 남의 행동에 대해 공격적으로 표현했던 것은 대부분 자존심의 문제였다는 것을 깨닫게 되면서, 그는 대인관계에서의 자신의 대응 방식을 되돌아보고 바꾸어나갈 수 있었다. 또 자기중심적인 사고에서 벗어나 다른 사람의 관점에 대해서도 좀 더 관용적으로 수용할 수 있게 되었다.

수영과는 겨울방학을 이용하여 매주 만났으며 10회기(1회당 60~70분 내외)의 상담을 하였다. 그녀가 고민하던 문제를 중심으로 상담을 시작하였으며, 그와 관련된 문제와 사고실험도 함께 분석하고 토론하였다. 그리고 상담의 후반부에서는 미래의 꿈에 대한 기대와 불안에 대한 고민도 함께 다루었다. 이 사례에서는 '자기 소신을 지키는 문제에서 발생하는 딜레마'를 중심으로 기술할 것이다. 수영은 철학상담을 통해 자신을 좀 더 깊이 이해하게 되었고 그런 만큼 자신을 사랑하게 되었다. 적어도 이전처럼 이유 없이 자신을 싫어하거나 자책하는 일이 줄어들었다. 자신의 문제에 대해 적극적이고 주도적으로 분석하고 성찰할 수 있을 만큼 그녀의 철학적 사고력도 증진되었다. 수영은 자기주장이 강하다 보니 남들과 언쟁을 벌이는 일이 많았지만, 사실 그녀는 개성이 강하고 글쓰기를 좋아하며 꿈이 많은 당찬 소녀였다.

정체성 맵과 철학상담의 목표

수영은 중학교 3학년이다. 그는 학교에서 공부를 잘하며 성적이 매우 우수하다. 평소에 공부만 하는 타입은 아니었으나 시험 때는 공부에 집중하여 좋은 성적을 받아왔다. 그는 10대 중반의 나이였으나 또래보다 생각이 깊고 성숙한 편이었다. 자신이 관심 있는 주제들에 대해 글을 쓰고 인터넷에 올리는 것을 좋아하며 그 일에 열심이기도 하다. 자기 생각을 조리 있게 잘 표현하며 주관이 뚜렷한 편이다.

수영은 똑똑하고 공부도 잘했지만 이른바 '말 잘 듣는 모범생'은 아니었다. 자기주장이 강하고 그것을 똑 부러지게 표현하는 학생이었다. 자기 소신에 따라 행동해야 한다는 생각이 강했고, 그 부분에서는 친구나 어른이나 예외가 없었다. 옳지 않다고 생각되면 친구건 부모건 선생님에게도 이의를 제기하거나 따지곤 하였다. 그렇다고 친구가 없는 편은 아니지만, 자기주장이 강하다 보니 친구들과 다투는 일이 빈번하였다.

먼저 자아정체성에 대해 대화할 때,[29] 자신이 바라거나 추구하는 것은 〈자신을 잘 알고 사랑하는 것〉이라고 대답하였다. '자신을 이해하고 싶고 자신을 사랑하고 싶다'고 수영은 어린 나이답지 않게 성숙한 답변을 하였다. 그리고 다른 사람들도 그럴 수 있도록 돕고 싶으며, 앞으로 (작가나 PD, 또는 선생님이 되어) 그런 일을 하고 싶다고 했다. 나 자신을 잘 알고 사랑하는 것과 다른 사람 역시 그럴 수 있게 돕

---

29) 나는 상담 초기에 자아정체성 탐색을 위해 정체성 맵을 작성해본다.

거나 변화시키는 것이 꿈이며, 특히 글쓰기를 통해 이 일을 하고 싶다고 했다.

그런 생각을 하게 된 계기를 물었더니, 3학년에 올라오면서 자신에 대해 좋지 않은 평판을 들었을 때, 자신에 대해 많이 고민하면서 이런 생각을 하게 되었다고 했다. 수영은 지난 한 해 동안 유독 대인관계에서 일어나는 갈등과 충돌로 많이 힘들었다. 그때 '인성에 심각한 문제가 있다는 지적을 받으면서 위기의식이 생겼고 자신이 변해야겠다는 생각이 들기 시작했다.' 그런 고민을 하다 보니 '자신을 이해하는 것이 중요하다는 생각을 하게 되었고, 그렇게 되면 자신을 사랑할 수 있을 것 같았다.' ('비난을 받을 때나 별다른 이유가 없을 때에도 자신이 싫어지거나 자책할 때가 많은데, 나를 이해할 수 있으면 이런 일도 줄어들 것이라고 생각했다.') 그래서 자기 이해와 자기 사랑, 자존감 등이 그녀가 추구하는 가치가 되었으며, 자신만이 아니라 다른 사람도 그럴 수 있다면 행복하게 될 것이라고 생각하였다. 이렇게 해서 수영은 자기 사랑과 타인 사랑이라는 좋은 가치관을 갖게 되었다.

▶▷ 철학상담의 목표에 대해서 수영은 세 가지를 제시하였다.

첫째, 대인관계에서 문제가 많이 발생하는데, 대인관계를 성숙하게 하고 싶다. 친구나 선생님, 엄마 등 모든 관계에서 분란이 많은데 관계를 회복하고 싶다.

둘째, 철학상담을 통해서 틀에 갇힌 사고를 넘어서고 싶다는 목표도 있다. 자신은 거의 날마다 글을 쓰고 올리는 온라인 공동체에서 활동하고 있는데, 요즘 글쓰기의 한계를 많이 느끼고 있다. 요즘 들어 생각이 틀에 박힌 것 같고 경직된 느낌이 들어 글을 잘 쓸 수가 없다. 자신의 감정에 대한 기술뿐만 아니라 남에게 도움이 되는 새로운 메시지를 주고 싶다. 철학상담을 통해 글을 쓰는 데도 창의적으로 새로운 사고를 할 수 있기를 기대하고 있다.

셋째, 자신은 감정 조절이 잘 안 되는 문제를 갖고 있다. 때로는 주체할 수 없이 감정이 폭발하는 불같은 성격이다. 특히 엄마에 대해서 그런 감정이 폭발하는 경우가 종종 있는데 그 문제도 해결하고 싶다.[30]

이 중에서도 가장 시급한 문제는 자기 소신대로 행동할 때 다른 사람들과 분란을 일으키는 것이므로, 수영은 이 문제를 먼저 해결하고 싶다고 했다. 그래서 우리는 이 문제에 대해서 먼저 상담하기로 하였다.

수영은 아직 미성년자이기 때문에 부모의 동의 아래 상담을 시작하였다. 수영의 부모는 수영이 대인관계에서 분란을 많이 일으키는 것에 대해 심리적으로 무슨 문제가 있는 것이 아닐까 하는 생각에, 몇 번이고 심리상담을 받을 생각을 했었다고 한다. 그러다가 최근에 지인의 소개로 철학상담을 찾게 되었다. 먼저 수영의 엄마를 만났을 때, 상담 목표로 위에 기술한 두 가지(첫째와 셋째 목표)를 제시했었다. 그런데 수영은 거기에다 둘째 목표를 첨가했으며, 그녀는 자신의 상담 목표를 뚜렷하게 이해하고 있었다.

---

30) 이 문제는 수영의 또 다른 문제에 속한다. 상담 과정에서는 이 문제를 함께 다루었으나, 여기서는 첫째 주제를 중심으로 사례를 기술하려고 한다.

수영의 고민, 그리고 딜레마의 해소

수영은 자기 소신을 지키고자 할 때 남과 갈등을 일으키곤 한다. 자신이 하고 싶은 일이나 소신을 따르는 행위를 할 때마다 상대방과 언쟁과 싸움을 벌이거나 불편한 관계에 놓이게 된다. 집에서나 학교에서나 친구들, 선생님, 엄마를 비롯한 가족들 사이에서도 그런 경우가 많다. 이런 일이 반복되면서, 그는 자기 소신을 지키는 것과 대인관계를 잘 유지하는 것 중에서 하나는 버려야 하는가를 심각하게 고민하고 있었다. 이 문제를 해결하고 싶지만 자신이 딜레마에 빠진 느낌이다. 자신의 소신을 지키는 것과 대인관계를 잘 유지하는 것 중 하나를 선택할 경우 다른 하나를 포기해야 하는 위기로 다가오는 것이었다. 즉 그가 고민하는 문제는 소신을 지키기 위해 남들과 타협하는 것을 거부할 것인지(이 경우 다른 사람들과 분란을 일으킨다), 아니면 원만한 대인관계를 위해 남들과 타협할 것인지(이 경우 자신의 소신이 꺾일까 봐 두렵다)의 양자택일의 문제로 보였다. 그의 상담 목표는 '자기 소신을 포기하지 않으면서도 대인관계를 잘 유지하고 싶은 것'이었다. 그는 두 가지를 조화시키는 것이 어떻게 가능한지 고민이었다.

나는 먼저 그가 경험하는 딜레마의 상황을 이해하기 위해, 그가 대인관계에서 문제를 일으키는 구체적인 사례들을 검토해보기로 하였다. 자신의 소신대로 행동했을 때 상대와의 관계가 힘들어졌던 상황을 예시적으로 보여주기를 요청했으며, 수영은 친구, 엄마, 선생님과의 경우에 해당하는 세 가지 예를 제시했다.

예들 들어, 친구가 솔직하지 못한 행동을 했다고 생각되면 인정할 때까지 몰아붙이거나 자백을 받아냈다. (그는 대인관계에서 상대방의 어떤 문제가 보이면 잘잘못을 파고드는 성격이라고 인정했다.) 선생님이나 어른들에 대해서도, 불공정한 벌이나 대우라고 생각되면 그것에 대해 부당하다고 따지고 사과를 받아내기도 하였다. 또한 부모나 선생님이 자신의 문제를(특히 자신도 이미 알고 있는 점에 대해) 지적하거나 자신에 대해 무언가 가르치려고 하는 것에 대해서는 공격적으로 반항하기도 하였다. 그 때문에 선생님들 사이에서 수영은 어른의 조언을 받아들이기보다 따지는 성격이라고 좋지 않은 평판이 나 있었다. 대인관계에서 이와 비슷한 일들이 반복되면서, 주위에는 그가 공격적이고 화를 잘 내고 어른에게 버릇이 없고 대인관계가 원만하지 않은 문제아라고 알려졌다.

그런데 수영은 이 예들을 제시하면서, 자기 생각(즉 친구 사이에서 진실을 말해야 한다, 선생은 학생에게 공평하게 대접해야 한다는 것 등)이 옳다는 소신에서 그렇게 행동한 것이 왜 잘못인지 모르겠다고 했다. 세 가지 사례를 분석한 결과, 수영은 자기 소신과 어긋나는 행동을 하는 사람에 대해 자기 소신을 표현하지 않는 것은 비겁한 행동이고 심지어 소신을 포기하는 일(혹은 자기 소신을 꺾는 일)이라고 생각하고 있었다. '자기 소신이 있다면 어떤 상황에서 누구에게라도 용기를 내어 직설적으로 표현해야 한다고 생각한다. 그렇지 못한 사람은 타협하는 사람이고 남에게 착하게 보이긴 할지라도 소신 없이 사는 사람이라고 생각한다.' 그래서인지, 수영은 소신 있게 행동한다는 것이 상대의 잘잘못을 따지거나 자기 생각을 직설적으로 표현함으로써 상대방과 언쟁을 벌이거나 싸움에 이르게 되었다. 수영의 주장을 따르면, '상대방의 잘못을 알면서도 바로잡지 않고 타협하는 것은 자기 소신에 어긋나는 일이다. 수긍하지 못하는 일에도 타협을 해야 하는가? 남의 기분을 맞추기 위해 어디까지 내 소신을 굽히거나 포기해야 하는가? 남과 타협하는 것과 소신을 지키는 것 사이에서 어떤 선택을 해야 하는가?' 이것이 그녀의 고민이며 딜레마였다.

우리는 수영의 상황을 딜레마로 만든 것이 무엇인지 비판적으로 검토할 수 있는 질문과 더불어 대화를 이어나갔다.[31] 수영이 제시한 예 중, 친구와 갈등을 일으킨 상황을 검토하면서, 자기 소신과 타협 사이에서 반드시 하나를 선택하는 것이 불가피한지에 대해 대화하였다. 수영은 상대의 잘잘못을 따지는 경향이 있는데, 자신이 옳다고 생각하는 것이나 신조를 지키기 위해 상대를 직설적으로 몰아붙이는 것이 반드시 필요했는가? 직설적으로 솔직하게 말하는 것이 자신의 신조를 지키는 유일한 방법인가? 옳다고 생각하는 것을 소신대로 실천하면서도, 상대를 배려하는 마음으로 자기 생각을 표현할 수 있지 않을까? 그렇다면 상황이 달라질 수 있을지, 상대방을 배려하는 일이 반드시 소신을 포기하는 일인지 등을 검토하였으며, 수영의 입장만이 아니라 친구의 입장에 대해서도 생각해보았다.

우리는 그녀의 딜레마의 성격을 분석함으로써 그 딜레마를 다른 형태의 문제로 바꿀 수 있었다. 그의 문제는 둘 중 하나를 선택하거나 포기해야 하는 문제가 아니며, '자기 소신을 포기하지 않으면서도 상

---

31) 이 분석은 제1부 1장 2절에서 예시적으로 다루었다. 수영의 딜레마가 전제하는 것을 찾아 비판적으로 분석함으로써 그 딜레마를 해소하게 되었다.

대방에게 그것을 어떻게 표현할 것인가?'의 문제로 전환되었다. 즉 "상대방의 입장을 배려하면서 (즉 공격적이 되지 않으면서도) 어떻게 현명하게 자신의 소신을 표현할 것인가?" 이 문제는 단지 남과 타협하기 위해 소신을 포기해야 하는가의 문제가 아니라, 자기 소신을 지키면서도 가치관이나 생각이 다른 사람들과 어떻게 관계 맺거나 자기 소신을 현명하게 표현할 것인가의 문제가 된다. 이 문제는 또한 생각이 다른 사람과 가치관의 갈등을 어떻게 조율할 것인지, 자신의 소신이 성숙할 수 있도록 어떻게 노력할 것인지, 남에게 상처를 주지 않으면서도 어떻게 자기 소신을 지혜롭게 표현할 것인지의 문제들과도 연관된다. 결국 수영의 문제는 소신이냐, 타협이냐 하는 양자택일의 문제(혹은 딜레마)가 아니라, 자기 소신을 표현하는 방식의 문제였다. 그렇다면 그녀의 딜레마는 진정한 딜레마는 아니었다고 할 수 있다. 이렇게 표면적으로 수영의 딜레마는 해소되었으나, 자신의 문제를 이해하고 올바로 대응하기 위해서는 좀 더 심층적인 분석이 필요하였다. 즉 말하는 방식과 표현방식이 진심으로 바뀌기 위해서는, 자신이 왜 그런 방식으로 행동하는지, 자신의 문제와 자신에 대한 이해가 필요하기 때문이다.

자기 소신을 지킨다는 것

상담이 진행되면서, 우리는 소신을 표현하는 방식의 문제만이 아니라, 그녀가 말하는 〈자기 소신이 무엇인지〉에 대하여 분석하고 토론하였다. 수영이 제시한 문제의 사례들을 분석하다 보면, 자신이 옳다고 생각하는 것과 어긋나는 행동을 하는 사람에 대해 '잘잘못을 파고들거나 상대방이 잘못을 인정할 때까지 강하게 밀어붙이는' 경향이 있었다. 그래서 〈자기 소신을 지킨다는 것이 무엇인가?〉를 이해하기 위해, 다음 물음들을 가지고 비판적으로 검토해보았다.

소신을 지키는 과정에서 왜 대인관계의 갈등이 일어난다고 생각하는가? 소신을 지키기 위해 상대에게 과도하게 대응하거나 반응하는 이유는 무엇인가? 소신대로 행동하는데 왜 상대와의 관계를 악화시키게 되는가? 왜 자기방어적이 되거나 공격적이 되는가? 자기 소신을 지키기 위해 남에게 더욱 엄격한 잣대를 들이대는 이유는 무엇인가? 소신을 지키기 위해 대인관계를 강하게 밀어붙이는 데에는, 상대방 때문이 아니라 자신에게 어떤 문제가 있다고 생각하진 않는가? 혹시 자기 소신에 불안이나 위협을 느끼는가? 혹은 자신의 가치관에 갈등이나 불안이 있는 건 아닌가?

이 물음들을 가지고 대화하면서 수영은 자신의 사고와 행동방식을 검토하고 성찰할 수 있었다. 그가 말하는 〈자기 소신〉이 무엇인지에 대해 분석하고 대화한 것이 문제 해결의 중요한 열쇠가 되었다. 수영이 소신 때문에 남과 갈등을 일으키는 이유의 중심에는 자존심의 문제가 있었다. 상대방이 자신의 가치나 소신에 어긋나는 행동을 할 때 분노가 생기는데, 자신을 화나게 하는 것은 결국 자존심을 건드리기 때문이라는 걸 알게 되었다. 누가 자존심을 건드리거나 상하게 하면 분노가 일어나고 직설적으로 몰아붙이면서 과민반응이나 과잉반응을 하게 된다. 그는 자기 소신을 지키는 것이 자신의 가치를 유지하는 자존감의 원천이라고 생각하였으나, 그가 지키고자 했던 '소신'은 자존심의 문제였음이 드러났다. 선생님이나 부모님이 자신의 잘못을 지적하는 것에 대해 공격적으로 반응한 것도 소신의 문제라기보다는 자존심을 건드렸기 때문에 분노가 표출된 것이었다. 나보다 나를 더 잘 아는 것처럼 말하는 것을 참을 수 없었던 것도 자존심의 문제였다. 이처럼 그가 친구나 가족, 선생님과의 관계에서 충돌을 일으켰던 이유가 '자기 소신'의 어떤 부분과 어긋난 것인지, 또한 그때 자기 소신의 정체가 무엇인지 검토한 결과, 자신이 지키고자 애썼던 것이 자기 소신과 자존감이었으나 (어쩌면 자존감이 약했기 때문에) 실제로는 자존심을 방어하려는 방편이었음을 알게 되었다.

이런 검토를 통하여 수영은 〈자기 소신〉에 대해 이중적인 사고를 하고 있다는 것을 깨달을 수 있었다. 즉 수영이 사용하는 '자기 소신'이라는 말은 자존감과 자존심의 두 가지 의미가 혼용된 것이었다. 또한 자기 소신을 지키기 위해 분란을 일으키는 사건들의 중심에는 이 두 가지 의미 사이의 혼란이 작용하고 있었다. 수영은 자기 소신이 강하였으나, 그로 인해 상대방과 부딪치고 갈등을 일으킨 것은 자존심의 문제였던 것이다. 그리고 소신 때문에 대인관계에서 갈등을 일으키거나 화를 내고 과잉반응을 한 것은 자신의 자존심을 건드렸기 때문이고, 상대적으로 자존감이나 자신감이 부족했기 때문이다. 만약 자존감이 있었다면 그렇게 대응할 필요가 없었을 것이라는 점도 알게 되었다. 이처럼 수영은 자기 소신에 어긋나는 남의 행동에 대해 공격적이고 직설적으로 표현했던 이유가 대부분 자존심의 문제였다는 것을 깨닫게 되면서 그는 대인관계에서 자신의 대응방식을 신중하게 돌아보게 되었다.

자존심과 자존감의 문제: 심층적 해결

'자기 소신'에 대한 분석을 통하여, 우리는 자기 소신이란 개념 안에 자존심과 자존감의 두 가지 의미가 혼용되어 있으며, 두 개념 사이의 혼란이 수영의 행동방식에 내재해있었다는 것을 알게 되었다. 수영은 자기 소신을 지키는 것이 자존감을 지키는 길이라고 생각했음에도 불구하고, 실제로 소신을 지킨다고 상대방과의 관계를 악화시킨 이유는 자존심 때문이었다는 것을 알게 되었다. 사실 그녀는 소신을 지킨다고 생각했으나 자존심을 지키고자 (과잉 공격을 하거나 과잉 방어를 하면서) 무리한 행동을 했던 것이다.

우리는 자존감과 자존심의 구분에 관해 이야기하였다. 자존심과 자존감은 어떻게 다른가? 사람들은 일상 속에서 이 두 가지를 혼동하기도 하지만 둘은 엄밀하게 구분되는 개념이다. 자존감은 자신을 존중하고 가치 있게 여기는 인지적, 정서적 태도이다. 이에 비해, 우리의 일상적 언어 사용에 비추어보면, 자존심이란 다른 사람에게 더 높게 인정받거나 존중받고 싶은 마음을 전제로 하며 다른 사람의 평가에 좌우될 수 있는 감정이다. 예컨대, '네가 나의 자존심을 건드렸다', '너 때문에 자존심이 상했다'는 등의 일상 어법을 보면, 자존심은 자신의 판단보다 다른 사람의 평가나 판단에 의존하는 감정이라는 것을 알 수 있다. 그래서 다른 사람이 나의 자존심을 세워주기도 하고 다치게 할 수도 있다.

반면에 자존감은 남과 비교하거나 남의 의견에 따라 좌우되는 감정이 아니다. 자존감이 있는 사람은 자신의 고유한 가치에 관심을 가지며 자신이 있는 그대로 가치 있다고 여기기 때문에 자신을 스스로 존중할 수 있다. 자존감은 자기존중, 자기 존경, 자기 사랑을 의미하기에, 남들과 비교하여 우월감을 느끼거나 열등감을 느끼는 것에서 벗어난다. 자존감은 자신을 있는 그대로 인정하며, 있는 그대로의 자기 모습을 사랑할 줄 아는 태도이다. 물론 자존감이 있는 사람은 자신의 가치를 인정하면서도 자신의 단점도 인정할 줄 알며 그것을 극복하려고 노력할 줄도 안다. 그는 자기 생각에 따라 당당하게 행동하며, 남의 의견이나 평가에 좌지우지하지 않으면서도 옳다고 생각하면 남의 조언을 흔쾌히 수용할 줄도 안다.

자존감은 자기를 스스로 존중하는 마음이며 그 유무가 남에게 달린 것이 아니므로 자존감 있는 사람은 남의 평가에 쉽게 흔들리지 않는다. 따라서 자존감은 스스로 부정하지 않는 한 남에 의해 상하거나 다치지 않는다. 반면에 자존심은 남의 존중을 받고 싶은 마음을 전제하는 감정이므로 타인의 언행이나 평가에 의해 자존심이 상하거나 다칠 수 있다. 즉 자존심이 강한 사람은 남과의 비교나 남의 평가에 쉽게 영향을 받으며 자존심이 다치거나 꺾이거나 상하기도 한다. 또한 남과 비교하여 우월감을 느끼거나 열등감을 느끼기도 쉽다.

그런데 우리는 일상적으로 자존감과 자존심의 개념을 혼동할 때가 많다. 자신의 자존심 때문에 상대에게 화를 내고 무리수를 두거나 일을 그르치면서도 자존감을 지키기 위해 그런 행동을 했다고 생각한다.

나는 수영과 함께 이 두 가지 개념을 구분한 후, 그것에 비추어 대인관계에서 문제를 일으켰던 행동들을 반성적으로 검토하기로 했다. 수영이 분란을 일으켰던 여러 가지 사례를 놓고, 자기 소신을 지킨다는 것이 자존감을 지키는 것인지, 자존심을 지키려는 것인지에 대해 토론하고 대화했다. 또는 그것이 자존감의 문제인지 자존심의 문제인지 검토하기 위해 우리는 구체적인 사례들을 하나하나 적용해보았다. 그 결과 수영이 상대를 과잉 공격하는 경우는 대부분 자존감이 아니라 자존심을 상하게 할 때라는 것을 깨닫게 되었다. (예컨대, 엄마나 선생님이라 할지라도 자기 소신을 흔들거나 건드릴 때 분노하고 참을 수 없었다면, 그 경우 자기 소신은 자존심의 문제에 해당한다.) 사실상 그녀가 가장 참기 어려운 것은 자존심을 건드리는 것이었다. 그런 경우에 불같이 화를 내거나 직설적으로 대응하거나 분풀이하듯 대응해왔다는 것을 인정하였다.

이것을 깨닫자, 수영은 확실히 자신의 딜레마에서 벗어날 수 있었다. 어떤 의미에서 그의 딜레마적인 상황은 자존심의 문제에서 비롯한 것이었다. 또한 자신감의 문제도 연관되어 있었다. 내가 약한 모습을 보이면 나의 신조가 흔들릴지도 모른다는 약한 마음도 있었다. 그녀는 겉으로 강한 어조와 강한 모습을 보이면서 친구들과 대적하기도 했지만 사실 마음의 약한 부분 때문에 자신감이 흔들리고 불안하기도 하였다는 것을 알게 되었다.

이런 검토를 통하여 수영은 자신이 지키고자 했던 것이 자존감으로 표현되는 자기 소신의 문제라고 생각했으나, 실제로는 자존심을 건드린 것에 분노하여 상대방에게 공격적으로 대응했던 적이 많았다는 것을 깨달을 수 있었다. 그녀의 문제 상황에 대한 비판적 검토를 통해 자존감과 자존심을 구분하게 되고 자신의 전제 및 그에 대응하는 행동방식을 깨닫게 됨으로서 자신의 문제를 이해하고 해소할 수 있었다. 또 자신에 대한 이해가 확장되면서 어떤 점을 개선하고 노력해야 하는지도 깨닫게 되었다.

그런 깨달음은 대인관계에서 자신이 대응하는 방식을 반성하고 자존심이 아니라 자존감을 지키기 위해 어떻게 해야 하는지를 반성하는 기회가 되었다. 자기 소신이라는 표면적 이유 이면에 놓인 것이 자존심이라는 것을 알게 되면서 그는 대인관계에서 미숙함을 일으켰던 혼란에서 벗어날 수 있었다. 그리고 대인관계를 성숙하게 잘해나가는 친구를 통해 자기 생각을 소신 있게 표현하면서도 남을 배려하고 수용할 줄 아는 지혜로움도 배워나갈 수 있었다. 또한 자기 소신과 관련하여 상대방에게 화가 나는 순간에 자존감의 문제인지 자존심의 문제인지 생각해보는 기회를 갖는 것이 그녀에게 도움이 되었다. 위에서 분석한 자존감과 자존심의 차이를 상기해보면, 실제로 남이 나를 화나게 하거나 나의 감정을 건드리는 일은 자존감이 아니라 자존심의 문제와 관련될 뿐이다. 자존감은 자신이 스스로 승인하는 것이며 남이 어떻게 할 수 있는 부분이 아니기 때문이다. 이처럼 자존감에 해당하는 경우에는 화를 낼 이유가 없으며 화가 나거나 공격적으로 되려고 할 때는 자존심을 건드렸다는 것을 알게 되자 바로 화를 멈출 수 있었고 예전의 분노하거나 공격적으로 대응하던 습관에서 조금씩 벗어나서 변화하기 시작했다.[32] 그리하여 수영은 대인관계에서도 갈등으로 긴장하기보다 좀 더 편안해졌으며, 자신과 자신의 행동방식을 이해하게 되자 자긍심을 가지고 더 나은 모습을 위해 노력하고 싶어졌다고 하였다.

가치관 사고실험: 표상의 두 가지 해석

수영이 자존감과 자존심을 구분하면서 자신의 행동방식을 반성적으로 검토해본 것은 남들과의 관계에서 갈등을 줄이거나 사고의 혼란을 정리하는 데에도 많은 도움이 되었다. 나를 가치 있게 하는 것을 성찰하는 가치관 사고실험에서도 수영은 이 구분을 가지고 자기 생각(가치관)을 다시 새롭게 조명할 수 있었다. 쇼펜하우어가 제시한 세 가지 가치들—즉 소유(돈), 표상(명예), 존재 자체—중에서 자신이 추구하는 것은 무엇인지 묻고 대화하였다. 첫 만남에서 다루었던 정체성 맵을 상기해보면, 수영은 자신을 이해하고 사랑하는 것과 타인도 그럴 수 있게 하는 것을 추구한다. 그녀는 자기 사랑과 자기존중은 세 번째 가치와 연관되고, 타인 사랑은 두 번째 가치와 연관되는 것 같다고 했다. 남에게 좋은 영향을 주고 싶은 것은 남에게 본보기가 되고 존중받는 사람이 되고 싶다는 점에서 타인 사랑은 남의 관심에 의존하는 표

---

32) 수영은 처음에 교사의 권유로 심리상담사를 찾아가려고 했었다. 그러나 이 사례 분석을 보면 그녀의 문제는 심리적 문제가 아니라 철학적 문제—즉 개념적 문제이거나 비판적 사고와 분석을 통해 접근할 수 있는 문제—라는 것을 알 수 있다. 그녀의 문제는 내담자의 심리적 기제를 치료함으로써 해결해야 하는 문제는 아니라는 것이다.

상에 속하는 것 같다는 것이다.

자신은 물질적인 부나 남의 평가처럼 외적인 것에 의존하지 않는 셋째 가치를 의식적으로 생각해보진 못했지만 그런 가치를 중요시한 것 같다고 했다. 그리고 표상의 가치에 대해서는, 비록 표상(명예)은 남의 시선이나 평판과 관련되지만, 그것을 두 가지 차원으로 구분하고 싶다고 했다. 즉 표상에는 부정적 측면도 있지만 긍정적 측면도 있다고 생각된다는 것이다. 수영에 의하면, 표상의 부정적 측면으로는, 명예욕과 권력에 대한 선망으로 경쟁심을 부추기거나 남과 비교하여 우위에 서려고 한다는 점에서 분란의 원인이 되는 것이다. 반면에 표상의 긍정적 측면은, 관계지향적인 것으로서 남에게 도움이 됨으로써 좋은 기억으로 남는 사람, 가치 있는 사람이 되는 것을 추구하게 해준다는 점이다. 또 그런 이유로 전자는 자존심의 문제로 연결되고 후자는 자존감(자기존중)의 문제로 연결된다고 분석하였다.

이렇게 수영은 놀랍게도 표상의 가치를 분석하여 자신의 문제(자존감과 자존심의 문제를 구분하는 것)로 연결시킴으로써, 자신의 시야를 확장시킬 수 있었다. 그녀는 나이에 비해 생각의 깊이나 분석력이 매우 뛰어났다. 상담을 하면서 철학적 대화와 분석에 익숙해지면서 놀라울 만큼 주도적으로 (또 자신만의 새로운 방식으로) 자기 생각을 펼쳐나가기 시작했다.

우리는 가치관에 대해서도 대화하였다. 아직 중학생이라는 점에서 그녀의 가치관은 변화하고 성장 중이라고 보아야 할 것이다. 그래서 소신이나 가치는 불변의 것이 아니며 삶의 지혜와 더불어 성장하고 발전해나간다는 것, 그리고 더욱 훌륭한 성품을 갖게 되는 것이 중요하다는 것을 이야기하였다. 그리고 서로 가치관이 다른 사람을 만날 때 독선이나 편견 없이 상호 존중하며 소통하는 것이 중요하다는 것에 대해서도 이야기하였다.

되돌아보면, 수영은 자기 신조를 지키기 위해 남과 갈등하는 딜레마의 상황으로부터, 자기 신조에 대한 분석을 거쳐 자신의 진정한 문제가 무엇인지를 찾아나갈 수 있었다. 그녀의 문제의 핵심에는 자존심의 문제가 있었으며, 자존감과 자존심 사이의 혼동으로부터 빚어진 자신의 행동방식의 문제들도 이해할 수 있게 되었다. 물론 자신의 문제를 이해했다고 하루아침에 달라지기는 어려울 것이다. 남들과 관계하는 방식에서 변화가 시작되었으나, 수영의 경우에는 감정을 조절하는 문제도 남아있었다.[33]

그럼에도 수영은 예전과 달리 실수를 통해서도 배우고 분명히 나아지고 있었다. 무엇이 문제였는지, 문제의 원인은 무엇이며, 어떻게 대응했더라면 더 좋았는지 등에 대해서도 반성적으로 검토할 수 있게 되었다. 예전에는 분노와 혼란의 감정이 지배적이었다면, 지금은 실수를 하더라도 그 이유를 이해하기 때문에 흔들리지 않고 조금씩 고쳐나갈 수 있었다. 특히 자존심 때문에 감정적으로 휘둘리기보다는 차분히 대응하는 법을 배워나갈 수 있게 되었다. 자신의 문제에 대응하는 것에도 자신감이 생겼으며, 또한 자신을 좀 더 잘 이해할 수 있게 되었다.

---

33) 대인관계에서(특히 엄마와의 관계에서) 발생하는 분노의 감정에 대해서는 여기서 다루지 않았다. 그 주제와 관련하여, 우리는 영원회귀 사고실험을 통해 어릴 적 삶에 대해 대화를 나누었으며 감정을 조절하는 문제를 조명하였다.

상담을 마무리하면서: 수영의 편지

사춘기를 막 지난 중학교 3학년 소녀와의 철학상담은 새로운 경험이면서 유익한 경험이었다. 수영의 경우는 똑똑하고 분석적인 편이었지만, 그 나이 또래들도 철학적 대화가 충분히 가능하다는 것을 확인하게 해주었다. 비판적 사고를 비롯한 철학적 분석은 물론 철학적 사고실험에 대해서도 누구 못지않게 자신의 문제 상황에 비추어 자신의 사고를 깊이 있게 조명할 수 있었다.

상담이 끝날 무렵 수영은 상담에 대한 평가를 정리하여 편지를 보내왔다. 그녀는 상담의 목표와 결과에 대해 잘 이해하고 있었으므로, 그것으로 나의 상담 평가를 대신하고자 한다. (다음은 그 일부를 발췌한 것이다.)

○○월 ○○일

철학상담을 시작하면서 초반에 나는 크게 세 가지 목표를 설정했다. 첫째로 나의 소신을 따를 때 일어나는 대인관계의 충돌을 완화시키고, 둘째로 사고의 폭을 넓혀 글을 쓰는 일 등을 잘하고 싶었고, 마지막으로 분노와 같이 불쑥 튀어나오는 감정을 조절하는 데에 능해지고 싶었다.

철학상담이 끝난 지금, 내가 당시에 품고 있던 대부분의 고민이 해소되었다. 특히 첫 번째이자 가장 중요한 목표인 나의 소신과 대인관계의 괴리감을 줄이는 것에 대해서는 여러모로 성공적인 결과를 얻어냈다고 생각한다.

지금 생각해보면, 단지 방향 전환에 달린 문제였다. 내가 나의 소신을 지키는 것은 자존감을 지키는 것이라고 생각했으나, 소신 때문에 남들과 충돌하는 것은 대부분 자존감이 아니라 타인과 나를 비교하는 마음인 자존심 때문이라는 것을 알게 되었다. 자존감과 자존심의 문제를 구분하여 생각할 수 있게 되자, 나는 타인의 다름에 너그러워지는 것이 소신을 굽히는 것이 아니라는 걸 깨닫게 되었다. 내가 나의 소신을 펼치기 위해 무기처럼 사용했던 신랄한 말들로서가 아니라, 따뜻한 포용력으로 사람들을 변화시키는 한 친구의 모습을 통해 그런 생각을 더 확신하게 되었다. (……)

그리고 나의 소신 때문에 타인과의 관계를 해치는 경우는 내가 그 소신을 펼치는 방법에 문제가 있는 것이라고 생각하니, 자연스럽게 감정 조절에 대해 신경을 쓰게 되었다. 이전까지는 내가 가지고 있는 생각이 옳다, 그르다에 대해서만 생각을 했고, 그래서 타인이 그것을 받아들이지 않았을 때, 내가 가진 옳은 생각을 받아들일 수 없는 미성숙하거나 편협한 생각을 가진 사람이라고 단정했었다. (……)

(중략)

요즘 철학상담을 통해서 얻은 것이 많다는 것을 느낀다. 가장 와 닿는 변화는 상담을 통해서 글을 쓰는 빈도가 눈에 띄게 늘었다는 것이다. 사실 상담을 받기 전쯤에는 이따금 엄마와 크게 부딪칠 때마다 드는 감정과 사람들이 내 얘기를 내가 원하는 만큼, 원하는 대로 들어주지 않는다는 갈증에 대해 파악을 하지 못하고 있어, 그에 대한 글을 쓸 때 어려움을 겪었다. 그러나 어느 정도 나 자신을 이해하고, 또 문제 상황들에 대한 해결책이 보이기 시작하니까, 나의 이야기를 적을 때뿐만 아니라 다른 캐릭터의 이야기를 쓸 때에도 더 오랜 시간 고민해서 더욱 열심히 글을 쓰게 되었다. 꼭 다른 사람들에게 어떤 평가를 받지 않았다 해도, 나 자신이 글을 쓸 때 조금 더 즐겁고 가치 있어지는 기분이다. 또 나에 대한 이해도가 높아지니까 나를 다시는 이유 없이 싫어하는 일이 없어졌다. 나의 싫은 부분이 있다고 해도, 그에 대해 고칠 방향이 보이니 전처럼 나를 닦달하거나, 혼을 내진 않아서 나를 보는 시야도, 남을 보는 시야도 조금은 넓어진 기분이다. 선생님이 철학상담과 심리상담의 차이 중 하나가 그 의존성에 대한 것이라고 하셨는데, 그 말이 정말 맞는 것 같다. 철학상담이 끝나가는 지금, 나는 내가 조금 더 좋아졌다.

11

민서의 사례:
진로문제, 소망과 의무 사이에서 혼란을 느낄 때

나는 특정 주제를 가지고 집단으로 철학상담을 하기도 한다. 그때 그 룹상담에서 만난 내담자 중에 개인상담을 병행하는 경우도 있다. 민 서는 정체성이나 가치관 문제로 고민하는 학생들로 구성된 그룹 철학 상담에서 만났으며, 그 후 따로 개인상담을 병행하면서 알게 된 친구 이다. 우리는 집단상담 이외에, 3~4차례 개인상담 시간을 가졌다.

민서는 20대 중반의 여대생이다. 처음 만났을 때, 그녀는 별다른 고 민 없이 자란 평범한 학생처럼 보였다. 그러나 그녀는 그 나이에 이미 삶의 좌절을 겪었고 자살을 시도한 적이 있으며 우울증 치료 등 파란 만장한 인생 경험을 하였다. 그녀는 지방의 한 대학에 다니다가 휴학 했으며, 자살시도 이후 병원에서 우울증 치료를 받던 중 다시 공부하 기로 결심하였다. 그때 전공마저 바꾸고 다시 수능과 입학시험을 치른 후 자신이 원하던 대학에 입학하였다.

그런데 민서는 최근에 다시 고민에 빠지기 시작했다. 그녀는 가정
형편이 어려워 자신이 원하는 공부를 하기에는 경제적 여유가 없으며
취업을 해서 가계에 도움을 주어야 하는 처지이다. 그녀는 아직 삶의
원기를 다 회복한 것은 아니며 지금도 자신의 가치관이나 삶의 의미
에 대해 알 수 없는 혼란을 갖고 있다. 그는 집단상담에서 다른 친구
들과 대화를 하다가도, 자신의 생각이 비정상이냐고 몇 번 묻기도 하
였다. 그리하여 우리는 따로 만나 개인상담을 하게 되었다.

그녀는 자신의 의지에 반하는 부모의 종교적 강요 때문에 힘든 어
린 시절을 보냈으며, 부모에 대한 반항과 좌절로 자살을 시도하기에
이르렀다. 그런 이후에 종교에 대한 강요로부터는 해방되었으나 삶
에 대한 우울감과 불안감은 아직도 남아있었다. 그러던 중 진로를 고
민하다가, 자신이 해야 하는 일과 하고 싶은 일 사이에서 갈등에 빠졌
다. 그는 어떤 선택을 해야 할지 모르겠다면서 상담을 원했다. 자신의
환경이나 가난한 집안 처지를 생각하면 졸업 후에 취업을 해야 할 것
같다. 하지만 자신은 하고 싶은 일이 있다. 만화를 그리는 일이다. 그
런데 이 일은 경제적으로 도움이 안 된다. 집안의 생계를 도와야 하는
자신의 처지에서 만화가의 길을 가는 것은 사치라고 생각하니 괴로운
심정이다. 어떤 선택도 그녀에게는 쉽지 않은 일이었다.

우리는 정체성 기반 철학상담의 정신과 방법에 따라, 그녀의 욕구
와 가치 등 정체성을 탐색하면서 이 두 가지 가능성에 대해 숙고하
고 대화해나갔다. 사실 이 문제에 대해 어떤 길이 객관적으로 더 낫다
고 말하기는 어려우며, 결국 민서 자신이 스스로 선택하고 결단을 내

려야 하는 문제였다. 나는 다만 민서가 후회 없이 자신의 길을 선택할 수 있도록 편견 없이 생각하고 성찰할 수 있는 질문들을 하면서 함께 숙고하는 소임을 할 수 있을 뿐이었다. 우리의 삶에서 중대한 결정을 내리기는 누구에게나 힘들고 어려운 일이지만, 어떤 선택을 하느냐 못지않게 중요한 것은 그것을 회피하지 않고 진지하게 대면하여 스스로 결단을 내리는 것이다. 자신의 삶을 자기 의지로 선택할 수 있으면, 비록 어려움이 닥치더라도 그 삶을 살아낼 수 있는 용기와 힘을 잃지 않을 것이다. 그리하여 그 삶은 생명력과 활기를 갖게 된다. 반대로 어쩔 수 없이 주어진 대로, 혹은 남이 정해준 대로 살 수밖에 없다고 느낄 때 우리는 삶의 의욕을 잃거나 무력감에 빠지게 된다. 민서는 어떤 선택을 해야 할지 마음이 흔들리기도 하고 때로는 자기 함정에 빠지기도 하였지만, 철학적 성찰과 대화를 통하여 결국 자신이 원하는 길을 찾아갈 수 있었다.

민서의 삶의 이야기

민서는 어릴 때부터 부모의 강요에 의해 교회에 나가야 했으며 주말마다 빠짐없이 예배에 참석해야 했다. 그런데 민서는 교회의 분위기는 물론 교회에 나가는 것이 너무나 싫었다. 교회에 가기 싫다고 하면 부모는 가족이라는 명분으로 참석을 요구했다. '함께 해야 가족이며, 교회에 가는 것을 거부하는 것은 가족에서 이탈하는 것'이라고 주장하였다. 심지어 부모는 민서가 지방에 있는 대학에 입학한 후 자취를 할 때에도 일요일이 되면 어김없이 집으로 돌아와 가족과 함께 교회에 가도록 요구하였다. 민서는 부모의 그런 요구에 반항하였지만 결코 허락하지 않자 좌절감이 몰려왔다. 자신의 삶이 거부되고 좌절하게 되자 거식과 폭식으로 반응이 나타났다. 그는 혼자 자취하는 동안 폭식과 거식을 반복하며 몸이 망가져갔다. 그러던 어느 날 민서는 자살을 시도하였고, 그는 병원으로 실려가 겨우 목숨을 건졌다. 이렇게 자살시도를 한 후에야 부모는 민서를 놓아주었다. 부모가 더는 교회에 대한 요구를 하지 않고 묵인함으로써 민서는 종교의 굴레로부터 해방되었다.

그리고 우울증 치료를 받으면서 병원에 입원해있었는데, 어느 날 그녀는 다시 공부하고 싶은 마음이 생겼다. 병실 밖으로 학교를 향해 걸어가는 한 무리의 학생들을 보며 문득 '나도 학교에 가고 싶다'는 생각이 들었다고 했다. 그녀는 지방대학에 있는 애니메이션 학과에 다니다가 휴학했는데, 다시 입학시험 공부를 해서 서울에 있는 유명 대학 사회학과에 들어갔다. 전공을 바꾼 이유는, 대학 1~2년 동안 만화는 대충 그릴 수 있게 되었으나(그녀는 어릴 적부터 만화에 소질이 있었고 계속 그려오기도 하였다), 콘텐츠와 지적 소양의 한계를 느꼈기 때문이다. 그는 만화를 잘 그리기 위해서도 교양과 사회문화적, 정치적인 소양이 필요하다고 생각하여 사회학과를 선택하였다. 즉 그는 만화를 포기해서 전공을 바꾼 것이 아니라, 만화를 더 잘 그리고 싶은 마음에 폭넓은 경험을 쌓기 위해 다른 전공을 선택한 것이었다.

민서는 이제 3학년이 되었다. 새로 들어온 대학에서 사회학 공부에도 흥미를 느끼고 견문도 넓어지면서 공부하는 것이 재미있기도 하였다. 그런데 이제 4학년을 앞두고 구체적으로 무엇을 할지 진로에 대해 생각하다 고민에 빠졌다. 집안에서는 민서가 사회학과에 들어간 것에 대해 만화를 포기하고 취업을 하려는 것으로 이해했으며, 그렇게 그녀가 좋은 직장에 취업하기를 기대하고 있었다. '엄마와 아버지는 일용직 노동자인데, 이제 그분들도 나이가 들면서 고된 육체노동을 힘들어하신다. 또 부모님이 나이가 들고 힘에 부친 일을 언제까지 할 수 있을지도 알 수 없기에 내가 취업을 해서 생계를 돕기를 원하신다.'

민서에게 오빠가 있기는 한데, 그는 졸업하자 미국으로 유학을 떠나버렸다. 오빠는 부모의 기대에도 불구하고 가계를 짊어져야 하는 경제적 부담과 의무감을 떨치고 자신의 길을 갔다고 한다. 자신도 그러고 싶은 마음이 있으니, 오빠의 선택을 나무랄 수만은 없었다. 하지만 이제 가계의 경제적 의무는 민서에게 지워지고 있다.

민서의 고민: 하고 싶은 것과 해야 하는 것 사이에서의 갈등

민서의 이야기를 들으며, 그는 자살을 시도했었고 생사의 경계를 오가며 죽을 고비를 넘길 정도로 고통스러운 시간을 보낸 적이 있다는 걸 알게 되었다. 이제 겨우 어느 정도 고통에서 벗어나 새롭게 인생을 시작할 용기를 내며 안정을 찾아가고 있었다. 그런데 졸업을 1년 앞두고, 그는 진로문제로 어떤 중대 사안에 관해 결정을 내리지 못해서 고민하고 갈등하고 있었다. 그녀의 꿈은 애니메이션 작가가 되는 것이다. 그녀는 우여곡절을 겪으면서 중도에 공부도 포기했다가, 만화를 잘 그리려면 풍부한 경험과 소양이 필요하다고 판단하여 전공을 사회학으로 바꾼 후 다시 대학에 입학하였다. '만화와 그림을 그리는 것'이 자기 삶의 이유이며 운명이라고 생각하기도 하였다. 애니메이션에 대한 열정이 없이 살아가는 자신의 모습을 생각할 수 없을 만큼 그것이 자기 삶의 이유라고 느껴졌다.

그런데 그는 요즘 다시 우울하다. 자신이 기대하고 목표하는 것과 현재 자신의 행동과 삶 사이에 괴리가 있기 때문이다. 그가 다시 공부하고 싶어서 사회학 전공을 선택한 것은 만화가가 되기 위한 수단이며 과정이라고 생각했는데 이제 그 관계가 역전되어버렸다. 그녀의 집은 매우 가난했고, 부모님은 (일용직 노동으로 고생하며 생계를 꾸려왔으나) 이제 그녀가 졸업하면 취업해서 돈을 벌기를 원한다. 민서가 새로 선택한 전공인 사회학 분야에서 열심히 공부해서 좋은 직장에 취업하기를 기대한다. 그는 부모님의 기대를 모른체할 수도 없고, 또 그분들의 고생과 경제적 현실을 무시할 수 없기에, (부모의 기대대로) 만화가의 길을 포기하고 직장에 들어가야 한다는 것이 고통스럽다. 만화가의 길을 선택할지 사회학에 전념하여 직장에 들어가야 할지, 하고 싶은 일과 해야 하는 일 사이에서 (즉 소망과 의무 사이에서) 갈등하고 있다.

그런 경우 보통 두 가지 길이 주어진다. 하나는 현실의 난관에 맞서 자신이 원하는 길을 헤쳐나갈 용기를 내는 것이다. 물론 이때 본인만이 아니라 가족을 비롯한 주위 사람들의 희생이 따르기도 할 것이다. 다른 하나는 자신이 원하는 것을 양보하고 현실에 맞추어 사는 길을 택하는 것이다. 이것은 현실적인 문제는 벗어나겠지만 나중에 후회가 남을 수도 있다. 자신의 선택을 후회하지 않고 담담하게 자기 삶을 받아들일 수 있으면 다행이지만, 그토록 원하던 꿈을 저버렸다는 자괴감이 평생 남을지도 모른다.

그녀의 이야기를 들으면, 애니메이션 작가에 대한 민서의 소망은 남달랐다. 그것은 그녀에게 삶의 열정과 활기를 주는 것임이 틀림없어 보인다. 우리가 소망하는 욕구 중에는 자기 삶의 이유가 될 정도로 중요한 욕구가 있다. 바로 정언적 욕구이다.[34] 그것은 내가 죽지 않고 살아야 할 이유가 되는 욕구이며 내 삶을 지탱하는 중심 욕구이기도 하다. 대부분의 사람은 정언적 욕구가 자기 삶의 이유가 되는 소중한 것이기에 그것을 이루기 위해서 모든 어려움을 감내하고자 한다. 또한 자기 정체성의 중심이 되는 정언적 욕구를 이루기 위해 다른 것을 희생할 각오를 하기도 한다.

그런데 자신의 정언적 욕구를 실현하는 것이 매우 힘든 상황이 될 때, 그리하여 그것을 실현하지 못하는 상황이 너무나도 괴로울 때, 오히려 그것을 자기 삶의 장애로 느끼게 되는 경우가 있다. 그 상황의 원인은 자신일 수도 있고 가족이나 주위 환경일 수도 있다. 정언적 욕구를 실현하기 위해 넘어야 하는 현실의 장애가 감당하기 어려울 때, 자신의 소망이 도리어 원망스럽게 생각되며, 그 소망이 강렬할수록 오히려 뿌리째 거부하게 되는 자기 역설에 빠지기도 한다. 그때 인생의 선택의 갈림길에서 중대한 선택을 해야 하지만 길이 보이지 않는

---

34) 정언적 욕구에 대해서는 제1부 4장 2절을 참고하라.

다. 역설적 상황에서 진실을 바라보는 것이 힘들어 때로는 자신이 진정 원하는 것을 외면하는 선택을 하기도 한다. 이때 자신의 진심을 왜곡하는 방향으로 밀어붙이는 선택을 할 수도 있다. 바로 민서의 경우가 그러했다.

자신의 소망이 삶의 장애로 느껴질 때

다음 만남에서 민서는 자신의 진로를 결정했다고 하였다. 만화가의 길을 포기하고 취직하기로 했다는 것이다. 나는 그녀의 선택을 존중한다고 했다. 그런데 왜 그런 선택을 하게 되었을까? 그녀의 가정환경이 워낙 경제적으로 어렵기 때문에, 어느 정도 평가받는 위치에 오르기까지 상당히 오랜 시간이 걸리는 만화 작가의 길을 가기가 쉽지 않을 것이라는 생각은 했었다. 민서의 선택도 그런 이유가 작용했을 것이다. 그런데 그에게 만화가의 길이냐, 직장에 들어가느냐 (그의 표현대로 하면, '만화에 집중하느냐, 만화를 포기하느냐')의 두 가지 대안만 있는 것은 아닐 것이다. 경제적인 문제 때문이라면 직장에 다니면서 시간이 걸리더라도 만화가의 길을 갈 수도 있지 않을까? 비록 취업을 하고 길을 돌아가더라도 꾸준히 노력하여 소망하는 만화가의 길을 갈수 있지 않을까? 나는 만화에 대한 그녀의 열정과 진심을 알고 있었기에 왜 세 번째 대안을 고려하지 않는지 궁금했다. 경제적 문제 때문에 비록 (취업을 하고) 길을 돌아가더라도 또 그만큼 힘이 들더라도 자신이 원하는 만화가의 길을 꾸준히 가고자 하지 않는지, 적어도 왜 그런 시도를 하지 않는지 의문이 들었다.

그 이유에 대한 그녀의 답변을 들어보았다. 그녀는 '세 번째 대안 자체가 자신을 더 힘들고 우울하게 만든다'고 했다. '지금 만화에 집중하지 못하고 삶의 목표가 전도되어가고 있다는 사실 자체가 자신을 힘들게 하고 다른 공부나 취업준비에도 집중하지 못하게 만들고, 다시 그 때문에 자책하고 우울해진다. 만화가를 목표로 삼는 동안에는 그것에 집중하지 못하는 자신이 퇴보하고 있다는 생각이 들고 그것이 너무 괴로워 차라리 만화를 포기하고 나면 나머지는 모든 것이 원활하게 돌아가고 편안해질 것 같다. (그럴 바에는 만화를 포기하고 그나마 다른 것에 최선을 다하는 것이 나을 것 같다.)' 한마디로 그녀는 세 번째 대안 자체가 고통스럽다는 것이다. 만화에 집중하든 아니면 단념하든 둘 중의 하나를 택하는 것이 고통에서 벗어나는 길이고, 결국 그는 고민 끝에 현실적으로 만화가의 길을 포기하는 것이 낫다는 결론에 도달하였다.

여기서 민서는 애니메이션 작가의 길을 접고 가치관을 바꾸는 것이 고통에서 벗어나는 길이라고 생각했다. 그렇게 결정하고 나니 마음이 홀가분하다고 말하는 그의 얼굴은 비장감마저 감돌았다. 그는 만화가와 직장 사이의 갈림길에서 깨끗이 만화가의 길을 접는 것을 선택했다. 그러고 나니 그 고민에서 해방되고 마음이 편해졌다고 했다. 그는 일단 문제의 고민과 고통에서 해방된 듯했다. 그렇게 자신의 고민에 대해 숙고하여 결정했다면, 그것도 하나의 대안이며 자신의 길이 될 것이다.

그러나 그토록 원하던 바로 그것을 포기함으로써 모든 문제가 해결된 듯 보이는 상황이 참으로 역설적이었다. 무엇보다도 그녀의 선택을 존중하지만, 하나의 질문이 떠올랐다. '그런데 만화가의 길을 선택하려고 할 때 모든 것이 어긋나고, 그것을 포기할 때 모든 것이 잘되리라고 판단하는 근거는 무엇인가요? 마치 만화가의 길을 선택하는 순간 모든 것이 험난하고 장애물로 다가오는 것처럼 생각하고 있네요. 그것만 포기하면 만사(취업, 부모님의 기대, 경제문제, 우울한 기분 등)가 다 잘 해결될 것이라는 낙관도 있고요. 왜 그렇게 생각하나요?' 다음 만날 때까지 생각해보기로 했다. 만화가의 길을 포기하면, 취업하는 것은 얼마든지 가능하다거나, 자신의 우울증의 원인이 만화 때문이므로 우울한 마음도 없어질 것이라는 생각 등은 아이러니해 보이기조차 했다.

단 하나의 질문의 힘

다음 만남에서 민서는 놀랍게도 전혀 다른 결단을 내리고 찾아왔다. "지난번 교수님의 질문은 제게 충격을 주었고 제 깊은 곳을 찔렀어요." 어떤 질문은 내담자의 깊은 곳을 찔러 마음 깊이 자각을 불러일으키기도 한다. 그런 질문은 자신도 알아채지 못하는 자기 고민의 핵심을 보도록 해준다. "왜 제3의 대안을 거부하게 되는가? 왜 만화가의 길을 택하면 모든 장애에 부딪힐 것이고, 반면에 그것을 포기하면 만사가 다 잘 될 것이라고 생각하는가?" 민서는 이 두 가지 물음에 비추어 자신의 선택과 판단을 검토해보니, 자신의 소망이 너무나 버겁게 느껴져서 자기 소망의 진실을 바라보기를 거부하고 있다는 것을 깨달았다고 한다. 부모와 환경에 의해 그리고 자신에 의해 그 소망이 꺾이거나 약해지는 것을 차마 견딜 수 없어 의도적으로 접어버리려고 했었는지도 모른다.

"그 질문을 받고 나니, 만화가의 길을 갈 때 부정적인 측면만 부각해서 생각한 것은 어쩌면 (그것에 집중하지 못하는 지금의 자신이 너무나 고통스러운 나머지) 애니메이션이 내게 너무나도 중요하다는 것을 외면하기 위한 것이었음을 깨닫게 되었어요. 반대로 그것에 집중하지 못하는 자신이 너무나 고통스러울 만큼 애니메이션이 내게 중요하다는 것을 알게 해주었어요. 정말로 그것을 포기한다고 생각하니 나의 미래에 대해 아무 희망도 떠올릴 수 없었어요. 그리고 만화를 그리지 않는 삶이 아무리 안락해도 거기서 나의 진정한 모습을 찾을 수는 없다는 걸 알았어요. 그런 삶은 내게 의미가 없다는 것을 확신하게 되었고, 결국 아무리 힘들어도 그것을 해야겠다는 결정을 내렸어요." 그렇게 말하는 그의 얼굴은 오히려 밝아 보였다.

그동안 그녀와의 대화를 생각해보면, 그가 어떤 선택을 하든지 책임감 있게 자신의 삶을 받아들였을 것이라고 나는 믿는다. 다만 죽을 고비를 넘기며 다시 삶의 희망을 찾아가는 만큼 그녀가 행복하고 소망하는 삶을 살기를 기원한다. 힘이 들더라도 단지 의무감에 따라 사는 것이 아니라 자신의 소망에 따라 기쁘고 활기 있게 삶을 맞이했으면 좋겠다.

단상

필자가 제1부에서 제시한 〈자아정체성 상담 모델〉에 의하면, 우리의
욕구나 소망과 가치들은 하나가 아니라 다양하기 때문에 서로 비교
되고 갈등을 일으킬 수도 있다. 소망과 의무 사이의 갈등만이 아니라,
소망들 사이에서도, 또 가치들 사이에서도 갈등이 일어날 수 있다. 그
때 욕구나 가치들의 우선순위가 분명하다면 갈등은 없거나 약화될 것
이다. 하지만 우리의 삶 안에서 주변 환경의 복잡한 문제들과 얽혀 있
을 때 그것들은 비교하기 어렵거나 우선순위가 분명하지 않거나 자신
도 파악하기 힘든 경우가 종종 있다. 그런 상황은 우리에게 심각한 고
민을 일으키게 된다. 때로는 자신의 소망이 험난한 현실의 벽에 가로
막힐 때, 민서의 경우처럼 그런 소망 자체가 원망스럽게 생각될 수 있
다. 그리하여 소망 자체에 문제의 원인을 돌리거나 자기 기만에 빠지
지도 한다. 이런 상황에서 철학상담의 대화는 자신의 정체성과 자기
이해를 가로막는 사고와 장애들에 대해 돌아봄으로써 후회 없는 선택
을 하도록 도울 수 있다. 그때 자기 기만에서 빠져나올 수 있도록 자
극하는 물음, 자신의 정체성의 핵심을 바라볼 수 있는 질문들은 매우
중요한 역할을 한다.

　민서의 경우, 만화 작가에 대한 자신의 열정과 소망이 강렬했으나
(그리고 바로 그 때문에), 의무(해야 하는 것)와 소망(하고 싶은 것) 사이
에서 선택의 무게감에 압도되고 아무것도 할 수 없는 상황이 되자, 오
히려 자신의 소망이 버겁게 느껴지고 삶의 장애로 다가왔다. 그러자
그녀는 모든 문제의 원인이 만화 작가를 꿈꾸는 자신의 소망 때문이

라고 생각하고 그것을 포기하기만 하면 모든 문제가 해결될 거라는 다소 극단적인 생각과 선택에 이르게 되었다. 그녀에게는 그런 혼란을 깨달을 수 있는 계기가 필요했으며 하나의 질문이 그것을 깨닫게 해주었다.

여기서 질문의 진정한 역할은 어떤 결정을 하게 했느냐가 중요한 것이 아니라, 어떤 결정을 하든지 자기 이해와 더불어 자신의 문제를 깊이 성찰하도록 촉구했다는 것이 중요하다. 물론 그런 질문은 우연히 생기는 것이 아니다. 주의 깊은 경청을 통해 내담자에 대해 깊이 이해하게 될 때 그런 물음이 만들어진다. 그것은 단지 기술이 아니며 매뉴얼이 제시해줄 수 있는 그런 것도 아니다. 그 질문은 그런 방식으로는 결코 얻을 수 없다. 그것은 철학적 대화와 사유의 실천 속에서 말하고 듣는 대화의 상호작용을 통해 무르익은 질문이기 때문이다. 그것은 한 인간의 정체성과 전체 삶을 이해함으로써, 그리고 그의 치열한 고민을 따라가며 동행함으로써 그를 이해하고 공감할 때 비로소 떠오르는 물음이기도 하다.

12

정숙의 사례 :
삶의 열정, 자신감 상실과 분노의 감정

이 상담 사례는 반평생을 나름대로 성실하게 살아왔으나 삶의 열정을 느껴본 적이 없었던 한 여성의 사례이다. 그녀는 열심히 살았지만 자신이 추구하던 가치는 항상 좌절되었으며 자신의 노력에 비해 자기 삶은 별다른 결실을 거두지 못했다는 비애감마저 가지고 있었다. 그래도 그녀는 언제나 열심히 직장에서 일하고 가정을 돌보며 또 시간을 내서 책을 읽고 좋은 강좌들을 찾아서 들으며 부지런하고 근면하게 살고 있다. 그런데 최근 들어 그녀는 이유를 알 수 없는 분노와 우울감에 사로잡히곤 하였다. 일하다가도 갑자기 화가 올라오면 통제할 수 없는 감정에 당황스럽고 우울해진다.

그녀의 이름은 정숙(가명)이다. 정숙은 50대 중반의 여성으로서 회사에 다니다가 얼마 전에 퇴직하였다. 그녀는 매사에 자신감이 없으며, 특히 남들 앞에서 이야기하거나 공적인 발표를 하는 일이 매우 힘들 정도라며 상담을 요청해왔다. 공적인 자리에서 자기 생각을 말하거나 관철하지 못하는 우유부단한 성격 때문에, 어떤 결정을 내릴 때에도 주위 사람들이 강하게 요구하면 거절하지 못하고 끌려다니게 되고 그것이 또 자신을 힘들게 했다. 그리고 요즘에는 알 수 없는 분노와 화가 시시때때로 올라와서 화를 다스리는 치료 프로그램에 다니고 있다고 했다. 그녀가 말하는 자신의 문제는 분노의 감정과 자신감 상실이었다. 그녀는 이 문제가 겹쳐서 자주 우울한 기분이 들기도 하였다.

상담을 진행하면서 정숙 씨는 단란한 가정에 대한 소망이 매우 강했으나, 실제로 가족들 간에는 대화와 소통이 잘 안 되어 힘들게 살아왔다는 것을 알게 되었다. 남편은 가정에 책임감이 없었으며 가족의 일에 대해 의논하고 싶어도 대화를 회피하였다. 남편과는 간단한 일상적 대화 이외에는 거의 소통을 하지 않고 살고 있다. 30여 년을 그렇게 살았으니 일상적으로 반복되는 마음의 고통과 상처는 매우 깊었다. 그래도 그녀는 큰 소리를 내어 싸운 적이 없고 속으로 삭여왔다고 했다. 부부간에 상호 대화는 없었고 받아들여지지 않는 한 방향의 언어만이 허공에 맴돌고 있었던 셈이다. 그녀는 거의 체념한 상태였다. 하지만 그녀는 매우 교양 있게 행동했고 자신의 고통과 불편함조차 매우 온유하고 절제된 언어로 말하는 여성이었다.

상담의 중반에 이르렀을 때, 그녀는 자신의 삶을 반복해서 사는 철학적 사고실험을 통해 남편과 소통되지 못한 삶이 자신의 가슴을 짓누르고 있다는 것을 깨달았으며, 그 순간 자신이 해결해야 할 과제를 발견하였다. 상담을 통해 그녀는 애초의 문제, 즉 분노의 감정과 자신감 상실의 문제와 연관된 근원적인 문제를 찾게 되었으며 자신이 해결해야 할 문제를 대면하게 되었다. 자기 분노의 감정에 대해 이해하게 되고 솔직해지면서, 가려져있던 남편과의 문제도 분명하게 볼 수 있게 되었다. 그 후 남편과의 소통 문제에 대한 상담에 집중하게 되었고 문제 해결의 실마리를 찾을 수 있었다. 진정 소통을 가로막은 것은 남편만이 아니라 자신에게도 문제가 있음을 알게 되었다. 그런 깨달음 이후, 그 과정은 간단치 않았지만 결국 그녀는 자신의 문제를 해결하였고 삶의 기쁨과 자신감도 찾을 수 있었다.

나는 정숙과 5개월 가까이 10회 정도의 만남을 가졌으며 만나는 간격이 길어질 경우에는 편지 상담을 병행하였다. 상담의 초반에는 거의 매주 (혹은 격주로) 만났으며, 후반으로 갈수록 메일을 주고받으며 상담을 이어갔다. 우리는 정숙의 삶을 돌아보면서 여러 방면에서 다양한 주제로 철학적 대화를 나누었으나, 여기서는 정숙의 분노와 우울감의 중심에 놓여있었던 문제에 초점을 두어 사례를 기술하고자 한다. 이 사례는 제1부 6장에서 다루었던 정체성의 정치학과 관련된 여성주의 주제, 즉 가부장제 사회문화에서 여성의 정체성과 가치관 및 감정(분노와 우울감 등)의 주제와도 연관되므로 그 부분을 참고하는 것이 도움이 될 것이다. 정숙의 분노와 가치관의 갈등에는 가부장제 문화가치가 연관되어 있었다는 점에서 그 주제는 이 사례에 중요한 시사를 해준다고 보기 때문이다.

정숙과 그녀의 가족들

정숙은 50대 중반 여성으로, 고등학교를 졸업한 후 외국인 회사에 취직하여 30여 년간 직장생활을 하다가 최근에 퇴직하였다. 2년 전에 수술을 받기 위해 병가를 낸 후에 권고사직을 받았으며, 지난 2년간은 시간제로 직장에서 일했다. 요즘은 문화재 해설사 일을 생각하며 고궁 안내 교육 등을 받거나 보험설계사 교육을 받으며 재취업을 위해 노력하고 있다.

첫 만남에서 받은 그녀의 인상은 평범하고 소박했으며 표정은 약간 우울해 보였다. 그녀의 분위기는 밝은 편이 아니었는데 약간 수심에 찬 얼굴에는 근심이 드리워져 있었다. 목소리는 작고 조용하면서도 주저해하는 소극적인 태도가 몸에 배어있었다. (나중에 그녀는 놀라울 정도로 생기 있는 표정과 분위기로 바뀌었다.) 그녀는 자신의 문제를 말하면서, 자연스럽게 가족 이야기를 시작하였다.

정숙의 남편은 3년 연하로서 한 학원 강좌에서 만나 사귀기 시작했다. 만족스러운 관계는 아니었지만, 남자를 만나는 일에도 자신이 없었고 더구나 남편이 적극적으로 다가와서 결혼에 이르게 되었다. 남편은 문제를 회피하는 스타일이었으며 대화가 잘 안 되었다. 정면으로 문제를 꺼내거나 진실하게 얘기하려는 태도가 부족했다. 남편의 직장은 내세울만한 것이 아니어서, 정숙의 직장(외국인 회사)의 분위기나 급여 등에 대해 부러움과 열등감이 있었다. 결혼 후, 남편은 집안일에 신경을 쓰지 않았고 책임회피에다 문제를 기피하는 경향이 있었다. 그러다 보니 결국 경제적인 책임과 아이 양육 등 가사의 모든 일을 자신이 알아서 처리하고 떠맡게 되었다. 남편은 회피적인 데다 진솔하게 대놓고 이야기하는 일이 없었기에, 강요할 수도 없다 보니 자신이 모든 일을 알아서 다 해야 했다.

정숙에게는 두 딸이 있다. 자신이 경제적인 책임을 지고 직장을 다녀야 했으므로 딸들은 스스로 자기 일을 알아서 해야 했다. 경제적인 여건 때문에 자녀 양육은 이차적인 일이 될 수밖에 없었으나, 딸들은 스스로 잘 자라주었다. 큰딸은 올해 대학을 졸업하는데, 매사에 계획성 있게 잘해나가는 성격이다. 한 살 아래인 작은딸은 이른바 모범적이지는 않으나 또 좋은 대학에는 못 들어갔지만 성격도 밝고 나름대로 잘하고 있다고 생각한다. 둘 다 스스로 자기 일을 챙길 수 있을 만큼 독립적인 성격으로 자라주었다.

시부모는 처음부터 "잘하겠다는 각서를 써라."라고 할 정도로 집안일과 남편과 시집에 잘할 것을 요구하였다. 정숙은 결혼한 후 시댁의 암묵적인 요구를 추측하면서 알아서 잘하려고 노력해왔다. 시댁 식구의 생일이나 명절, 병간호 등 자신이 할 일은 솔선수범해서 하는 것이 마음이 편했다. 직장을 다니면서도 병간호는 물론 생일상을 다 차릴 정도로 최선을 다했다. 하지만 시부모는 당연한 듯 생각할 뿐 자신을 긍정적으로 평가해주진 않았다. 남편 없이도 딸들을 데리고 매주 시댁에 가며 성의를 다해도 제대로 평가받지 못한 느낌이다. '남편은 나 몰라라 하고 나 혼자서 모든 것을 감당해야 할 때 약간 억울한 느낌이 들기도 했다.'

친정은 식구는 많았으나 그녀는 외롭게 자랐다. 자신은 7남매 중 여섯째인데 위로 언니 오빠들은 모두 서울 생활을 하고, 어머니는 시골에서 농사를 지으면서 나와 동생과 함께 살았다. 아버지는 서울에 가거나 거의 집 밖으로 나도셨다. 그래서 아버지에 대한 기억이 거의 없고 별로 좋은 이미지도 갖고 있지 않다. 시골에서 이렇게 거의 혼자 지내다시피 했던 어릴 적 친정의 분위기를 생각하면 외로웠던 것 같다. 그리고 어려서부터 자신에게는 꿈이나 롤모델이 없었다. 어머니는 가정 예배를 중요시했고, 교회의 전례와 틀 안에서 자유롭게 허용하는 편이었다. 비교하지 말고 순종하라는 교회의 가르침에 따라 경쟁이나 성취욕에는 무관심하게 길들여졌다. 기대치를 낮게 잡고 다만 성실하게 생활하는 것을 중요시했다. (정숙은 아마 이런 가정 분위기가 그저 성실하게 책임감을 다하는 근면한 삶을 살지만 사회적 성취를 위해 노력하거나 최선을 다해 무언가를 이루려고 시도하지 않는 자신의 생활방식과 관련이 있을지도 모르겠다고 했다.)

정숙의 문제와 고민

정숙은 첫 만남에서, 자신이 상담을 받으려는 동기와 이유에 대해서 다음 세 가지를 이야기하였다. 첫째, 매사에 자신감이 없고 결단력이 없다는 것이다. 자기주도적으로 결단을 내리는 것이 약할 뿐 아니라, 우유부단한 태도 때문에 자신이 이미 내린 결정에도 불구하고 다른 사람이 강하게 요구하면 거기에 끌려 결정을 번복하게 된다. 그 결과 싫어하는 일도 남에게 이끌려서 해야 하는 상황이 자주 발생한다.

둘째, 대중 앞이나 공적인 장소에서 앞에 나가 이야기하는 것이 어렵다. 어릴 적에도 그랬지만 지금도 공적으로 발표하거나 말하는 것을 두려워하고 피하려고 한다. 30여 년의 직장생활에서도 발표 기회는 다른 사람에게 미루거나 회피해왔다. 일대일로 대면하여 이야기하는 것은 아무 문제가 없지만, 여럿이나 공적인 장소에서는 발표하기가 두렵고 위축되어 한 문장 이상 말하기가 어렵다.

셋째, 요즘 시시때때로 화가 올라오는데, 이유를 알 수 없는 이 분노/화의 실체가 무엇인지 알고 싶다. 요즘 화를 다스리는 프로그램에 다니고 있는데 아직 효과는 잘 모르겠다.

첫째와 둘째 문제(즉 자신감의 상실과 공적 발표의 어려움)는 비교적 구체적인 반면에, 셋째 문제(분노와 우울의 감정)는 아직 실체를 알 수 없었다. 이유 없이 올라오는 분노의 감정의 실체가 무엇인지도 함께 찾아야 할 것이다. 나는 무조건 화를 억누르거나 다스리려고 하기보다 자신의 화에 대해서도 대화가 필요하다고 생각되었다. 그녀의 분노가 부정적 실체만이 아니라 정당한 근거를 가진 것이라면, 그것을 억압하기보다는 그것의 실체를 대면하여 이해하는 것이 더 중요할 수 있다.[35] 그녀의 감정이 해결해야 할 문제와 연관된 것이라면, 그 감정을 억누르거나 다스리는 데 초점을 둔 프로그램은 역효과를 불러올 수도 있다. 더구나 그녀는 절제를 잘하는 성격이어서 이미 반평생 화를 다스리며 살아온 사람인데, 그럼에도 화가 올라온다면 그 감정을 대면하는 것이 필요할지 모른다.

....

35) 분노는 사고의 내용을 가진 지향적 감정이므로, 그런 감정은 이유가 있고 평가할 수 있으며, 정당화하거나 이해할 수도 있다. 철학상담에서 지향적 감정의 문제에 관해서는 제1부 6장 2절을 참고하라.

또한 그녀가 처음 제시했던 자신감의 문제는 그 이면에 깊게 뿌리내린 다른 문제에 근거해있었다. 상담의 중반에 이르러서야 그 문제는 드러났고 자각하게 되었으며 (이 부분에서는 철학적 사고실험의 도움도 필요했다), 그 이후 상담은 빠르게 진전되었다. 이처럼 내담자의 문제가 처음부터 분명하게 제시되는 것은 아니며, 때로는 상담을 통하여 핵심 문제가 드러나기도 한다.

정숙의 가족사를 통해, 고등학교를 졸업한 후 부모님을 여의고 자신은 취업을 해서 경제적으로 독립해야 했으며 그 후 30여 년간 직장생활을 하면서 가정을 꾸리고 나름대로 열심히 살아왔다는 것을 알수 있었다. 직장을 다니면서도 평생교육원 등에서 지속적으로 배움을 그치지 않았다. 그녀는 게으름을 피우는 것이 죄라도 짓는 듯 생각되어 부지런히 살려고 노력해왔다.

그런데 그동안 직장에 다니며 모은 돈을 남편과 동생에게 사업 자금으로 빌려주었다가 모두 날린 일이 있었다. 그 후 10년 이상을 자신의 급여에서 빚을 갚아나가면서 이자와 원금을 감당해야 하는 고통을 받았다고 한다. 그래도 자신은 남편에게 원망 한마디 하지 않았다. 회사에서 괜찮은 보수를 받았음에도 이렇게 모두 날리고 나니, 퇴직한지금 남은 것이 거의 없다. 30년 직장생활에도 불구하고 경제적으로도 여유가 없다. 퇴직 후 이런저런 일로 재취업을 시도하면서 동시에 시간을 내어 좋은 특강을 찾아서 듣거나 강좌를 신청해서 듣고 있다. 요즘은 공부하고 배우는 것이 재미가 있다고 했다.

정숙은 자신의 삶을 돌아보며, '50년간 나름대로 성실하게 노력하며 열심히 살았지만 내게 남은 것은 아무것도 없다. 내 삶의 결실도 없고 보상도 없고 또 누구에게도 내 삶에 대해 제대로 인정받지 못했다.'고 스스로 평가했다. 그러면서도 그는 크게 낙담하지는 않고 이런저런 일을 시도하고 배움의 재미도 느끼면서 또다시 살아가고 있다. 하지만 '자신감도 없고 열정도 없으며 삶이 공허해 보이고 진정 기쁨을 느끼며 사는 것 같지는 않다.'고 했다.

보상받지 못하고 평가받지 못한 삶 때문일까? 때때로 화가 올라오고 분노를 느끼는 이유는 무엇인가? 아직 분노의 실체는 알 수 없으나, 적어도 남편을 비롯한 주변의 가족과 사람들에 대한 서운함 내지 피해 의식(무책임, 경제적 의존, 칭찬이나 평가에 인색함 등)이 남아있으며, 또한 스스로 우유부단함과 자신감 결여로 삶의 에너지가 무의미하게 소진되는 듯 보였다.

'삶의 열정이 없는 것 같아요!'

자신의 삶을 되돌아보면서, 정숙은 자신이 삶의 열정 없이 살아왔다는 생각에 이르렀다. 자신의 에너지를 다 쏟아 무언가를 해본 적도 없었다. '열정을 가지고 어떤 일을 해본 적이 없는 것 같아요.' 그녀는 맡은 일에 대한 책임감이 있고 성실하긴 하지만, 항상 목표나 기대치를 낮게 잡는 경향이 있다. 또 그 낮은 기대치를 충족할 정도로만 일할 뿐, 에너지를 쏟아 최선을 다해 일해야 할 이유를 모르겠고 또 그럴만한 동기도 가진 적이 없었다.

회사생활을 그렇게 오래 했다면 공적인 위치에서 프레젠테이션이나 의견을 발표해야 할 기회가 많았을 터인데, 그런 일을 어떻게 해왔는지 궁금해서 질문을 했다. 그녀는 대화하던 중에, 회사에서 프레젠테이션이나 공적 발표에 대한 어려움에 대해 생각해보니 (두려움의 문제보다) 그것을 준비하는 과정에 에너지를 쏟아야 하고 힘든 과정을 거쳐야 하는 것에 굳이 자신이 그렇게 해야 할 필요성이나 동기를 느끼지 못한 점도 있었다. ('왜 그렇게까지 힘들게 해야 하나?' 하는 생각이 들곤 하였다.) 또 그렇게 준비가 미흡하다 보니 충분하거나 만족할만한 발표가 안 될 것이라는 생각에 자신감이 없어지기도 하였다. 무언가 애써서 잘해보겠다는 생각 자체가 들지 않았다. 그러다 보니 발표의 기회는 남에게 양보하고 자신은 뒤에서 도와줄 뿐 앞에 나서지 않는 방식으로 그런 상황을 모면해왔다고 한다. 이 예는 자신감 상실과 공적 발표의 어려움에 대한 문제가 적어도 부분적으로 〈삶의 열정〉과 연관되어 있다는 것을 보여주었다.

첫날의 대화에서도 어느 정도 예감되었듯이 그녀의 근본 문제는 "삶의 열정이 없다는 것"이었다. 어릴 적부터 그녀는 게으름 피우는 것을 싫어하고 주어진 것을 나름대로 열심히 해나가지만, 열정을 다해 살아본 기억은 없다. 그녀는 외향적인 가치에는 별로 관심이 없으며, 남들이 추구하는 외적인 성공이나 성취에 대한 욕구도 별로 없다. 그녀는 기질적으로 내면적인 것을 지향하지만, 자신의 에너지를 쏟을 내면의 무언가를 찾지 못한 채 열정을 소진해버린 경우였다. 그것이 그녀로 하여금 자신의 삶이 낭비되었다는 느낌이 들게 하였다. 정숙은 50대 중반에 이르러 자기 삶을 돌아보니 아무 결실 없이 낭비된 삶, 열정을 가지고 살아보지 못한 삶에 대해 비애와 한탄이 느껴졌다.

더구나 가족들 사이에서도, 어느덧 독립적으로 커버린 아이들, 매사에 회피적인 남편 등 진정한 대화나 소통이 없다는 것이 더욱 슬프고 아프게 다가왔다.

　나는 정숙에게 자신이 가치 있다고 느꼈던 때가 언제인지, 혹은 어떤 경우에 자신이 가치 있는 존재라는 생각이 드는지 물었다. 정숙은 회사에서 동료들의 고민이나 이야기를 잘 들어주고 조언을 해주었을 경우, 그리고 그들이 내게 도움을 받았다고 느끼거나 고맙다고 말해줄 때가 종종 있는데 그럴 때 기분이 좋고 자신이 가치 있게 생각된다고 했다. 회사 동료들만이 아니라 주변 사람이나 친구들 사이에서도 이야기를 잘 들어준다는 평가를 받는 걸 보니 정숙에게는 그런 능력이 있는 듯했다. 그녀는 비록 상담 공부는 하지 않았으나, 남의 이야기를 들으면 상대방이 잘 이해가 되고 공감을 잘하는 등 상담사의 자질이 있었다. 자신도 그런 평가를 좋아했으며, 누가 고민을 꺼내면 기꺼이 들어주곤 했다. 자신은 남의 이야기를 잘 들어주는 반면에, 자신의 고민은 남에게 말해본 적이 없었다. 그녀는 자신을 표현하거나 감정을 드러내지 않고 살았으며 자신의 이야기를 남에게 털어놓은 것은 처음이라고 했다. 그녀는 나중에 상담을 통해 처음으로 자기 고민을 진솔하게 말할 수 있는 것만으로도 왠지 자신이 달라진 느낌을 받았다고 했다. (상담 첫날 이후, 정숙은 자신의 이야기를 털어놓고 나니, 큰 짐을 벗은 느낌이었고 자신의 문제와 삶이 정리되는 느낌을 받으며 무언가 다 잘될 것 같은 들뜬 기분이 들었다. 그것은 자신이 바뀐 느낌이 들 정도로 새로운 경험이었다고 했다. 그녀는 변화된 삶을 상징하는 꿈을 꾸기도 하였다.)

　또한 문제가 생기면 어떤 방식으로 해결하거나 대처하는지도 물었다. 그녀는 크리스천으로 가톨릭 신앙 안에서 문제를 극복하려고 노력한다고 했다. 다른 사람과 갈등이 있을 때 많은 부분 남의 요구대로 따라주고 양보도 잘하며, 자신의 의견이나 생각을 적극적으로 내세우는 편이 아니다. 그녀의 삶은 남에게 많이 맞추어져 있으며 갈등이 일어나면 자신이 양보하거나 희생하는 것으로 문제를 해소하는 경향이 있었다.

그리고 나는 열정을 바쳐 하고 싶은 일, 앞으로 열정을 가지고 살고 싶은 삶은 무엇인지에 대해 생각해보도록 하고, 다음 만남에서 그 주제에 대해 대화하였다. 그녀는 50여 년을 열정을 가지고 해본 일이 없었기에, 앞으로 남은 삶을 생각하며 가장 해보고 싶은 것을 찾아보기로 했다. 이번에는 가족을 염려하거나 주변 사람의 눈치를 보기보다는 자신에게 집중해볼 것도 요청했다. 자신에게 부과되는 모든 의무를 다 벗어난다면 무엇을 하고 싶은지 물었다. (이제 자녀들은 다 성장해서 독립할 때가 되었고, 직장에서 은퇴하여 제2의 인생을 살아야 할 즈음이면 평생 지어온 그런 의무들을 벗어날 때가 되지 않았는가! 아직 남편과의 소원한 관계에 대한 문제는 남아있으나, 이 시점에서 자신에 집중하여 살고 싶은 삶을 찾는 것이 정숙에게는 필요할듯했다. 그동안 자신보다 가족을 위해서 노력해왔고 열심히 살았으나 남은 것이 없는 자신의 삶이 공허하고 낭비되었다고 느끼는 그녀에게 자신의 열정과 에너지를 쏟을 수 있는 것을 찾는 것이 중요해 보였다.)

다음 만남에서, 그녀는 진정으로 자신이 하고 싶은 일을 찾았다고 했다. 은퇴한 후 홀로 외롭게 지내는 신부님과 수녀님들을 위한 사랑방을 운영하고 싶다는 것이었다. 그녀는 가톨릭 신자로서 사제와 수

녀들이 은퇴 후에 외로운 생활을 하는 것을 안타깝게 생각하고 있었는데, 외로운 사람들과 대화하고 상담할 수 있는 사랑방을 떠올리게 되었다. 남들의 이야기를 들어주고 조언을 해주면서 자신의 가치와 의미를 발견하고 기쁨을 느꼈던 경험을 떠올리며 이 생각을 하게 되었다는 것이다. '자신이 감당할 수 있을 만큼의 규모로 그분들에게 맛있는 요리와 따뜻한 대화의 공간을 마련하고, 또 그것을 토대로 지역사회와 연결하여 좀 더 의미 있는 사회봉사를 할 수 있겠다'는 아이디어도 갖게 되었다. 그녀는 자신의 삶에 대해 성찰하면서 인생 후반기에 자신이 진정 원하는 것이 무엇인지 알게 되었고 자신의 열정을 바치고 싶은 일을 찾았다고 기뻐하였다.

삶의 의미와 영원회귀 사고실험

우리는 정숙의 살아온 삶을 성찰하며 자신의 문제를 조명하기 위해 몇 가지 사고실험을 하기로 했다. 삶의 의미(혹은 삶의 가치)가 무엇이라고 생각하는가? 지금 당장 죽는다면 가장 아쉬운 것은 무엇인가? 그리고 당신의 삶이 영원히 똑같이 반복된다면 어떨지에 대하여 대화하였다.

그녀는 삶의 의미가 남에게 도움이 되는 삶 속에 있다고 생각했다. 자신은 세속적인 성공에는 큰 의미를 두지 않으며('나는 40대에 이르러 세속적인 성공이 별것 아니라는 생각이 들었다.'), 도움과 나눔을 실천하는 삶이 의미 있는 삶이라고 생각한다고 했다.[36] '외로운 사람이나 고통받는 사람들을 위로할 수 있고 봉사하는 삶을 살고 싶다.' 이는 그녀가 찾은 열정을 바쳐 하고 싶은 일과도 같은 맥락에 있는 것으로 보인다.

지금 당장 죽는다면 아쉬운 것, 죽기 전에 하고 싶은 것에 대해 말하는 정숙의 마음은 다소 엇갈리는 부분이 있었다. 이렇게 소원해져 버린 남편과의 관계가 가장 아쉬운 반면에, 또 대화와 소통이 전혀 안 되는 남편을 보며 가족의 의미에 대해 회의가 들기도 하였다. 언젠가부터 〈훌쩍 떠나고 싶다〉는 발언을 해왔다. 가족의 이상을 실현하지 못하고 가족공동체의 기능을 못 하는 바에야, 농촌공동체나 종교 공동체에 들어가 자신이 꿈꾸는 진정한 공동체를 구성하며 살고 싶은 마음이 생기곤 하였다. 자녀들도 이제 성장하여 독립할 것이고, 남편도 혼자서 독립적으로 살면 자유로움을 느낄 것이라고 자기 생각을 옹호하기도 하였다. (혼자서 애써 봐도 소용이 없다고 생각하니 가족을 떠나 나름대로 공동체를 이루며 살고 싶다는 마음이 간절할 정도로, 그녀에게 가족이나 공동체의 의미는 과연 무엇일까? 아무리 애써도 도달할 수 없는 가족의 이상을 대신할 공동체를 꿈꿀 만큼, 그녀에게 단란한 가족에 대한 소망이나 가족애의 가치는 간절했던 것이 아닐까!)

그녀는 회사에서나 사회에서 무언가를 성취하기 위해서는 크게 애쓰지 않았으나 가족에 대해서만은 각별한 애정이 있었다. 즉 그녀의 인정/평가받지 못한 삶은 외부적 성취나 세속적 가치에 의한 평가나

---

36) 정숙의 경우, 나눔과 봉사의 가치가 정체성 맵의 중심을 이루는 반면에 부와 명예나 성공은 주변을 이룬다.

인정이 아니라, 인간관계(특히 남편과 가족)에 의한 인정과 관련된 것이었다. 그녀는 가족을 위해 최선을 다해 노력했으나 인정해주지 않는 시부모, 변하지 않는 남편, 진심으로 대화하거나 소통할 수 없었던 남편, 가족으로부터 사랑받지 못한 느낌이 그녀를 서운하고 힘들게 만들었다. 그녀는 진심으로 위해주고 서로 사랑하고 진지하게 대화를 나눌 수 있는 가족애(가족공동체의 사랑)를 원하고 추구하였으나 결코 그것을 얻을 수 없었다.

정숙에게 〈영원회귀 사고실험〉은 자신의 문제를 해결하는 데 결정적인 역할을 하였다. 니체의 영원회귀 사상은 지금껏 자신이 살아온 삶과 한 치의 차이도 없이 완전히 똑같은 삶을 영원히 반복하게 된다면 어떨지 생각하게 함으로써, 자신이 살아온 삶 전반에 대해 성찰하는 사고실험을 제공한다.[37]

영원회귀 사고실험에 대한 정숙의 반응은 남달랐다. 그 사고실험을 한 후 어떤 느낌인지 물었을 때, 그녀는 "가슴이 답답하다"고 했다. 답답함의 실체는 무엇인가? 그녀는 결혼 전이나 이후나 자신의 삶은 소통되지 못한 삶이었던 것 같다고 했다.[38] 특히 남편과 소통되지 못하고 대화 자체가 없는 삶이 가슴을 짓누르고 있다는 것을 깨달았다. 답답함의 실체를 알아챈 순간 그녀는 자신이 해결해야 할 과제를 발견하였다. 그녀는 〈남편과의 응어리를 푸는 것〉이 죽기 전에 해야 할 일

---

37) 이 사고실험 모델에 대한 자세한 논의는 필자의 다음 논문을 참고하라. 김선희(2011a)
38) 정숙은 어릴 적에는 가족들과 떨어져 외롭게 지냈고 부모님은 일찍 돌아가셔서 고등학교 졸업 후에는 실제로 혼자였으며, 결혼 후에도 외롭기는 마찬가지였다.

이고, 그래야 자신의 삶에 만족할 수 있을 것이라고 했다.

그런데 그녀는 자기 삶이 계속 반복된다는 생각을 하다 보니 그 느낌이 변하기 시작했다고 한다. 영원히 반복되는 삶에서 부스러기가 떨어져 나가면서 정화되는 느낌도 들었다. 처음에는 답답하더니, 어느 순간 가슴의 답답한 고통을 삭여서 영롱한 진주알이 되어가는 느낌이 들었다. 그리하여 답답하면서도, 자신은 내면을 닦으며 살았고 열심히 살았으니 그런대로 괜찮다는 생각에 이르렀다. 그것은 그녀의 삶에 대한 성실한 자세와 끊임없는 노력에 대한 자부심에서 나온 것이었다. 답답한 삶 안에서도 자긍심을 포기하지 않고 그리하여 운명을 자부심으로 바꾸는 그녀는 보통 사람이 아니었다. 그러자 놀랍게도 그 사고실험은 그녀에게 새로운 자극을 불러일으켰다. 답답함에 머무르지 않고 정화의 단계로 나가려는 의지, 자신의 과제를 해결하고자 하는 강한 의지가 생겼다. 그녀는 죽기 전에 남편과의 문제를 해결하겠다는 각오를 다짐하게 되었다. 이전에는 모든 것을 남편 탓으로 생각했지만, 둘 사이에 무언가 풀어야 할 것이 있다는 것도 자각하게 되었다.

정숙의 경우, 이 사고실험은 애초의 문제(즉 자신감 상실)와 연관된 근원적인 문제를 만나도록 했으며 자신이 해결해야 할 문제를 명료하게 대면하도록 해주었다. 그 이후 대화의 초점은 남편과의 소통 문제로 옮겨갔으며 더욱 문제에 집중하여 상담할 수 있었다.

분노의 감정 이해하기

우선 정숙은 가정의 일을 외면하고 무책임하게 회피하는 남편에게 화가 난다는 사실을 제대로 인정하는 것이 필요했다. 그녀는 화가 나고 서운한 감정이 있어도 직접 대놓고 말하지 않았으며 자신의 감정을 절도 있게 조절해왔다. 정숙은 남편에게 분노는 있으나 화를 내선 안 된다는 생각에, 분노가 있다는 것 자체를 인정하지 않았던 것 같다. 아니 화가 난다는 것 자체를 인정하고 싶지 않았다는 것이 더 맞을지 모르겠다. 그리고 이것이 부부 사이에 심각한 문제를 일으키게 된 원인이 되었을 것이다.

처음에 그녀는 자신의 분노를 인정하는 것을 부끄럽게 여겼다. 남편에 대한 감정을 이야기할 때에도 매우 절제된 언어로 약하게 서운함을 표현할 뿐이어서 분노의 감정을 알아채기는 쉽지 않았다. (그만큼 그녀는 자존심이 강한 여성이었다. 그녀는 소박하고 평범한 듯 보였던 첫인상과 달리, 대화를 해나갈수록 성품은 강인하고 절제력 있으며 온유한 듯 보이는 가운데도 강한 자존감을 가지고 있었다.) 그런데 요즘 들어 자신도 알 수 없는 분노가 종종 일어나면서 화를 다스리고 치료해야 한다고 생각하였다. 오랫동안 쌓아둔 (남편에 대한) 분노는 표현하지 못한 채로 억압되어 있어서 시시때때로 이유 없이 분출되기도 하였다. 화를 다스리는 프로그램이나 요법은 일시적인 효과가 있을 뿐 장기적으로는 더욱 우울하게 만들었다. 그녀의 분노의 원인은 따로 있는데 그것을 무시하고 분노를 억제하거나 통제하는 치료를 받는 것은 도움이 되지 않았다. 상담이 진행되면서 그녀는 분노에도 이유가 있으며 정당한 분노도 있을 수 있음을 이해하면서, 자신의 분노에 대해 검토해 볼 수 있었다.[39] 그 분노는 실체가 없는 것이 아니라, 남편에 대한 것이었으며 또한 어떤 의미로 정당한 이유가 있는 것이었다.

그녀가 왜 남편에게 화가 났는지, 자신이 왜 그토록 남편과의 진정한 소통을 갈망하는지 대화하는 과정에서 그녀가 중요시하며 추구해 온 가치들을 알 수 있었다.[40] 그녀가 가장 소중하게 생각하는 가치는 가족애였다. 그녀는 직장일이나 사회적 성취보다 가족을 중요하게 생각했으며, 언제나 가족을 우선으로 고려하고 행동해왔다. 그런데 남편은 양육이나 가사 등 집안일에 무관심하며 책임감을 느끼거나 협조하지 않는다. 그녀는 그런 남편의 이기적인 행동에 화가 났지만 오랫동안 분노를 억제해왔다. '나는 단란한 가정을 꿈꿔왔고 가족애를 지키는 것을 가장 소중하게 여긴다. 그리고 문제가 있어도 가족의 화평을 위해서 내가 참는 것이 더 낫다고 생각했다. 시부모도 여자가 돈을 번다고 생색내서도 안 되고, 가정일은 여자 몫이라면서 남편의 행동을 당연시한다.' 그런 상황에서 그녀는 자신의 분노를 올바로 이해하거나 표현하지도 못한 채 속으로만 삭여왔다. 가족애의 가치와 가부장제 문화가치가 유기적으로 결합되어, 가족애를 위해 참고 인내해야 한다고 생각하면서도 남편과 소통이 단절된 것에 대한 절망은 우울함

---

39) 분노의 감정의 논리와 지향성에 대해서는 다음 논문을 참고하라. 필자(2013a)

40) 이 대화 과정은 정체성 기반 철학상담에서 정체성과 가치관을 탐색하는 역방향 추상의 추론 과정이기도 하다. 즉 역방향 추론은 내담자의 구체적인 경험/생각/행동으로부터 출발하여 그것이 의존하는 전제와 근거를 통하여 그녀의 가치관 및 정체성을 추론하는 것이다(제1부 5장 3절 참고).

을 불러오고 그녀의 분노 감정은 왜곡되거나 억압되었다. 또 소통하지 못하고 아무런 반응이 없는 남편의 태도는 대인관계에서도 자신감을 잃게 하였다.

그러면 '무책임하고 이기적인 남편의 행위에 대해 정당하게 화를 내기보다 왜 화를 참는가?' 하는 문제에 대하여 가부장제 문화가치를 포함하는 여성주의의 넓은 맥락에서 검토해보았다.[41] 즉 가부장제 문화 가치와 원리는, 여성이 참고 인내해야 가정이 평화롭다고 말한다. 가사와 돌봄은 여성의 몫이고, 바깥일을 한다고 생색을 내서는 안 되며, 여자가 직장을 다닌다고 집안일을 소홀히 해서도 안 된다고 말한다. 이런 가부장제 가치체계 안에서, 그녀는 남편의 이기적이고 공정하지 못한 행위에 대해서도 화를 내는 것을 자제하였다. 더욱이 가족애를 지키기 위해서는 참고 인내해야 한다는 원리 앞에서 자신의 분노 감정은 부당한 것으로 억압되었다. 이처럼 가부장제 문화 안에서 자신의 분노의 근거와 가치들은 위축되어버렸다. 하지만 오랫동안 억눌린 분노는 사라지는 것이 아니라 화병이나 우울로, 혹은 은연중에 가시 돋친 말로, 또 어떤 방식으로든 드러나게 마련이다.

정숙은 여성주의의 넓은 문맥에서 자신의 분노를 바라보고 말하게 되면서 (남편에 대한) 자신의 분노를 인정하고 올바로 이해하게 되었다. 그동안 내재화된 가부장제 문화가치가 자신의 분노를 억제하였으며, 분노에 대한 부정적 인식으로 남편에 대해 화가 난다는 것조차 인

---

41) 그녀의 가치관의 중심을 차지하는 가족애와 그녀의 이상적인 가족상이 가부장제 문화 가치와 결합하여 유기적으로 작용하고 있었다는 점에서, 이 사례에서 여성주의 철학상담의 조명은 중요한 역할을 한다. 필자(2010a), (2013a), 그리고 제1부 6장 참고.

정하고 싶지 않았던 것을 알게 되었다. 자신의 분노를 이해하게 되자, 남편과 소통하지 못하는 관계에 대해서도 정확한 문제를 파악할 수 있었다.[42] 남편만이 아니라 남편에게 대응하는 자신의 행동과 태도에도 문제가 있었다는 것을 깨닫게 되었다. 남편과의 관계도 좀 더 거리를 두고 바라볼 수 있게 되었다. 이제 정숙은 자신의 분노는 이해하게 되었으나, 부부의 문제를 해결하기 위해서는 자신의 생각만이 아니라 남편의 관점과 그의 대응 방식을 이해하는 것도 필요했다.

남편과의 대화방식

그녀의 애초의 문제, 자신감 상실과 분노의 문제는 가부장제 문화 안에서 살아왔던 가족과 자신의 삶의 역사(외로운 어린 시절, 아버지의 외도, 결혼, 시댁과 남편, 이상적인 가족에 대한 꿈의 좌절 등)와 남편과의 관계 문제로 초점이 이동되면서 상담은 더욱 진전되었다. 분노가 생기는 구체적인 상황과 이유에 대해 대화하기 시작하면서 더는 자신의 분노를 부끄러워하거나 개인적인 성품의 부족으로 돌리지도 않았다.

---

42) 가부장제 가치와 연관되는 여성의 감정에 대한 분석은 제1부 6장 2절을 참고하라. *가부장제 문화가치 등 사회구조적인 문제와 개인의 가치관 및 정체성 사이에서 자신의 문제를 조명하는 것은, 모든 문제를 사회구조적인 문제로 돌리려는 것이 아니다. 물론 개인의 문제로만 보려는 것은 더더욱 아니다. 중요한 것은 자신의 문제를 사회문화구조를 포함한 넓은 맥락에서 이해하는 동시에 개인의 차원에서도 해결의 실마리를 찾아야 한다. 정숙의 경우에는, 가부장제 문화가치를 이해하는 동시에 자신과 남편의 관계에서 소통이 안 되는 핵심 문제를 이해하고 스스로 그 문제의 매듭을 푸는 것이 중요했다.

무엇보다도 남편과의 관계를 회복하고 싶은 욕구와 더불어 부부 사이의 문제를 정확히 이해하려는 진지한 태도 덕분에, 남편과의 관계에서 무엇이 문제이며 무엇이 잘못되었는지, 자신의 문제는 없었는지 처음으로 진지하게 반성하며 성찰할 수 있었다.

특히 정숙은 영원회귀 사고실험을 통해 자기 삶의 문제의 핵심이 무엇인지 깨닫게 되면서 〈남편과의 응어리를 풀겠다〉는 의지와 (죽기 전에) 반드시 남편과의 문제를 해결해야 한다는 각오로 지금까지와는 다른 태도로 문제를 대면하게 되었다. 이전에는 모든 문제를 남편 잘못으로 생각하거나 남편 탓으로 돌렸지만, 지금은 둘 사이에 무언가 풀어야 할 것(응어리)이 있다는 것도 자각하게 되었다. 남편의 문제가 자신의 문제와 둘 사이의 문제로 전환되었다. 이전에는 남편만 변하면 모든 문제가 사라질 것이라고 생각했었지만, 지금은 자신도 변할 준비를 하게 되었다.

나는 이 지점에서 솔직해질 것을 요청했다. 솔직함이 없으면 문제를 정면으로 바라보기보다 자신을 옹호하거나 변명하는 데 연연하다가 문제의 핵심과 초점을 잃어버리기 쉽다. (남편과의 소통문제를 이해하기 위해) 나는 먼저 남편과의 대화방식에 관해서 물었다. 그녀가 남편과 대화하는 방식은 다른 사람들과 대화하는 방식과 차이가 있는지, 있다면 어떻게 다른지? 또한 남편 경우는 어떠하며, 남편은 다른 친구들과는 소통을 잘하는지 등을 물었다.

정숙의 이야기를 요약하면, 〈그녀가 다른 사람들에게 하는 것과 달리 남편에게 말하는 방식은 대부분 지시적이었다. '~을 해놓아라'라는 식으로 지시하듯이 말한다. 그리고 무엇을 지시할 때는 남편에게 거는 기대치가 있다. (남편이 '적어도 이 정도는 돼야 하지 않을까' 하는 생각을 한다). '일정 기준치를 정해놓고 적어도 그것에 도달하기를 기대하는데 남편은 거의 내 기대치에 못 미친다. 기대치에 못 미칠 때 실망하게 되고 그래서 비난한 적도 많다. 결혼 초에는 대화 도중에 말도 안 되는 소리를 한다며 핀잔을 많이 준 것 같다. 그럴 때면 남편은 대화를 회피하거나 침묵으로 대응한다. 남편은 인정받지 못한 것 때문에 상처가 있는 것 같다. 마음의 상처 때문에 방어본능이 작용하여 대화를 회피한 것인지도 모르겠다.'

또 '동료들에게는 예의를 갖추어 대화하지만, 남편과 대화할 때는 남편에게 쌓인 불만이 나도 모르게 표출되는 것 같다. 그러면 남편은 더 짜증을 내곤 한다. 남편도 친구들하고는 잘 어울리고 유머 있게 대화도 잘하는 편이지만, 나에게는 일상적 대화 몇 마디를 제외하고 거의 대화를 피하려고 한다. 그래도 처음에는 대화하려고 많이 노력하고 시도했으나 남편은 계속 대화를 피했으며 어느덧 우리 사이에는 대화 자체가 없어져버렸다. 함께 보내는 시간이나 공유하는 부분도 점차 줄어들었다.')

이야기를 들어보면, 그녀는 남편이 자신과 대화를 하지 않으려는 이유를 알고 있는 것 같았다. 그녀는 결혼 초에 남편에게 거는 기대치가 있었으나, 남편은 거기에 미치지 못했고 그것에 실망하고 핀잔을 주기도 하였다. 그리고 그녀가 남편에게 말하는 방식은 거의 명령조이거나 지시적이다. 그런 방식으로 대화가 진행되다 보니, 남편은 침묵과 무반응으로 대응하며 대화를 회피하고 마음의 문을 닫아버린 것이었다.

　이어서 정숙의 삶의 방식과 남편의 삶의 방식이 아주 다른데, 그 부분에 대해서는 어떤 생각을 하는지 물었다. 〈진정으로 남편의 삶의 방식을 존중하는가? 적어도 인정하는가?〉라는 질문과 함께 〈남편의 삶의 방식을 (마음속 진심으로는) 인정하지 않는 것 같다〉는 나의 관찰도 이야기했다. 그리고 나는 단도직입적으로 남편의 삶의 방식을 왜 인정해주지 않는지 물었다. 그런데 정숙의 답변은 상당히 모순적이었다. 자신은 남편의 생각과 삶의 방식을 인정한다고 말하면서도, 남편이 기준치에 도달하지 못하는 것에 대해서는 (비난하거나 탓하거나 요구하거나 무시하는 등) 못마땅하게 평가하는 식으로 대응하게 된다고 했다. 남편을 인정한다면서도 자기 기준으로 평가한다는 것은 남편을 있는 그대로 수용하거나 존중하는 것이 아니지 않은가! 나는 이 주제에 대해서 변명하지 말고 있는 그대로 솔직하게 생각해보라고 다시 요청했다.

　결국 그녀는 남편에 대한 자기 생각 사이에 모순이 있고 이중적이라는 것을 인정하였다. 그녀는 다음과 같이 말했다. 〈남편은 자신과 너무나 다르다. 자신은 부지런하고, 이상적인 가족을 꿈꾸며, 내면적으로 가치 있는 것을 추구하고자 한다. 반면에 남편은 게으르고 가족의 역할을 도외시하며, 삶의 목적의식이 없다. 비록 나의 삶의 방식과 다르더라도 남편의 삶의 방식을 인정해야 한다고 생각은 하지만 실제로 남편의 것은 상대적으로 자신의 것보다 가치가 낮다고 생각된다 ("나는 남편이 삶을 낭비하고 소모한다고 생각한다"). 그리고 남편의 행동이 기대치에 못 미치면 좋지 않은 감정이 생기고 비난하거나 비하하는 말을 발설하게 된다. 대화 도중에 그렇게 평가하는 나의 마음이 은연중에 드러나고, 남편이 그것을 읽었을 때 상처를 받아 대화를 회피하게 되는 것 같다. 그러고 보니 자신은 대화할 때 항상 남편을 평가하는 경향이 있으며, 기대에 못 미치는 것에 대해서 비난과 가치 비하를 해왔다. 거기다가 대화를 회피하는 남편에게 불만과 분노가 쌓이면서 화를 낼 수는 없었지만(화를 절제하긴 했으나), 대신에 가시 돋친 말로 상처를 주었다.)

　이처럼 정숙의 부부는 서로 상처를 주고 되갚으면서 (정숙은 평가하고 비하하는 언어로, 남편은 대화의 회피로) 진정한 소통과 대화의 문을 닫아가기 시작했다. 정숙은 솔직히 자신이 남편보다 여러 면에서 우월하다는 의식이 있었음을 고백했다. '내 가치가 우월하고 남편의 가치나 취미는 저급하다'는 생각에, 자신의 가치를 기준으로 기대치에 도달할 것을 은근히 강요하였다. 이렇게 정숙은 남편이 자신보다 못하고 자신의 기대에도 못 미친다고 평가하면서 그동안 남편을 인정하기보다 남편을 비하하는 발언으로 남편에게 상처를 주었다. 남편 또한 가족과 가정일에 무관심하고 대화를 회피하는 방식으로 그녀에게 대응하면서 그녀에게 상처를 주고 그녀를 무력하게 만들었다. 그녀는 남편의 무책임하고 회피적인 행동에 불만과 분노가 쌓이면서 다시 남편에게 가시 돋친 말로 상처를 주었다.

　이러한 이해와 분석에 도달하게 되자, 남편에 대한 정숙의 기술은 첫 만남에서 가족 이야기를 할 때의 기술과 전혀 달라지고 있었다. 그

때는 남편은 불공정하고 이기적이며 무책임한 사람이었다. 지금은 자신의 언어폭력에 의해 상처 입은 남편이 보인다. 남편에 대한 분노의 감정도 점차 연민의 감정으로 변하였다.

정숙은 남편을 지시하고 조종하면서 자신이 원하고 기대하는 방식으로 바꾸려고 했다. 자신의 가치가 더 우월하다고 생각하며 자신과 정반대의 가치관을 가진 남편을 자신의 방식으로 살고 자신의 기준에 맞추기를 요구했으며, 그렇지 못했을 때 비난과 비하가 섞인 발언으로 남편에게 상처를 주었다. 그녀는 자신도 모르는 새에 남편에게 폭력적 언어를 사용해왔다. 비록 말투는 교양 있고 조용했지만, 말하는 방식은 늘 지시적이고 평가적이었으며 은연중에 비난과 빈정거림과 협박이 들어가 있었다.

그녀는 생각이 여기에 이르자, 남편에 대한 자신의 언어와 대화방식이 얼마나 폭력적이었는지를 깨닫게 되었다. 남편의 이기적 행동 때문에 분노했지만, 그것을 올바로 표현하지 못하고 억제해왔으며 대신에 자신도 모르는 사이에 다른 종류의 언어폭력을 행사해왔다는 것을 깨닫자 진심으로 뉘우쳤다. 남편에게 준 상처를 생각하니 남편에 대한 연민이 생겼다. 남편에 대한 분노의 감정이 점차 미안함과 연민의 감정으로 바뀌었다. 이렇게 그녀를 괴롭히던 이유를 알 수 없는 분노의 감정은 어느새 사라져버렸다![43]

이와 동시에 정숙은 자신의 잘못과 과오를 깨닫자 용기 있게 인정

---

43) 이는 우리의 감정이 얼마나 논리적인지를 잘 보여준다. 그리하여 (적어도 지향적 감정의 경우) 우리는 자기 감정의 논리적 구조를 명료하게 이해할 때 감정의 문제를 해결할 수 있는 실마리를 찾을 수 있다.

하고 변명하지 않으면서 빠르게 고쳐나갔다. 그녀는 비폭력 언어에
도 관심을 가지고 배우면서, 남을 자신의 잣대로 평가하는 폭력적인
언어습관을 고치기 위해 무척 노력했다.[44] 그녀는 정말 놀라울 정도의
노력으로 자신의 언어습관을 점검하고 고쳐나갔다.[45]

그동안 남편도 무수히 많은 잘못을 저질러왔음에도 불구하고, 그것
으로 자신을 변명하려고 하지 않고, 자신의 잘못은 고쳐나가면서 남
편에게 요구할 것은 차분히 진심으로 폭력적이지 않은 언어로 요청할
수 있게 되었다. 그러한 자각과 노력이 남편과의 관계를 개선하는 출
발점이 되었으며, 그녀의 진심이 남편과의 얼어붙은 관계를 녹일 수
있었다. 대화가 단절된 불통의 긴 세월에 비하면 놀랍게도 짧은 시간
에 그녀는 남편의 마음을 열 수 있었다. 무엇보다 그녀의 진심과 노력
이 통했던 것 같다. 그녀의 남편이 마음을 열고 조금씩 대화와 소통이
이루어지면서 모든 일이 잘 풀려나갔다. 집안 분위기가 화기애애하고
환해졌으며, 그녀의 얼굴도 무척 밝아졌다.

그 후 다음 만남 사이에 정숙은 몇 차례의 편지를 보냈다. 그녀가
보내온 편지는 그런 변화와 더불어 행복감이 스며들어 있었다. 다음
은 정숙의 편지 일부이다.

---

44) 나는 '평가하지 말고, 관찰하고 자기감정과 생각을 그대로 솔직하게 서술하라'는 로젠
버그의 비폭력 대화를 소개해주었다. 물론 대화법의 기술보다는 진정한 마음에서 우러나오
는 것이 더 중요하다는 말도 덧붙였다. 그녀는 그 책의 도움도 받으면서 남편에 대한 폭력
적인 언어습관을 고치기 위해 무척 노력했다.

45) 이 점에서 그녀는 존경스러울 정도였다는 것을 고백해야겠다. 상담을 하다 보면 내담
자에게 존경심을 느끼는 순간이 있는데, 정숙의 경우에도 그러했다.

○○월 ○○일

지난번 만남 이후 가족에 대한 나의 기대치에 대해 밀착된 생각을 하게 되었습니다. 내 기준에 맞추어지지 않음에 대한 독선을 숨긴 설익은 대처가 남편과 나를 겉돌게 하는 요소라는 걸 새삼 알게 되는 순간, 남편과 내 사이가 갑자기 순풍에 돛을 단 배와 같이 (……) 모든 문제가 풀리기 시작했습니다. (……) 큰아이와 남편 ○○○, 그리고 나 셋이서 주말에 5Km 정도 걷기 시작했습니다. 간단한 먹을거리를 싸서 나서면 북한산 근처에서 남편이 까준 밤을 먹고 오렌지를 먹으면서 한때를 보내게 되었습니다. (……) 마음 깃발이 어디에 있느냐에 따라서 달라지는 이 상황이 놀라울 뿐입니다.

○○월 ○○일

그동안 내가 얼마나 폭력적인 언어와 생각을 가지고 살아왔는지 가족에게 미안한 마음이 들면서 나의 언어와 행동을 점검하게 되었습니다.

나는 배려라고 생각했던 것들이 오류가 많았다는 것도 알게 되었습니다. 말 않고 인내하는 것, 조용히 이야기하는 것이 배려라고 생각했으나, 내 말속에 명령이 자리하고 있고 판단하고 빈정대는 말이나 협박이 가시같이 늘 있었던 것 같아 창피한 마음이 들었습니다.

생활 속에서 조금씩 내 진심을 표현하고 가족을 관찰해보니 미운 마음이 솟아나던 부분에서 출렁거림이 점차 줄어들고, 아이도 꿈쩍 않고 있더니만 조금 빨리 움직여주는 센스를 보이기도 하고, 남편도 말문을 조금씩 열고 밖에서 있었던 이야기를 시작하는 것을 보면서 문제는 나로구나 하는 생각을 합니다. (……)

이렇게 몇 주 사이에 그녀의 가족에게는 놀라운 변화가 일어나고 있었다. 정숙은 자신이 얼마나 폭력적인 언어를 사용해왔는지 깨닫게 되자, "내가 먼저 변하려고 진심으로 많이 노력했어요. 그러자 남편이 마음을 열기 시작했고 모든 문제가 순조롭게 풀리기 시작했습니다. 집안에 웃음도 찾아왔어요……"라고 말할 수 있을 만큼 최선을 다해 노력했다.

정숙은 자신의 삶을 돌아보았다. 그녀는 사랑하지도 않으면서 결혼을 했고, 단지 자신이 이상적으로 그리는 가족상에 남편을 끼워 맞추고 싶었다. 남편에 대한 우월의식으로 자신의 기준에 따라줄 것을 명령하고 지시했으며 그렇지 못한 남편에게 은연중에 비난과 비하의 폭력적 언어를 사용하며 남편이 마음의 문과 대화의 문을 닫게 만들었다. 남편은 대화의 회피로 대응했다. 부부 사이에 소통의 단절이 시작되고 서로 상처를 주는 악순환이 반복됐던 것이다.

되돌아보니 사실상 마음의 문을 열지 않고 남편과 진정한 대화를 하지 못했던 것은 정숙이었다. 남편과 진정한 대화를 그토록 원했던 정숙이 오히려 대화를 가로막는 행동을 해왔다니, 아이러니였다. 정숙은 그것을 깨닫는 데 30년이 걸렸다. 그리고 자신이 얼마나 큰 잘못을 저질렀는지 뼈아프게 뉘우쳤다. 그러고 나니 남편에 대한 분노가 연민의 정으로 바뀌는 것을 느꼈다. 남편도 자신의 독선과 오만으로 상처 입은 피해자였다.

그런 뼈아픈 각성은 정숙을 완전히 바뀌게 하였고 정말 놀랄 정도로 자신의 잘못된 행동을 고쳐나갔다. 남편을 지시하고 평가하며 조종하던 폭력적 언어를 더는 사용하지 않게 되었다. 남편에 대한 태도와 생각도 달라졌다. 자신과 다르지만 바꾸려고 하지 않고 있는 그대로 인정하려고 노력했다. 이런 마음이 전해지자 남편의 마음도 움직이기 시작했으며 조금씩 마음을 열었다. 서로 상처를 준 긴 시간에 비하면 그들 부부는 놀라울 정도로 빠른 속도로 상처를 회복하며 마음을 열고 대화의 문을 열기 시작했다.

삶의 균형: 가족의 가치와 사회봉사의 가치

남편과의 문제가 해결되고 상담이 끝나갈 무렵, 정숙은 자신의 삶을 전반적으로 성찰할 수 있는 여유를 갖게 되었다. 지나치게 가족에 집중된 자신의 삶을 돌아보게 되면서, 자신이 열정을 바쳐서 해보고 싶은 일에도 관심을 갖게 되었다. 그녀의 사고와 삶의 영역이 확장되고 있었다. 인생의 더 큰 그림을 보게 되면서, 가족 구성원들 각각의 관점을 편견 없이 이해하게 되고 가족의 분위기를 바꿔나갈 수 있었다. 딸들도 집안 분위기가 변한 것을 느끼면서 훨씬 편안하고 행복해 보였다. 이전보다 아이들의 장점이 더 보이고 다정하고 사랑스러웠다.
　어릴 적 가부장제 가족 분위기(아버지의 외도, 어머니의 일, 형제들과 흩어져 혼자 지낸 일 등)에서 외로웠던 경험이 가족에 대한 집착을 키웠던 점도 알게 되었다. 자신은 화기애애한 가족을 꿈꾸어왔으며 나름의 이상적인 가족을 추구해왔으나, 자신이 생각하는 행복한 가족의 그림 속에 가족들을 끼워 넣으려 했던 점도 알게 되었다. 하지만 가족이라 해도 내 마음대로 되지 않으며 더구나 내가 원하는 방식으로 바꿀 수도 없다는 것을 인정하면서, 남편을 바꾸려고 했던 자신의 독선을 보게 되었다. '어떤 의미로 남편도 피해자이다. 자신이 이상적으로 생각하는 가족의 그림을 그린 후 그것에 맞추기를 강요했으며, 남편을 내 방식대로 바꾸려고 했고 그것에 따르지 않는 남편을 못마땅하게 생각하였다. 내가 돈을 더 벌었고 생계를 책임지고 있으니 남편을 은연중 무시한 것도 있었다. 이런 것들을 진심으로 미안하게 생각하고 뉘우쳤으며 나를 바꾸려고 노력하였다.' 남편을 바꾸려는 생각을 접고 나니, 뭐든 못마땅해 보이던 남편의 행동에도 일희일비하지 않고 웃음으로 넘기는 여유가 생겼으며 폭력적인 언어나 가시 돋친 말도 자제하게 되었다. 그러자 남편의 마음이 움직이기 시작하고 행동의 변화도 뒤따랐다. 둘 사이에 진정한 대화도 조금씩 이루어지기 시작하였다.

이러한 변화는 그녀에게 자신감도 불어넣어 주었다. (그녀의 자신감 상실은 남편과 소통이 단절되고 반응이 없는 언어만을 사용하며 길들여진 삶의 방식과도 관련이 있었던 것 같다.) 이제는 여럿이 모인 자리에서 자기소개도 제법 잘할 수 있게 되었으며 이야기를 조리 있게 잘한다는 격려의 말도 듣게 되었다. 상담을 통해 그녀가 얻은 또 하나의 소득은 그동안 정말 열심히 살아왔으나 보상받지 못한 삶에 대한 애환이 자신에게 남아 있다는 것을 깨닫고 앞으로 하고 싶은 일과 삶의 열정을 찾은 것이었다.

마지막으로 우리는 좋은 삶이란 어떤 것인지에 대해서도 대화하였다. 좋은 삶을 위해서는 삶의 균형이 중요하다는 생각에도 이르렀다. 리꾀르(Paul Ricoeur, 1931~2005)는 아리스토텔레스가 추구한 윤리적 삶에 대해 다음과 같이 정의한다. 그것은 "정의로운 사회에서 타인과 함께 좋은 삶을 사는 것이다."[46] 이 정의와 관련하여, 나는 아리스토텔레스가 말하고자 하는 좋은 삶을 다음과 같이 이해한다. 〈좋은 삶은 정의로운 사회에서 이웃과 더불어 개인의 좋은 성품으로 사는 것이다.〉 이것은 좋은 삶을 위해 추구해야 할 삶의 균형을 잘 보여주는 정의라고 생각한다. 개인의 좋은 삶을 위해서는 사회구조가 정의로워야 하며 이웃과 함께 잘 사는 것이 중요하다. 즉 정의로운 사회를 위해 노력하고 실천하는 삶, 그리고 나와 가족만이 아니라 이웃과 더불어 좋은 삶을 살도록 봉사하고 함께 연대하는 것, 또한 자신의 성품(즉 정체성과 가치관)을 좋게 기르고 덕을 닦는 것이 필요하다.

정숙은 자신의 삶이 가족애에 집중되어왔으나, 상담을 통하여 앞으로 열정을 가지고 하고 싶은 자신의 일과 삶에 대해서도 성찰하게 되었다. 가족을 사랑하면서도 가족의 테두리 안에 갇히기보다, 좀 더 넓은 시야와 안목으로 사회에 봉사하는 삶(혹은 이웃을 위해 봉사하는 삶)으로 자신의 삶의 균형을 잡는 것이 중요하다는 것도 알게 되었다. 더구나 그녀는 상담 과정에서 〈열정을 바쳐 하고 싶은 일〉을 성찰하다가 외롭고 상처받은 사람들을 위로하고 돕고 싶다는 생각을 하게 되었고, 그것이 자신의 종교적 삶과도 어울리는 소명으로 느껴졌다(그

---

46) Paul Ricoeur, *Oneself as Another*(1992). 제7장 참고.

녀는 '사랑방-상담'을 구상하기 시작했다). 그런 소명의식이 생기자 자신의 삶의 열정을 자각하게 되었다. 가족애를 지향하는 그녀의 삶이 타인을 위해 봉사하는 삶과 균형을 이룬다면 더욱 의미 있고 가치 있는 삶을 살 수 있지 않을까? 또 사회봉사를 향한 삶의 열정과 가족을 향한 사랑이 조화와 균형을 이룬다면 그녀의 삶은 훨씬 풍요로운 삶이 되리라고 생각된다.[47] 자신과 자신의 가족만이 아니라 이웃과 더불어 좋은 삶을 추구하려는 정숙은 한 단계 더 성숙한 삶을 향해나갈 수 있을 것이다.

상담을 마치면서

한 달 후에 다시 만난 정숙은 몰라볼 정도로 밝은 얼굴로 변해있었다. 삶의 활기가 서려있는 환한 얼굴이 눈에 들어왔다. 첫 만남에서 근심의 그림자가 드리워있어 우울하고 소심해 보이던 얼굴이 맑고 화사하게 바뀌었다. 그녀는 실제로 많이 달라졌다. 내면의 변화에 따라 외면의 모습과 행동이 이렇게 변화할 수도 있다는 것을 새삼 느낄 정도였다. (요즘 '주변에서도 몰라보게 달라졌다, 예뻐졌다'는 말을 많이 듣는다고

---

47) 제1부 5장 3절의 자아정체성 탐색의 모델(즉 저울 모델)에 비추어보면, 정숙의 경우 사회봉사와 가족애 사이의 삶의 균형을 찾아가는 것은, 정체성 탐색의 두 방향인 V1과 V2의 가치체계 간의 조화와 균형을 찾아가는 것으로 이해할 수 있다. 즉 추상과 역방향 추상의 두 가지 방법으로 탐색한 두 종류의 가치관(V1과 V2) 사이의 대화와 통합 또는 조화를 추구하는 것으로 이해할 수 있다. 이런 접근은 자신의 정체성과 가치관의 지향을 입체적으로 이해할 수 있게 해준다.

했다.)

　마지막 한 달 정도 서면으로 상담을 했었다. (그동안 주로 생활에서 일어나는 일들 속에서 자신이 어떻게 달라졌는지, 그리고 남편을 비롯한 가족과 주위 사람들에게 어떻게 대응하고 있는가를 관찰하고 기록하면서 자신을 성찰하는 글들을 보내왔다.) 일상생활에서 자신의 행동과 폭력적인 언어를 반성하고 고쳐나가면서 남편과 딸에게도 작은 변화가 생기고 집안 분위기도 많이 부드러워졌다. 가족과 함께 산책하며 대화하는 시간도 늘어났다. 그동안 남편은 재취업을 하였다. 상담이 끝나고, 다시 일상으로 돌아왔지만 예전과는 많이 달라진 자신을 발견했다. 남편의 관점에서도 바라볼 수 있게 되면서 그를 이해하고 인정하게 되었다. 자신은 자신대로 열심히 생활하고 있다. 그녀는 여전히 자기 계발과 봉사를 위한 활동을 하면서 부지런히 공부도 하고 있다.

　이렇게 그녀는 삶이 좌절되거나 소진되면서 우울했던 분위기에서 벗어나 삶의 기쁨을 찾아가고 있었다. 그녀는 편지에 일상생활의 변화를 통해 얻은 삶의 기쁨을 '일상이 시가 되는 느낌'으로 표현하기도 했다.

　"그간 저를 돌아보며 정리하다 보니 많은 행복이 제 곁에 와있음을 알게 되었습니다.

　오늘 지하철을 기다리면서 앞에 적힌 시를 읽다가 '시가 별것 아니네, 생각을 적어놓으면 시가 되는 것이네'라는 생각을 하고 있는 나를 알게 되었어요. 요즘 들어 시가 내 가까이서 손짓하며 나의 시선을 잡아끌고, 노랫소리가 귓가에 맴돕니다. 함께 어울려 큰 박수와 소리도 지르고요. 얼마나 흐뭇한지 기쁨이 흘러나와요. 열심히 나에게 오는 시간을 내 삶으로 만들어가야 되겠구나 하는 생각이 밀려오네요. (……) 이렇게 커다란 변화로 끌어주신 것에 깊이 감사드립니다."

우리는 마지막 만남에서 상담의 전 과정을 돌아보며 애초의 문제와 상담 목표에 비추어 평가하는 시간을 가졌다. 상담을 마무리한 후, 정숙은 상담을 정리하여 편지를 보내왔다. 먼저 정숙은 자신의 문제 중 두 가지 변화된 점에 관해 기술하였다.

〈정숙의 평가〉

첫째, 남 앞에 나설 때의 두려움과 자신감의 문제에 대해: 상담 전에는, 혼란스러운 상태에서 다른 사람을 대면하니 불안감으로 주눅이 들거나 열등감으로 자신감이 없고 나 자신이 낮아지는 마음이 종종 있었던 것 같다. 그 때문에 결단을 내리지 못해 우유부단하게 행동하곤 하였다.

상담 후 지금은 혼란스러운 경우가 생기면 확실하게 아직 모르겠다고 상대에게 알릴 수 있게 되었다. 그래서 상대에게 끌려가지 않고 결정을 보류하거나 원하지 않으면 미련을 두지 않고 중단할 수 있게 되었다. 한결 뚜렷하게 나의 입장을 말할 수 있게 되었고, 점점 안정되어가고 자신감이 붙는 느낌이 든다.

그리고 처음 문제로 제시했던 공적 발표의 어려움에 대해서는, 예전에는 한 문장으로 끝나던 발표력이 이제는 문장을 이어 나름대로 내 이야기를 전개할 정도가 되었다. 며칠 전에도 첫 모임 장소에서 자기소개를 했는데, 사람들이 내 얘기를 재미있게 들었고 또 이야기를 잘한다는 말을 듣기도 했다.

둘째, 가족과 남편과의 관계에 대해: 상담 전에는 조용한 말 속에 가시가 담긴 폭력적 대화, 의사전달의 부족, 답답하고 불편한 관계에서 가끔 화가 폭발하기도 하였다.

상담 후에는 남편과의 관계에서도 이따금 화기애애한 분위기가 생기곤 한다. 의식적으로 폭력적인 언어 사용을 중단하고 가족을 이해하는 마음으로 함께하는 시간이 편안하고 자연스러운 분위기를 만들어 준다. 무엇보다도 예전보다 의무감 때문이 아니라 진심으로 내 마음이 우러나와 가족을 위해 무언가를 해주고 싶은 마음이 생기는 것을 느낀다. 특히 남편의 관점이 이해되면서, 분노가 줄어들고 답답함이 사라졌다. 또 하나의 변화는 좋은 인상을 주게 된 것 같다. 최근에 주변에서 '많이 달라졌다', '참 예쁘다', '예뻐졌다'는 말을 많이 듣는다.

그리고 정숙은 '상담 이전에는 상처받은 내 마음을 위로하는 데 치중했다면, 상담을 받으면서는 나를 확장시켜서 나와 주변과의 화해 작업을 하는 것 같다'고 했다. 정숙은 상담을 통하여 자신도 모르는 새에 사고의 폭이 넓어지고 세상을 보는 관점이 넓어진 것 같다고 했다. 자신에게 찾아온 변화가 참으로 놀랍다고 했다. ("이런 변화가 있을 줄은 정말 몰랐어요.")

〈나의 평가〉

나의 평가는 정숙의 평가와 크게 다르지 않다.

• 남편과의 소통 부재로 인한 분노의 문제는 그녀가 가진 문제들이

복합적으로 얽혀있는 핵심 문제이기도 하였다. 우리는 함께 그 문제의 정황을 분석했으며, 그녀는 그 문제의 진실을 깨닫고 이해한 후 자신의 잘못을 고쳐나가면서 그 문제를 잘 해결할 수 있었다.

- 그녀는 남편과 가족과의 관계에서, 서로 인정하고 이해하게 되면서 열린 마음으로 대화가 시작되었다. 그녀가 원하던 진정한 대화와 소통이 시작되고 있으며, 단란한 가족의 분위기를 만들어가기 시작했다. 그와 동시에 공적 발표의 어려움과 자신감 상실의 문제도 나아지고 있으며 어느 정도 해결할 수 있을 만큼 자신감을 갖게 되었다.

- 자신이 진정 살고 싶은 삶의 방향을 찾은 것은 또 하나의 소중한 결실이다. 그녀는 그 길을 가기 위해 상담 공부도 시작했으며, 계속 배우고자 노력하는 동시에 봉사활동도 하고 있다.

- 상담을 통해 정숙은 자신의 문제에 대한 이해와 더불어 자기이해도 명료해졌다. 5~6개월간의 철학상담과 철학적 대화를 통해 (그녀가 고백했듯이) 그녀의 사고력은 향상되었으며, 문제 상황에서 자기 생각을 명확하게 하는 데 큰 도움이 되었다. 사고의 폭이 넓어지고 자신의 관점과 남의 관점에 대한 비판적 검토와 성찰을 통해 자신을 이해하고 타인을 이해하는 힘이 생겼다. 그런 점에서 정숙의 경우는 철학적 사고의 향상이라는 철학상담의 또 다른 목표에 도달한 모범사례이기도 하다. 그녀는 처음보다 점차 자기 생각을 편견 없이 조리 있게 말할 수 있게 되었으며 매력적으로 변해감을 볼 수 있었다.

<6개월 후의 만남>

우리는 6개월 후에 한 번 더 만나기로 약속하였다. 6개월 후에 정숙을 다시 만났을 때, 그녀의 얼굴은 여전히 맑게 빛났으며 차분하고 안정된 모습이었다. "행복하고 열심히 잘 살고 있어요."라고 말하면서 자신의 근황을 알려주었다. 역시 신뢰했던 대로, 그녀는 자신의 깨달음을 놓치지 않고 실천하며 잘 살고 있었다.

남편과의 관계는 평화로워졌다. 미움과 분노는 사라지고 서로 인정하면서 편안한 관계로 변해갔다. 외출을 할 때도 서로 배웅해주는 등 소소한 기쁨을 느끼기도 한다. 자신은 원하는 대로 열심히 살고 있으며, '앞으로는 가능하면 에너지를 분산하지 않고 모아서 정말로 원하는 일에 쏟을 수 있도록 실천해가고 싶다'고 했다. '잡다한 일들은 가지치기하면서 집중하여 미래의 인생계획(상담을 통해 봉사하는 삶)을 구상하고 세워보려고 한다.' 50대 중반의 삶의 계획으로는 멋지지 않은가!

이상에서 다룬 철학상담의 담화들은 한 개인의 삶의 물음을 다루는 철학적 대화이면서도 누구나 공감할 수 있는 삶의 이야기이자, 삶의 철학이라고 생각한다. 이런 의미에서 우리의 삶에 대한 철학적 대화와 철학실천의 가능성은, 누구나 자기 삶의 철학을 가지고 살 수 있다는 것, 또한 활기 있는 좋은 삶을 살기 위해서는 자신의 삶을 성찰하고 자신의 철학을 가질 수 있어야 한다는 것을 보여준다.

철학실천의 시대적 요청

자아정체성에 기초한 철학상담은 '나는 누구이며 어떤 사람인가?', '나는 무엇을 원하는가, 나는 무엇을 믿는가, 나는 무엇을 추구하며 어떤 삶을 추구하는가?' 하는 자아 정체성 물음에 비추어 자신의 삶의 문제와 고민을 다룬다. 정체성 기반 철학상담은 자신의 욕구와 신념과 가치를 묻는 데서 시작하여 '자신이 어떻게 살아왔으며 어떤 삶을 추구하는지' 자신의 삶을 철학적 물음으로 삼는다. 또한 그것은 우리의 삶이 문제가 되는 상황에서, 자신의 가치관 및 정체성에 대한 물음을 통하여 자기 이해와 자기 탐구를 해나가도록 촉구한다. 자신의 고민과 더불어 삶의 철학이 시작되며, 이때 정체성 물음은 자신의 문제를 조명하고 성찰하도록 인도하는 동시에 주체적으로 자기 삶의 길을 찾아가도록 중심 역할을 해준다. 이처럼 자기 이해에서 출발하여 자기 삶의 길을 찾아갈 수 있는 철학을 갖게 되는 것이 정체성 기반 철학상담의 목표이다.

물론 여기서 내가 말하는 철학은, 엄격한 학문적 체계로서의 철학이 아니라, 소크라테스가 추구했던 본래의 철학 정신에 해당하는 것으로 가치있는 삶, 좋은 삶을 위한 철학을 가리킨다. 추상적 문제에 대한 체계적 해답으로서의 철학이 아니라, 각자 자신의 삶을 철학적 대화의 주제로 삼는 철학이다. 소크라테스가 그랬듯이, 자신의 삶을 문제 삼고 검토함으로써 자기 철학을 가지고 좋은 삶을 살아가는 것이 원래의 철학 운동이자, 바로 철학실천의 정신이기도 하다. 위대한 철학자들이 자신이 이해하고 경험한 것으로부터 사상을 잉태했다면 즉 그들의 사상이 인간과 사물을 이해하고 세계를 이해하는 방식에서 나온 것이라면, 우리는 당연히 우리의 일상적 삶 안에서도 그 진리와 대화할 수 있어야 할 것이다. 철학 사상을 박제된 추상적 진리로 상아탑의 전문가 집단에 가둘 것이 아니라, 일상의 차원에서도 소통하는 실천적 진리가 되어야 할 것이다.

필자는 그동안 철학상담 실천의 경험을 통하여 이 시대의 청년들을 비롯한 현대인의 고민을 접할 수 있었다. 이 시대에 만연한 사고나 사조의 흐름 속에 놓여있는 문제들도 바라볼 수 있었다. 동시에 이 시대가 요청하는 철학실천의 역할이 있다는 것도 확인할 수 있었다. 이 시대를 규정하는 여러 가지 수식어들이 난무하지만, 지금 이 시대는 주체적이고 성찰적인 삶을 살기 위한 물음들을 위축시키거나 사유하지 않는 시대이며, 그리하여 자기 삶의 철학이 없는 시대이다. 이 시대의 젊은이들은(한국 사회에 한정해서 보더라도) 자신의 삶을 권위에 의존하는 경향이 있으며 거기에는 두 가지 원인 또는 배경이 있다고 본다. 하나는 부모와 사회의 강압적 양육과 교육에 의한 것이고, 다른 하나는 날로 영향력이 커지고 있는 전문적 지식의 권위에 의한 것이다. 권위 자체가 해로운 것은 아니며 우리 삶의 지침이 되어줄 수도 있지만, 오늘날 그 권위가 주체적인 삶의 토대가 되는 자기 삶의 성찰을 가로막는다는 점에서 장벽이 되고 있다.

첫째, 한국의 청소년들은 '아무런 요구도 받지 않고 자유롭게 성장하는 시절'을 잃어가고 있으며, 그 대신 어린 시절부터 부모와 교육제도의 잘 짜인 강압적 시스템에 의해 양육되고 있다. 특히 부모의 강압적인 양육방식은 많은 청소년의 인성만이 아니라 가치관이나 사고 구조에도 강력한 영향력을 행사하고 있다. 그런 성장 과정의 영향으로 많은 청년이 얼마나 심각한 고통을 겪고 있는지는 예상을 뛰어넘는다. 나는 수많은 사례를 만날 수 있었는데, 우울증은 기본이고, 완벽주의로 인해 겪는 고통, 비교와 경쟁에 대한 강박, 삶의 무력감, 부분적 기억상실, 성공 강박주의, 자신감과 자존감의 상실, 심지어 학교와 사회에서 인정받는 모범생들조차 의사결정에 문제가 생기는 등 헤아릴 수 없을 정도이다. 그들은 어른이 되어서도 끊임없이 고통받고 그 고통을 또 자녀에게 대물림하고 있다. 내가 내담자로 만난 사람들만이 아니라, 일반적인 대학생과 사회인 중에도 상당수가 이런 문제로 고통받고 있었다. 이들 중에는 우울증 치료를 받거나 약을 복용하는 경우도 상당수에 달한다. 우울증 약을 처방받는 경우가 아니더라도 이 시대의 청년들에게 우울감은 만연해있다. 그들은 대부분 자신의 삶에 대해 주체적으로 생각할 힘을 잃어버렸다. 그리하여 자신의 삶에 대해서 성찰하려는 생각이나 의지 없이 살아가다가 삶의 중대한 문제를 만나면 속수무책으로 그 문제에 휘둘리거나 압도되어 버린다. 그들은 자신을 성찰할 힘이 없다 보니 다시 권위와 치료에 의존하게 된다.

둘째는, 인간에게 적용되는 첨단 기술(뇌과학, 의료기술, 유전공학, 첨단 정보기술 등)의 배경적 지식으로부터 인간에 대해 연구하는 정신분석이나 심리학 이론에 이르기까지 전문지식의 권위로부터 오는 위협이 있다. 오늘날은 기술과 지식의 전문가 시대이다. 이런 시대에는 인간의 자기 탐구 대신에 (즉 자신의 삶에 대해 스스로 묻고 성찰하는 대신에), 두뇌 신경과학, 유전학, 경제학, 심리학 등의 전문지식으로 인간을 설명하거나 자기 성찰을 대체하려는 경향이 있다. 유전공학이나 두뇌 신경공학이 인간의 행동과 사고방식을 조명해줄 것이라는 기대가 확산하고 있는 것도 이런 흐름에 속한다. 또한 오늘날은 기술을 이용하여 삶의 문제들을 해결하려는 기술 자본주의 시대이다. 이런 시대에는 삶의 문제가 생기면 자신을 성찰하고 문제를 탐구하거나 가치관을 검토하는 대신에, 유전물질이나 뇌의 어떤 부위가 잘못되었는지 조사하는 것으로 대체하려는 경향이 있다.[1] 유전공학과 두뇌과학이 삶의 철학적 문제에 침투하여 설명하려는 경향은 현대인의 철학적 자기 성찰을 장려하기보다 축소시킨다. 기술 시대의 이런 사유 경향은 자신의 삶에 대한 주도적 성찰을 가로막거나 왜곡시키는 요인으로 작용한다.

이처럼 현대인은 자기 삶의 문제를 스스로 성찰하기 이전에 외부적

---

1) 김선희(2012), 『과학기술과 인간 정체성』 참고.

인 권위, 즉 교육전문가, 심리 전문가, 기술 전문가 등의 권위에 의존하여 문제를 조명하거나 해결하려는 경향이 있다. 더구나 이 시대에 성행하는 온갖 종류의 치료들은 인간의 삶의 문제를 치료의 문제로 바꾸어버리는 데 일조하고 있다. 그런 흐름 속에서 우리의 삶에 대한 철학적 사유의 공간은 축소되고 기술과 지식의 권위에 의해 점차 압도되어 간다. 이러한 시대적 정신은 분명 우리의 삶에 대한 자기 통제력을 약화시킨다. 삶에 대한 자기 통제력의 약화는 삶의 기반의 허약함이나 우울감으로 연결된다. 이는 이 시대 청년들의 고민이나 사유 구조에 잘 반영되어 있다. 그들은 삶을 주도하는 문제의식이 약하며, 자신의 삶을 걸만한 소명의식도 약하다. 이 모든 현상은 한마디로 자기 성찰과 자기 철학이 없다는 것을 보여준다.

이처럼 두 가지 방면에서 권위의 위협이 공존하는 시대에, 우리는 다시 자기 성찰로 돌아가는 것, 그리하여 자신에 대해 그리고 자신의 삶에 관해 물음을 묻고 '치료 아닌 철학적 대화를 통하여' 자기 삶의 고유한 가치와 삶의 활기를 찾는 것이 중요하다.

철학은 자신의 삶에 대해 주체적으로 묻도록 촉구해야 함에도 그동안 이 역할을 유기해온 것이 사실이다. 이제 주어진 권위와 전문가의 지식에 기대어 사는 타자적 삶을 넘어서서 스스로 자신의 삶에 관해 묻고 성찰하는 철학실천이 시작되어야 한다. 자신과 자신의 삶을 이해하지 못하고 자발적으로 자신의 행위와 삶을 설득하지 못한다면, 우리는 삶의 우울감에서 벗어나기 어렵다. 이것이 이 시대에 철학실천이 필요한 이유이다. 자기 삶의 철학이 없는 곳에 (즉 자신의 삶을 스스로 돌아보지 않고 자신에 대한 이해가 없는 곳에) 진정한 자기 사랑과 자기존중이 싹틀 수 없다. 철학실천은 우리 스스로 자기 삶을 물음으로 다루기를, 그리하여 자기 삶의 철학을 가지고 주체적인 삶을 살기를 촉구한다. 특히 이 책에서 나는 자아정체성에 기초한 철학상담 실천을 통하여 자신의 정체성을 탐색함으로써 누구에게나 지금 여기 바로 자신이 서있는 자리에서부터 자신과 자기 삶의 탐구 가능성을 열고 싶었다. 또한 누구나 성찰된 삶을 살 가능성, 넓은 의미의 철학을 실천할 가능성을 열고 싶었다.

에필로그

철학자와 만난 내담자들은 어떻게 되었을까? 그들의 고민이나 문제들은 어떻게 되었을까? 이 책의 프롤로그에서 만났던 내담자들의 문제는 철학상담이 끝나면서 나름대로 자신의 정체성과 가치관 안에서 질서를 잡아가는 것을 관찰할 수 있었다. 그들은 정체성에 기초한 철학상담과 대화를 통하여 〈자신이 누구이며 어떤 사람인지, 또 자신이 무엇을 추구하며 어떻게 살아왔는지〉 이해하게 되면서, 그러한 자기이해를 바탕으로 자신의 문제를 더욱 근원적으로 바라볼 수 있게 되었다. 그것은 스스로 자신의 문제를 이해하고 해결하거나 다른 방향에서 접근하거나, 어떤 형태로든지 나름의 방식으로 다룰 수 있게 되었다는 것을 말해준다.

그들은 자신의 정체성과 가치관에 비추어 자신의 문제를 바라보는 철학적 대화 과정을 통하여 자기 문제를 이해하고 비판적으로 사고하고 재해석하면서 스스로 철학을 수행하는 실천가의 역할을 하였다. 그들은 '철학실천가'로서 어느 정도 자신의 문제를 다룰 수 있게 되었으며, 자신의 문제를 가진 채로 살아가거나 해결해나가는 진행 중이기도 하다. 하지만 분명한 것은 그들은 철학적 대화와 성찰을 통하여 자신과 자아정체성을 깊이 이해함으로써 문제 상황에 대한 통찰과 더불어 자신의 문제를 한층 더 명료하게 바라보게 되었다는 것이다. 그러고 나니 자신의 문제가 거대한 벽처럼 느껴지기보다 스스로 다룰만한 것으로 인식되었다. 이로써 자아정체성에 기초한 철학상담의 목표는 도달된 것이다. 자기 이해를 통하여 스스로 문제를 다루거나 문제를 바라보는 통찰과 안목을 갖게 된 것을 의미하기 때문이다.

다음은 철학상담을 끝내고 나서 그들이 밝힌 소감의 일부이다. 가치 없게 느껴지던 삶이 다시 생명력을 가지게 되었어요, 지금까지의 삶이 온통 고통과 혼란의 연속이었는데 이 나이에 들어 처음으로 삶이 살만한 것이라는 생각을 하게 되었어요, 안개가 걷히듯 혼란이 사라지고 문제가 명료해졌어요, 문제가 명료해지니 어떻게 해야 할지 스스로 찾아갈 수 있을 것 같아요, 대인관계에서 감정적으로 대응하기보다 이젠 스스로 조절하고 다룰 수 있을 것 같아요, 무의미해 보이던 내 삶이 나름대로 의미를 갖게 되었어요, 내 문제가 이해되면서 감당할만한 것이 되었어요, 미래만이 아니라 지금의 내 행복이 중요하다는 걸 깨닫게 되었어요, 자녀에 대한 집착을 내려놓으니 그 아이의 장점이 보이고 더 사랑스럽게 느껴져요, 파편화된 고통의 조각들이 연결되거나 전체적으로 이해되면서 나름대로 의미가 있게 되었어요, 나의 고통이 나를 성장시켜주는 밑거름이라는 것을 깨닫게 되었어요, 대인관계에서 공격적이기보다 소통하려고 노력하게 되었어요,

엄청나게 미워하고 분노했던 그 친구가 지금은 좀 덜 밉고 측은한 마음이 생겼어요, 제가 가야 할 방향을 확인하고 그렇게 살 용기가 생겼어요, 막연하던 나의 소망이 좀 더 분명해졌어요, 제가 진정 무엇을 원하는지 알게 되었어요, 삶의 활기를 찾아가고 있어요, (……) 자신을 좀 더 잘 이해하게 되었어요, 자신이 이해되고 나니 대인관계에서 휘둘리기보다 중심을 잡을 수 있고 좀 더 편안해졌어요, 자신감이 조금씩 회복되고 있어요, 상담을 통해 제 창작활동에도 생기를 갖게 되었어요, 남의 시선 때문에 억압되었던 창조적 힘이 다시 살아나고 있어요. (……) 예전에는 자신을 책망하고 비난하는 일이 많았는데, 저 자신이 이해되고 나니 그런 일이 줄었어요, 이제 나 자신이 조금 좋아졌어요, 이젠 나를 사랑할 수 있을 것 같아요. (……)

이런 말들은 '철학상담 실천을 통하여 철학자는 무엇을 할 수 있는가?'에 대한 진지한 답변이 아닐까! 그것은 철학이 누군가에게 위안을 주었다는 것, 누군가의 삶에 통찰을 주었다는 것, 그로 인해 그들이 삶을 명료하게 바라보는 안목을 갖게 되었다는 것, 나아가 더욱 '좋은 삶'을 추구하려는 동기와 삶의 의지를 갖게 되었다는 것을 말해준다. 더욱이 내담자가 상처 속에서도 자신을 사랑할 힘을 얻었다면 철학실천가에게는 더없는 기쁨일 것이다. 무엇보다 고통받는 누군가가 자신의 가치와 자신의 길을 찾아가도록 함께 사유하고 대화하며 동행했다는 점에서 철학실천가는 기쁨을 느낀다.

참고문헌

김선희, 「내재적 자아론과 자유의지」, 《철학》 제42집, 한국철학회, 1994.

_____, 『자아와 행위』, 철학과현실사, 1996.

_____, 「인격의 개념과 동일성의 기준」, 《철학연구》 제41집, 철학연구회, 1997.

_____, 「인간존재론: 보편정신인가? 개별적 몸인가?」, 《철학적 분석》 제3호, 한국분석철학회, 2001.

_____, 「자아, 여성, 페미니즘」, 《한국여성철학》 제3권, 한국여성철학회, 2003.

_____, 『사이버시대의 인격과 몸』, 아카넷. 2004.

_____, 「자아정체성에 기초한 철학상담 방법론」, 《철학연구》 제85집, 철학연구회, 2009.

_____, 「여성의 정체성과 철학상담」, 《철학연구》 제89집, 철학연구회, 2010a.

_____, 「다문화시대의 여성 주체」, 《철학과현실》 제86호, 철학문화연구소, 2010b.

_____, 『톨스토이 참회록에 나타난 의미의 위기에 대한 철학상담』, 《철학 실천과 상담》 제1집, 한국철학상담치료학회, 2010c.

_____, 「죽음과 의미상실에 대한 철학적 치유의 가능성: 철학적 사고실험을 통한 상담방법과 실천적용」, 《철학연구》 제93집, 철학연구회, 2011a.

_____, 「삶의 의미상실에 대한 철학상담: 철학적 사고실험을 적용한 상담사례」, 《철학 실천과 상담》 제2집, 한국철학상담치료학회, 2011b.

_____, 『과학기술과 인간 정체성』, 아카넷, 2012.

_____, 「철학적 사고실험을 적용한 상담사례 분석: 죽음과 의미상실의 문제를 중심으로」, 《철학연구》 제97집, 철학연구회, 2012a.

_____, 「철학상담/철학실천의 정신과 방법」, 《철학 실천과 상담》 제3집, 한국철학상담치료학회, 2012b.

_____, 「감정의 문제에 대한 여성주의 철학상담의 가능성」, 《한국여성철학》 제19권, 한국여성철학회, 2013a.

_____, 「꿈에 대한 철학적 분석의 가능성」, 《철학연구》 제102집, 철학연구회, 2013b.

_____, 「인간의 고통과 치유의 하느님」, 《철학논집》 제35집, 서강대철학연구소, 2013c.

_____, 「문학적 상상력과 윤리의식」, 《시인동네》 제33호, 시인동네, 2014a.

_____, 「철학적 꿈 분석 방법론을 적용한 상담 사례와 그것의 실천적 효과」, 《철학》 제121집, 한국철학회, 2014b.

김성진, "Philosophical Practice in Korea: a short history, a new approach", XI-ICPP & HT, 2012.

김영진, 『철학적 병에 대한 진단과 처방』, 철학과현실사, 2004.

노성숙, 「인간다운 삶을 위한 철학적 대화로의 초대」, 《인간연구》 제19호, 가톨릭대학교 인간학연구소, 2010.

이진남, 「철학상담과 심리상담」, 《철학논집》 제26집, 서강대 철학연구소, 2011.

Camus, Albert, (L')etranger, 1942, 김화영 옮김, 『이방인』, 책세상, 1987.

Epictetus, (The) Encheiridion of Epictetus and its three Christian adaptions, 김재홍 옮김, 『엥케이리디온』, 까치, 2003.

_____, Arrianos, Flavius 엮음, 강분석 옮김, 『삶의 기술』, 사람과 책, 2008.

Epikuros, 오유석 옮김, 『쾌락』, 문화과지성사, 1998.

Frankl, Viktor and Kreutzer, Franz, Im anfang war der sinn: von der Psychoanalyse zur Logotherapie, 김영철 옮김, 『태초에 의미가 있었다』, 분도출판사. 1998.

Freud, Sigmund, Gesammelte Werke, 임홍빈 옮김, 『정신분석강의』, 열린책들, 1997.

Greenspan, Miriam, (A) new approach to women & therapy, 고석주 옮김, 『우리 속에 숨어있는 힘』, 또 하나의 문화, 1983.

_____, Healing through the dark emotions: the wisdom of grief, fear, and despair, 이종복 옮김, 『감정공부』, 뜰, 2003.

Gruen, Anselm, Vira, 이성우 옮김, 『믿음』, 성서와 함께, 2004.

Guardini, Romano, Vom Sinn der Schwermut, 김진태 옮김, 『우울한 마음의 의미』, 가톨릭대학교 출판부, 1983.

Kierkegaard, Søren A., udvikling til opbygg, 강성위 옮김, 『죽음에 이르는 병』, 동서문화사, 2007.

Marinoff, Lou, Plato, not prozac!: applying philosophy to everyday problems, Quill, 이종인 옮김, 『철학으로 마음의 병을 치료한다』, 해냄, 2000.

_____, (The) big questions: how philosophy can change your life, Bloomsbury Publishing PLC, 2003, 김익희 옮김, 『철학상담소』, 북로드, 2006.

Nietzsche, Friedrich Wilhelm, *Also sprach Zarathustra*, 1883~1885, 정동호 옮김, 『차라투스트라는 이렇게 말했다』, 책세상, 2000.

Nouwen, Henri, *The wounded healer: ministry in contemporary society*, 최원준 옮김, 『상처입은 치유자』, 두란노, 1972.

Russell, Bertrand, *History of western philosophy*, SS, 1976, 서상복 옮김, 『서양철학사』, 을유문화사, 2009.

Sartre, Jean Paul, *(La)Nausee*, 1938, 강명희 옮김, 『구토』, 하서, 1999.

Schopenhauer, Arthur, *Parerga und Paralipomena.; Aphorismen zur Lebensweisheit; Hand-Orakel und Kunst der Weltklugheir; (Die) Welt als Wille und Vorstellung*, 권기철 옮김, 『세상을 보는 방법』, 동서문화사, 1978.

Wittgenstein, Ludwig, *Philosophische untersuchungen*, 1969, 이영철 옮김, 『철학적 탐구』, 서광사, 1994.

_____, *Culture and value*, 이영철 옮김, 『문화와 가치』, 책세상, 2006.

Yalom, Irvin D., *When Nietzsche wept, Perennial*, 1993, 임옥희 옮김, 『니체가 눈물을 흘릴 때』, 리더스북, 2006.

Achenbach, Gerd B., *Philosophische Praxis(Schriftenreihe zur Philosophischen Praxis*, Band 1), Köln: Verlag für Philosophie Jürgen Dinter, 1987.

_____, "Philosophische Lebensberatung-Kritik der auxiliaren Vernunft", *Philosophische Praxis*, Köln: Verlag für Philosophie Jürgen Dinter, 1987.

_____, "Einige Probleme der Philosophischen Praxis", *Philosophische Praxis*, Köln: Verlag für Philosophie Jürgen Dinter, 1987.

_____, "Philosophy, Philosophical Practice, and Psychotherapy", Lahav, R. & Tillmanns, M. eds., *Essays on Philosophical Counseling*, Lanham: America University Press, 1995.

Bakker, Anett, "Philosophy in Marriage Counseling", Lahav, R. & Tillmanns, M. eds., *Essays on Philosophical Counseling*, Lanham: America University Press, 1995.

Boele, Dries, "The Training of a Philosophical Counselor", Lahav, R. &

Tillmanns, M. eds., *Essays on Philosophical Counseling*. Lanham: America University Press. 1995.

Cohen, Elliot D., "Philosophical Counseling: Some Roles of Critical Thinking", Lahav, R. & Tillmanns, M. eds., *Essays on Philosophical Counseling*, Lanham: America University Press, 1995.

Davidson, D., *Actions and Events*, Oxford: Clarendon Press, 1980.

Eilon, Eli and Lahav, Ran., "Transcending The Unconscious", Raabe, P. ed. 2006.

Faiver, Christopher et al., *Explorations in Counseling and Spirituality: Philosophical, Practical and Personal Reflections*, New York: Wadsworth, 2001.

Griffiths, Morwenna, *Feminisms and the Self: The Web of Identity*, London and New York, 1995.

Gruengard, Ora., "Can Philosophers Deal With the Unconscious?", Raabe, P. ed. 2006.

Heaton, John M., *Wittgenstein and Psychoanalysis*, 전대호 옮김, 『비트겐슈타인과 정신분석』, 이제이북스, 2000.

Howard. A., *Philosophy for Counseling and Psychotherapy: Pythagotas to Postmodernism*, London: MacMillan, 2000.

Jopling, A. David, "Philosophical Counseling, Truth and Self-Interpretation", *Journal of Applied Philosophy*, vol.13 no.3, 1996.

Kessels, Jos. and Boers Erik and Mostert Pieter, *Free Space: Field Guide to Conversations*, translated by P. Mostert and G. Meter, Boom Amsterdam, 2008.

Lahav, R. and Tillmanns, M. eds., *Essays on Philosophical Counseling*, Lanham: America University Press, 1995.

Lindseth, Anders, *Zur Sache der Philosophischen Praxis: Philosophieren in Gesprächen mit ratsuchenden Menschen*, Freiburg Br.: Alber, 2005.

MaCall, Catherine, *The Concepts of Person*, Avebury: Aldershot/Brookfield USA, 1990.

Nozick, Robert, *The Examined Life: Philosophical Meditations*, New York:

Simon and Schuser, 김한영 옮김,『무엇이 가치 있는 삶인가?』, 김영사, 1989.

Raabe, Peter B., *Philosophical Counseling: Theory and Practice*, Westport: Praeger, 2001, 김수배 옮김, 『철학상담의 이론과 실제』, 시그마프레스, 2010.

Raabe, Peter. ed., *Philosophical Counselling and the Unconscious*, Trivium Publications, Amherst, NY, 2006.

Ricoeur, Paul, *Oneself as Another*, translated by Kathleen Blamey, Chicago: Chicago University Press, 1992.

Schibles, Warren, "Beck's Cognitive Theory of Emotion and Depressio", *Emotion*, The Language Press. 1974.

Schuster, Shlomit C., *Philosophy Practice: An Alternative to Counseling and Psychotherapy*, Westport: Praeger Publishers, 1999.

_____, "What makes a good counselor and what is the condition of successful counseling?", 《철학실천과 상담》 제1집, 한국철학상담치료학회, 2010.

Segal, Steven, "Meaning Crisis: Philosophical Counseling and Psychotherapy", Lahav, R. & Tillmanns, M. eds., *Essays on Philosophical Counseling*, Lanham: America University Press, 1995.

Solomon, R. C., "From Emotions and Choice", R. C. Solomon ed. *What is an Emotion?*, Oxford University Press, 2003.

Suter, Ronald, *Interpreting Wittgenstein*, Temple University Press, 1989, 남기창 옮김, 『비트겐슈타인과 철학』, 서광사, 1998.

Wittgenstein, L., *Lectures and Conversations on Aesthetics, Psychology and Religious Belief*, Cyril Barrett ed., Berkeley: California University Press, 1966.

Williams, Bernard, "The Makropulos case: reflections on the tedium of immortality", *Problems of the Self*, Cambridge: Cambridge University Press, 1973.

찾아보기

김선희

이화여자대학교 철학과에 재직(초빙교수)하고 있으며, 한국여성철학회 회장, 철학상담 수련감독이다. 이화여자대학교를 졸업하고, 서강대학교 대학원 철학과에서 박사학위를 취득했다. 주된 연구 분야는 심리철학과 과학기술철학, 철학상담이다. 자아, 자아정체성, 인격과 도덕적 주체, 사이버자아, 포스트휴먼, 로봇의 인격과 윤리, 철학상담 실천 등에 관한 주제를 연구해 왔으며, 최근에는 철학상담 방법론 연구와 프랙티스에 주력하고 있다. 철학상담에서 주로 사용하는 방법은 〈자아정체성 기반 철학상담 방법론〉이며, 〈철학적 사고실험 모델〉을 개발하여 상담에 사용하고 있다.

지은 책으로는 『자아와 행위』, 『사이버시대의 인격과 몸』, 『과학기술과 인간 정체성』, 『철학상담: 나의 가치를 찾아가는 대화』 등 다수의 저서가 있다. 철학상담 관련 논문으로는 「자아정체성에 기초한 철학상담 방법론」, 「여성의 정체성과 철학상담」, 「죽음과 의미상실에 대한 철학적 치유의 가능성: 철학적 사고실험을 통한 상담방법과 실천적 용」, 「꿈에 대한 철학적 분석의 가능성: 철학상담에서 어떻게 꿈을 다룰 수 있는가?」 등이 있다.

phshkim@daum.net

철학상담

나의 가치를 찾아가는 대화

1판 1쇄 펴냄 | 2015년 2월 25일
1판 2쇄 펴냄 | 2016년 3월 16일

저　자 | 김선희
펴낸이 | 김정호
펴낸곳 | 아카넷

출판등록 2000년 1월 24일(제406-2000-000012호)
10881 경기도 파주시 회동길 445-3
전화 031-955-9511(편집), 031-955-9514(주문) / 팩스 031-955-9519
책임편집 | 박병규
www.acanet.co.kr

Printed in Seoul, Korea.

ISBN 978-89-5733-403-4 (93120)

값 20,000원

「이 도서의 국립중앙도서관 출판예정도서목록(CIP)은
서지정보유통지원시스템 홈페이지(http://seoji.nl.go.kr)와
국가자료공동목록시스템(http://www.nl.go.kr/kolisnet)에서 이용하실 수 있습니다.
(CIP제어번호: CIP2015003525)」